SARAH CHANEY
Bin ich normal?

W0194481

 GOLDMANN

Sarah Chaney

BIN ICH NORMAL?

Warum wir alle von dieser Frage besessen sind und wie sie Menschen abwertet und ausgrenzt

Aus dem Englischen
von Nathalie Lemmens

GOLDMANN

Die englische Originalausgabe erschien 2022 unter dem Titel
»Am I Normal?« bei Profile Books, London.

MIX
Papier | Fördert
gute Waldnutzung
FSC® C083411

Penguin Random House Verlagsgruppe FSC® N001967

1. Auflage
Deutsche Erstausgabe März 2023
Copyright © 2022 der Originalausgabe: Sarah Chaney
Copyright © 2023 der deutschsprachigen Ausgabe: Wilhelm Goldmann Verlag,
München, in der Penguin Random House Verlagsgruppe GmbH,
Neumarkter Str. 28, 81673 München
Umschlag: Uno Werbeagentur, München
Umschlagmotiv: FinePic®, München
Redaktion: Ariane Novel
Satz: Satzwerk Huber, Germering
Druck und Bindung: CPI books GmbH, Leck
Printed in the EU
EB · CB

ISBN 978-3-442-31705-9

Für Sadie und Willow,
die beide zu bemerkenswert sind,
um jemals nur normal zu sein.

Inhalt

PROLOG

Bin ich normal?

Auf den ersten Blick scheint das eine recht einfache Frage zu sein. Etwas, das Sie sich selbst immer wieder fragen könnten. Hat mein Körper eine normale Form oder Größe? Ist es normal, in Gegenwart von anderen zu weinen? Mir von meinem Hund übers Gesicht lecken zu lassen? Starke Regelblutungen zu haben? Mit Fremden Sex zu haben? Sich in öffentlichen Verkehrsmitteln unwohl zu fühlen? Nach dem Essen aufgebläht zu sein? Diese und unzählige weitere Fragen bestimmen und erklären unser Leben. Sie helfen uns dabei, unser Verhältnis zu anderen Menschen auszuhandeln und herauszufinden, wann wir vielleicht Hilfe brauchen: den Rat eines Freundes oder den Besuch bei einer Ärztin.

Sie zeigen auch, wie komplex der Begriff des Normalen ist.

Was meinen wir eigentlich, wenn wir uns fragen, ob wir normal sind? Selbst wenn wir uns nur auf die Fragen aus dem ersten Absatz beschränken, variiert das enorm. Manchmal überlegen wir, ob wir mehr oder weniger dem Durchschnitt entsprechen – vielleicht auch ein wenig über oder unter dem Durchschnitt liegen, wenn das gesellschaftlich erstrebenswert zu sein scheint. So könnte ich mir zum Beispiel wünschen, etwas größer und etwas leichter zu sein als der Durchschnitt.

Bei anderer Gelegenheit richten wir den Fokus auf unsere Gesundheit. Ist mein Blutdruck normal? Bedeuten Schmerzen an einer bestimmten Stelle, dass mit mir etwas nicht in Ordnung ist? Wenn Ihr Kind schlafwandelt, könnte man das als normal bewerten – nicht weil es so oft vorkommt (laut einer Studie der amerikanischen National Sleep Foundation, die 2004 durchgeführt wurde, schlafwandeln lediglich zwei Prozent der Kinder in schulpflichtigem Alter mehrmals pro Woche oder noch öfter), sondern weil es nicht als ungesund gilt.

Meist steht jedoch hinter der Frage, ob wir normal sind, die Überlegung, ob wir so sind wie die anderen. Bin ich eine typische Vertreterin der menschlichen Spezies? Reagiere ich in bestimmten Situationen so wie andere auch? Sehe ich aus wie andere Menschen, ziehe ich mich an wie sie, rede ich wie sie? Und wenn ich ihnen *ähnlicher* wäre, wäre mein Leben dann einfacher?

Diese Fragen können einen erheblichen Einfluss auf unser Leben haben. Ich war ein schüchternes, unbeholfenes Mädchen mit dicken Brillengläsern und heißgeliebten, selbstgestrickten Pullovern, das die meiste Zeit mit Büchern verbrachte und von einer besseren, magischeren Welt träumte. Als ich Anfang der 1990er-Jahre auf die weiterführende Schule kam, war ich aus Gründen, die allen Schülern nur zu gut bekannt sind, bereits als »nicht normal« abgestempelt. Sie nannten mich »Creepy Phoebe«, die »gruselige Phoebe«, nach der bebrillten Jugendlichen aus der australischen Soap *Nachbarn*, deren Vater ein Bestattungsunternehmen hatte und die ihren Mitschülern Angst einjagte, weil sie Schlangen als Haustiere hielt. Mit 16 empfand ich eine nur mühsam gebändigte Wut auf die Welt, und in der Schule trug ich meistens Kopfhörer, damit mich nur ja niemand ansprach, während ich Songzeilen der Manic Street Preachers in die hölzernen Schulbänke ritzte.

Klingt einiges davon vertraut für Sie? Wenn ja, dann war ich vielleicht doch ein ganz normaler Teenager. Aber wie die meisten

Teenager *fühlte* ich mich nie normal. Wie so viele Jugendliche, die gemobbt werden, akzeptierte ich die Außenseiterrolle, die man mir zuwies, und machte sie mir zu eigen (oder zumindest glaubte ich das), indem ich die Unterschiede, über die meine Mobber lästerten, noch zusätzlich betonte, um den Abstand zwischen ihnen und mir weiter zu vergrößern. Ich fand die Regeln, denen zufolge es »spießig« sein sollte, seinen Rucksack über beiden Schultern zu tragen oder die Strümpfe bis zu den Knien hochzuziehen, um seine Beine warm zu halten, albern, weshalb ich ganz bewusst beides tat. Ich weigerte mich, Make-up zu tragen und Popmusik zu hören, und verbrachte stattdessen jeden Mittwoch überglücklich mit der neuesten Ausgabe des *New Musical Express* oder des *Melody Maker* und las Artikel über Bands, deren Namen niemand sonst in meiner Schule jemals gehört hatte.

Und doch sehnte sich ein Teil von mir danach, normal zu sein. Wenn eine der Bands, die ich mochte, den Sprung in die Top Ten schaffte, hatte ich das Gefühl, selbst etwas erreicht zu haben – anderen Menschen gefiel etwas, das mir auch gefiel! Normalität war ein rätselhaftes, verschwommenes Ideal, das mich in meinem frühen Erwachsenenalter weiter begleitete, immer wieder in den Vordergrund gerückt durch die Angst, nicht dazuzugehören, die Angst, verlassen zu werden, und das Gefühl, dass plötzlich alles gut wäre, wenn sich nur auf wundersame Weise etwas in mir oder an mir ändern würde. Ich ging wohl schon auf die 30 zu, als ich mir zum ersten Mal ernsthaft die Frage stellte, was ich mit »normal sein« eigentlich meinte.

Wenn Sie dieses Buch in die Hand genommen haben, dann hatten Sie wahrscheinlich mit ähnlichen Ängsten zu kämpfen oder haben sich ähnliche Fragen gestellt. Ist die Angst vor dem Anderssein also das eigentlich Normale? Haben sich die Menschen schon immer den Kopf darüber zerbrochen, wie sie bestimmte Vorgaben im Leben erreichen sollen? Wann akzeptieren wir es, anders zu sein als andere, und wann fürchten wir diese Unterschiede? Und wer entscheidet überhaupt, was normal ist und was nicht?

In den folgenden Kapiteln werde ich zeigen, dass sich die Menschen noch gar nicht so lange Gedanken darüber machen, ob sie normal sind. Natürlich haben sie sich unter gewissen Umständen schon immer mit ihren Mitmenschen verglichen oder andere dafür kritisiert, dass sie nicht dazupassten. In einem größeren Rahmen geschah dies jedoch erst in den letzten 200 Jahren, in der wissenschaftlichen Praxis Europas und Nordamerikas verankert durch Medizin, Physiologie, Psychologie, Soziologie und Kriminologie – und angetrieben durch den rasanten Vormarsch der Statistik. Normalität wurde zu einem wichtigen Element unserer Gesetze, unserer gesellschaftlichen Strukturen und unserer Vorstellungen von Gesundheit. Aber vor 1800 wurde der Begriff »normal« nicht einmal im Zusammenhang mit menschlichem Verhalten verwendet. »Normal« war lediglich ein mathematischer Begriff, der einen rechten Winkel beschrieb.

Im 19. Jahrhundert brachte die wachsende Beliebtheit der Statistik Wissenschaftler in Europa und Nordamerika dazu, die Menschheit zu vermessen, um zunächst einen Durchschnitt und später eine Norm zu entwickeln. Diese Normen hätten nicht ohne eine Standardisierung großer Bereiche des menschlichen Lebens festgelegt werden können, durch die definiert wurde, was und wer normal war – und damit am menschlichsten und am wertvollsten. So führte beispielsweise die Einführung der allgemeinen Schulpflicht in vielen Ländern dazu, dass Kinder, die langsamer lernten als ihre Mitschüler, erkannt wurden, während die

Entstehung von Sozialversicherungen und Krankengeldkassen medizinische Reihenuntersuchungen mit immer detaillierteren Definitionen eines normalen Gesundheitszustands erforderten. Das regelmäßige Wiegen von Säuglingen führte zu hartnäckigen Vorstellungen über frühkindliche Entwicklung, IQ-Tests etablierten mit der Zeit Normen in Bezug auf die Intelligenz, und in der Industrie und in Fabriken entstanden Konzepte von idealen Arbeitern und standardisierten Produktivitätsleveln. Im Laufe der kolonialen Expansion schickten westliche Länder Wissenschaftler um die ganze Welt, die vermaßen, definierten und die Bevölkerung ihrer Heimat mit der anderer Regionen verglichen – und zwar fast immer zugunsten der Weißen. Dass der Schwerpunkt dieses Buchs auf Europa und Nordamerika liegt, hat den einfachen Grund, dass hier das sogenannte Normale entstanden ist. Die Annahme, dass diese Normen auch für den Rest der Welt gelten, war genau das: eine Annahme.

Die von diesen Forschern entwickelte Wissenschaft des Normalen ist daher auch eine Geschichte der Ausgrenzung ganzer Gruppen, die im Gegensatz zu den westlichen Vorstellungen davon definiert wurden, wie ein Mensch »richtig« ist. Die Wissenschaftler, Ärzte und Gelehrten, die sich anschickten, die Menschheit zu vermessen und zu standardisieren, waren in ihrer überwältigenden Mehrheit weiße, wohlhabende, westliche Männer und ausschließlich heterosexuell (zumindest in der Öffentlichkeit). Sie neigten dazu, den Status quo zu stützen, dem sie ihren Erfolg verdankten, und im Zuge dessen andere Gruppen zu marginalisieren. Wenn sie Veränderungen wünschten, so waren dies meist Veränderungen, die ihrem eigenen gebildeten Berufsstand zugutekamen. Das soll nicht heißen, dass dies immer bewusst geschah oder dass keiner dieser Männer die weniger

Privilegierten förderte. Manche bezeichneten sich als Sozialisten, andere unterstützten die Frauenbewegung, kritisierten imperialistische Aggression oder sprachen sich für die Legalisierung von Homosexualität aus.

Trotzdem gingen die meisten dieser Männer davon aus, dass ihre Stellung an der Spitze der sozialen Leiter schlicht und ergreifend der natürlichen Ordnung der Dinge entsprach. Sie waren in die höchste Stufe der menschlichen Evolution hineingeboren worden – das glaubten sie zumindest – und bemühten sich aus reiner Wohltätigkeit, einen Standard festzulegen, um anderen dabei zu helfen, voranzukommen. Eines der Argumente, die seinerzeit zur Rechtfertigung des Kolonialismus vorgebracht wurden, war, dass sich das Leben der Menschen in den Kolonien besserte, wenn es nach westlichen Normen geführt wurde – oder, wie wir es heute ausdrücken würden, wenn ihnen die westlichen Normen brutal aufgezwungen wurden. In Indien etwa wurden Hunderttausende von britischen Soldaten getötet, Millionen weitere starben während der häufig wiederkehrenden Hungersnöte, weil die britische Regierung indische Waren zum Verkauf exportierte. Zur gleichen Zeit beschrieben koloniale Lehrer stolz, wie sie in indischen Privatschulen »echte« – oder normale – Jungen erschufen, die nach dem Vorbild der Kolonialherren durch die Übernahme von britischen Sportarten und britischer Kleidung definiert wurden.[1] In den Vereinigten Staaten war es bis 1934 landesweit geübte Praxis, die indigene Bevölkerung zu »akkulturieren und assimilieren«, indem man ihre »Stammeskulturen durch ein Internatssystem auslöschte«.[2] Während viele Kolonialstaaten im 17. und 18. Jahrhundert eine strikte Trennung zwischen ihren eigenen Bürgern und den Bewohnern der von ihnen kolonisierten Länder wahrten, wurde Anpassung an die Norm im

Lauf des 19. Jahrhunderts zu einem zentralen Element kolonialer Herrschaft.

Solche Beispiele aus der Vergangenheit sind für uns heute absolut und unverkennbar falsch. Aber wirkt es lediglich beklemmend, sich daran zu erinnern, wie viele Menschen aufgrund der sich wandelnden Vorstellung davon, was normal ist, getötet, eingesperrt, für verrückt erklärt oder auf sonstige Weise aus der Gesellschaft ausgeschlossen wurden? Oder können wir noch etwas anderes aus der Geschichte lernen? Ich glaube schon. Obwohl wir unsere Definitionen des Normalen, Natürlichen oder Erwünschten unablässig verfeinern und erweitern, fragen sich viele von uns, ob es so etwas überhaupt gibt. Wir gehen einfach davon aus, dass das Normale existiert, ein unsichtbares Naturgesetz – vielleicht eine Spur weiter links oder rechts von dem, woran sich unsere Eltern und Großeltern orientierten, aber nichtsdestoweniger da.

Dabei ist dieses sogenannte Normale vielleicht gar nicht so üblich, wie wir glauben. 2010 bezeichneten drei nordamerikanische Verhaltensforscher den Teil der Weltbevölkerung, von dem unsere heutigen wissenschaftlichen Normen abgeleitet werden – und der sich erstaunlich wenig von den Gruppen unterscheidet, die die Wissenschaftler des 19. Jahrhunderts untersuchten –, als die möglicherweise »seltsamsten Menschen der Welt«. Das englische Wort »weird«, das sie benutzten, um diese Menschen zu beschreiben, bedeutet jedoch nicht nur »seltsam«, sondern ist zugleich auch ein Akronym, zusammengesetzt aus **w**estlich, *edu-cated* (also gebildet), **i**ndustrialisiert, **r**eich und **d**emokratisch. Menschen aus WEIRD-Gesellschaften stellen lediglich zwölf Prozent der Weltbevölkerung, aber 96 Prozent der Versuchspersonen in psychologischen und 80 Prozent in medizinischen Studien.[3]

Man geht davon aus, dass sie weiß sind – auch wenn sie es nicht sind –, weil Weiß in Wissenschaft und Medizin als neutrale Kategorie gilt.[4] Das viktorianische Erbe in der Wissenschaft des »Normalen« wirkt immer noch nach.

Wie aber sollen Medikamente und Behandlungsmethoden, die für Menschen aus der WEIRD-Kategorie (plus weiß und männlich) entwickelt werden, für alle anderen das beste Ergebnis liefern?[5] Krankheiten äußern sich bei Männern und Frauen oder bei Menschen verschiedener Hautfarben unterschiedlich. Bis 1990 war es üblich, Medikamente ausschließlich an Männern zu testen – das war billiger und weniger kompliziert für die Forschenden, da der Hormonspiegel von Männern nicht so starken Schwankungen unterliegt, wie es bei vielen Frauen der Fall ist. Das Problem war allerdings, dass diese Medikamente und Therapien, wenn sie schließlich auf den Markt kamen, für die betroffenen Frauen nicht immer geeignet waren. Dr. Alyson McGregor beschreibt in *Sex Matters*, wie in den Vereinigten Staaten gewisse verschreibungspflichtige Medikamente aufgrund unerwarteter Nebenwirkungen bei Frauen wieder vom Markt genommen wurden. So merkte man zum Beispiel erst, dass Frauen den Wirkstoff Zolpidem in Schlafmitteln langsamer verstoffwechseln als Männer und die Dosis für sie daher halbiert werden muss, als das Medikament bereits überall erhältlich war.[6] Der Wirkstoff befand sich noch im Körper der Frauen, wenn sie morgens aufstanden und sich auf die potenziell gefährliche Autofahrt zur Arbeit machten. Aber wieso war das nicht früher aufgefallen?

Während manche Wissenschaftler »routinemäßig davon ausgehen«, dass sich die Ergebnisse von WEIRD-Studien auf die restlichen 88 Prozent der Weltbevölkerung übertragen lassen, vertreten andere die Ansicht, die WEIRD-Gruppe sei die wohl

»am wenigsten repräsentative Bevölkerungsgruppe, die man für eine Verallgemeinerung überhaupt auswählen kann«.[7] Wie also konnte es dazu kommen, dass eine derart winzige Gruppe bis zum heutigen Tag unser Bild davon bestimmt, was es bedeutet, »normal« zu sein?

Indem ich nachzeichne, auf welch umstrittenen Wegen Normen und Standards gesetzt wurden, möchte ich Sie dazu ermutigen, nicht nur zu hinterfragen, was Sie selbst für normal halten, sondern auch, wieso wir uns diesen präskriptiven Urteilen so bereitwillig unterwerfen. Ich lade Sie ein, darüber nachzudenken, wie das »Normale« unser gesamtes Leben durchdringt und welchen Einfluss es auf uns hat, ob Sie nun zur WEIRD-Gruppe gehören oder nicht. Wenn Sie, wie die meisten Menschen, jemals Angst davor hatten, anders zu sein, wird dieses Buch Ihnen hoffentlich einige befreiende Denkanstöße liefern.

Es mag normal sein, sich darüber Gedanken zu machen, ob man normal ist. Das sollte uns aber nicht daran hindern, das gesamte Konzept zu hinterfragen.

1

Eine kurze Geschichte des Normalen

DIE FEHLER DER NATUR

Die Geschichte des Normalen, wie wir es kennen, begann am Neujahrstag 1801, als der italienische Priester und Astronom Giuseppe Piazzi bei der Suche nach einem Planeten zwischen Mars und Jupiter am Himmel einen neuen Stern entdeckte. Bis zum 11. Februar verfolgte Piazzi die Bewegungen des Sterns – den er nach der römischen Göttin des Ackerbaus Ceres nannte –, dann verlor er ihn durch die zunehmende Nähe zur Sonne aus den Augen. Im Oktober (vor der Erfindung des Internets verbreiteten sich Neuigkeiten sehr viel langsamer als heute) erreichten die von Piazzi veröffentlichten Daten den 24-jährigen deutschen Mathematiker Carl Friedrich Gauß.

Nachdem es Piazzi nicht gelungen war, genügend Messungen vorzunehmen, um Ceres' Umlaufbahn zu bestimmen, errechnete Gauß mithilfe einer mathematischen Formel einen Durchschnitt, den er in einem Graphen darstellte. Die so entstandene glockenähnliche Kurve hatte eine abgerundete Kuppe in der Mitte und lief zu beiden Seiten flach aus. Gauß behauptete, dass Ceres an dem Punkt wieder auftauchen würde, der exakt in der Mitte dieser Kurve liege. In der nächsten klaren Nacht zeigte sich, dass der junge Mathematiker recht hatte. Schon bald verband man den Namen des deutschen Sternsuchers mit der Glockenkurve, und noch heute wird sie manchmal als Gauß-Verteilung bezeichnet.[8] Zu Beginn jedoch nannte man sie die »Fehlerkurve«.[9]

Jahrhundertelang waren sich Astronomen darüber im Klaren gewesen, dass die Messungen in ihrem Fachgebiet fehleranfällig waren. Diesem Problem begegneten sie, indem sie dieselben Messungen viele Male durchführten. Kleinere Abweichungen kamen häufiger vor als große, so entstand die Glockenform der von Gauß aufgezeichneten Kurve. So weit, so gut. Eine sehr einfache Variante dieser Vorgehensweise haben Sie vielleicht selbst schon beim Aufbau eines Regals oder Ähnlichem angewandt, indem Sie die Messungen immer und immer wieder überprüft haben, bevor Sie die erforderlichen Löcher gebohrt haben. Ich liege trotzdem unweigerlich immer ein paar Millimeter daneben. Aber was haben die Bemühungen von Astronomen – und Hobbyschreinern – um die exakten Messungen von Entfernungen mit den Normen des menschlichen Lebens zu tun?

Diesen Widerspruch verdanken wir einem umtriebigen belgischen Statistiker: Adolphe Quetelet, der 1796 in Gent geboren wurde. Am früheren Standort der königlichen Sternwarte von Brüssel, die mehr als 40 Jahre lang Quetelets Zuhause war, wurde eine Straße nach dem Wissenschaftler benannt. Ich habe die alte Sternwarte vor ein paar Jahren besucht, und die ehrenamtlichen Hilfskräfte wunderten sich bestimmt, wieso jemand ihren Arbeitsplatz fotografierte. Place Quetelet war eine ganz gewöhnliche Straße. Unauffällig. Normal. Quetelet, der das Gewöhnliche idealisierte, wäre mit dieser Entwicklung sicher zufrieden gewesen.

Der junge Adolphe Quetelet wuchs in unruhigen Zeiten auf, was seine Faszination für das Verständnis der menschlichen Gesellschaft verstärkte. Während seiner Kindheit stand Gent unter der Herrschaft des napoleonischen Frankreich, doch als der Statistiker 19 Jahre alt war, wurde die niederländischsprachige Stadt Teil des Königreichs der Vereinigten Niederlande, und er begann ein naturwissenschaftliches Studium an der neu gegründeten Universität Gent. 1830 brachte die Belgische Revolution seine junge Karriere als königlicher Astronom ins Wanken – um ein Haar wäre die Sternwarte in ein Waffenlager umgewandelt worden.[10] Die Revolution führte Quetelet weg von der Astronomie und hin zum Studium der Gesellschaft. Doch die Methoden der Astronomie behielt er bei.

1835, fünf Jahre nach der Revolution, veröffentlichte Quetelet sein berühmtestes Buch: *Ueber den Menschen und die Entwicklung seiner Fähigkeiten, oder Versuch einer Physik der Gesellschaft*.[11] Quetelet, der nach dem jüngsten Umbruch Ordnung in der menschlichen Gesellschaft suchte, nahm die Fehlerkurve der Astronomen und übertrug sie auf die Vermessung des Menschen. Angesichts des signifikanten Unterschieds in der Art seiner Daten war es nicht selbstverständlich, dass dies auch funktionieren würde. Die exakte Position eines Sterns zu bestimmen ist nicht dasselbe, wie beispielsweise die menschliche Größe zu ermitteln. Es gibt kein »richtiges« Ergebnis, nur einen Durchschnitt, der sich aus dem in der Bevölkerung am häufigsten vorkommenden Maß ergibt. Vor allem aber darf man nicht vergessen, dass der astronomische Hintergrund von Richtig und Falsch bedeutete, dass das Normale beim Menschen von Anfang an mit der Vorstellung verknüpft war, das Normale sei nicht nur ein Durchschnitt, sondern *korrekt*. Diejenigen, die dem normalen Ideal nicht entsprachen, wurden zu Fehlern – aber diesmal nicht Fehler der Astronomen, sondern Fehler Gottes oder der Natur.

So begann mit einer simplen Kurve die geradezu obsessive Beschäftigung der Wissenschaft mit dem Normalen. Bis heute ist die Glockenkurve in den Lebens- und Sozialwissenschaften weitverbreitet, vielleicht erinnern Sie sich noch aus Ihrer Schulzeit daran. Aber ihre Herkunft zeigt deutlich, wie weit sich die Normalverteilung von ihrer ursprünglichen Funktion entfernt hat. Schließlich gibt es, anders als bei der Positionsbestimmung von Sternen, viele Faktoren, die Messungen beim Menschen beeinflussen. Zum Beispiel die Größe: In Großbritannien ist der durchschnittliche Mann 175,6 Zentimeter groß, die durchschnittliche Frau dagegen 161,9 Zentimeter.[12] Etwa 95 Prozent der erwachsenen Bevölkerung liegen zwischen zwei Standardabweichungen dieser Maße: Männer zwischen 162,6 und 185,4 Zentimetern und Frauen zwischen 149,9 und 172,7 Zentimetern. Natürlich umfassen 95 Prozent der Bevölkerung nicht einmal *ansatzweise* jeden. Über drei Millionen Briten fallen aus diesen Parametern heraus: Das ist mehr als die Gesamtbevölkerung von Barbados, Brunei, Dschibuti, Luxemburg und Malta zusammen. Und was ist mit genderfluiden oder nicht binären Personen? Sie werden in solchen Studien einfach ausgeblendet; und das ist nur ein erstes Beispiel dafür, wie die normale Statistik bestimmte Definitionen einer Bevölkerung bevorzugen kann – und dies auch tut.

Außerdem verändern sich die Grenzwerte und die Form der Glockenkurve je nachdem, welche Gruppe vermessen wird. Würden wir alle Geschlechter in einer Skala zusammenführen, dann wäre das Ergebnis ein anderes.[13, 14] Die Berücksichtigung von Ethnie oder Alter verändert das Ergebnis ebenfalls. Und dann ist da noch die Schwerkraft: Unsere Größe weist leichte Schwankungen auf, je nachdem, ob wir morgens kurz nach dem Aufstehen oder abends gemessen werden. Immerhin können Astronauten in der Erdumlaufbahn bis zu fünf Zentimeter wachsen, weil sich die Wirbelsäule ausdehnt und entspannt.

So wird schnell deutlich, dass ein vermeintlich objektives Maß wie die Normalgröße sehr viel weniger eindeutig ist, als es auf den ersten Blick erscheint. Trotzdem wird die Glockenkurve noch immer regelmäßig verwendet, um bestimmte Merkmale einer Bevölkerung zusammenzufassen – obwohl ihre Schöpfer, als sie durch ihre Teleskope spähten, sich niemals hätten träumen lassen, dass sie eines Tages zum Abbild menschlicher Eigenschaften, geschweige denn zum Maßstab von Normalität werden könnte.

DER DURCHSCHNITTSMENSCH

Wie und warum begannen die Menschen also, sich selbst als »normal« zu betrachten? Vor 1820 benutzte niemand das Wort »normal«, um sich oder andere zu beschreiben; auch Wissenschaftler oder Ärzte verwendeten es nicht in Bezug auf die Bevölkerung. »Normal« war ein mathematischer Begriff, der sich auf Winkel, Gleichungen und Formeln bezog. Nicht Menschen waren normal, sondern Linien und Berechnungen.

Es gab vielleicht einige Hinweise darauf, dass sich die Bedeutung von »normal« allmählich zu ändern begann. Als ich vor ein paar Jahren Gent besuchte, auf der Suche nach den Anfängen der wissenschaftlichen Beschäftigung mit dem Normalen, wohnte ich ganz in der Nähe der Normaalschoolstraat. Natürlich machte ich ein Selfie mit dem Straßenschild. Die erste »Normalschule« wurde 1771 in Wien eröffnet, zwei Jahrzehnte später gefolgt von der berühmtesten Schule dieser Art, der École normale in Paris. Diese Schulen galten als Musterschulen vorbildlichen Unterrichts und dienten zur Aus- und Weiterbildung von Lehrern. Die Stadt Normal in Illinois wurde 1865 nach der dort ansässigen pädagogischen Hochschule benannt. Das Gleiche gilt für die meisten anderen Orte mit dem Namen Normal – allein in den Vereinigten Staaten gibt es vier davon. Mit dem Gedanken, dass die Absolventen dieser Normalschulen den jüngeren Generationen als nachahmenswertes Vorbild dienen könnten, begann der Bedeutungswandel des Wortes hin zu seiner späteren Definition.

Quetelets großes Konzept war der »Durchschnittsmensch« (*l'homme moyen*). Ausgehend von seinen statistischen Analysen hielt er den Durchschnittsmenschen für das wahrheitsgetreueste Abbild der Menschheit. Im Gegensatz zu uns, die auf Mittelmäßigkeit herabschauen, war »durchschnittlich« für Quetelet gleichbedeutend mit »perfekt«. »Jede Eigenschaft, innerhalb angemessener Grenzen betrachtet, ist ihrem Wesen nach gut«, schrieb er, »nur in ihren extremen Abweichungen vom Mittel wird sie schlecht.«[15]

Um Durchschnittswerte zu ermitteln, brauchte er eine ausreichend große Stichprobe – und eine Armee lieferte ihm die perfekte Grundlage für seine Untersuchungen. Der belgische Statistiker nutzte die veröffentlichten Daten zum Brustumfang von 5738 schottischen Soldaten. Die voneinander abweichenden Maße dieser Soldaten, erklärte er, folgten auf einem Graphen der gleichen Kurve, wie es 5738 leicht fehlerhafte Messungen ein und desselben Mannes tun würden.[16] Durch diese Analogie wurden die realen schottischen Soldaten zu *Fehlern* in der Fehlerkurve. Sie waren nicht einfach nur Abweichungen vom Durchschnitt, sondern unperfekte Kopien des idealen Mannes, »als seien die vermessenen Brustkörbe nach demselben Typus, demselben Individuum geformt worden«.[17] Die Fehlerkurve war von einer statistischen Wahrscheinlichkeitsrechnung zu einem Naturgesetz geworden. Jede Verschiebung weg vom Normalen war grundsätzlich ein Fehler, eine Abweichung von der perfekten menschlichen Form, die der Schöpfer gestaltet hatte. (Denn anders als viele spätere Verfechter des Normalen war Quetelet kein Atheist.)

Quetelets ästhetische Ideale und seine sozialen Forschungen begegneten sich in seinem Interesse an Kunst und Bildhauerei. Er bezeichnete seine schottischen Soldaten als »lebende Statuen« und ihre voneinander abweichenden Maße als tausend leicht missgestaltete Kopien des Borghesischen Fechters, einer Skulptur, die um das Jahr 100 vor unserer Zeitrechnung entstanden war.[18] Auch in seinen wissenschaftlichen Schriften umriss der Statistiker sein Studium des menschlichen Körpers in künstlerischen Begriffen, von den alten griechischen Skulpturen bis hin zur Renaissance. Sein Interesse an der physischen Gestalt des Menschen war durch die Renaissancekünstler Leonardo da Vinci und Michelangelo sowie Albrecht Dürers Abhandlung über die menschlichen Proportionen geweckt worden.[19] Die Notizen in Quetelets Archiv enthalten unter anderem Studien zum Vergleich ägyptischer Mumien und Belgiern des 19. Jahrhunderts mit der Venus Medici.

Doch während für die Renaissancekünstler Variantenreichtum oft ebenso erstrebenswert war wie Perfektion (das Bestandsverzeichnis von Leonardo da Vincis frühen Zeichnungen umfasst »viele Nacken alter Frauen, viele Köpfe alter Männer«[20]), trafen sich in Quetelets Zeiten künstlerische Ideale und die obsessive wissenschaftliche Beschäftigung mit Perfektion in der Suche nach dem Durchschnitt. Das bedeutet, dass neben statistischen Erkenntnissen auch die alten, in bröckelnden Statuen verkörperten Ideale in das alltägliche Leben einsickerten. Die damaligen Schneider nutzten den Apollo von Belvedere – eine römische Statue, die heutzutage meist durch die Menschenmassen in den Vatikanischen Museen verdeckt ist – als Vorlage für ihre Entwürfe.[21] Reale Körper konnten diese Ansprüche nur selten erfüllen.

Obwohl Quetelet stets behauptet hatte, der Durchschnittsmensch sei ein Abbild der Natur, begannen sich die Europäer nach ihm Gedanken zu machen über die Diskrepanz zwischen den klassischen Idealen von Größe, Körperbau und Erscheinung und dem, was sie um sich herum erblickten. Normal, erklärten sie voller Abscheu, war nicht länger der Durchschnitt einer Bevölkerung (immer vorausgesetzt, das sei er jemals gewesen), sondern das, was existieren *sollte*, aber es nur selten tat. Während Quetelet der Auffassung gewesen war, der ideale Körper des »Durchschnittsmenschen« ginge einher mit einem moralisch vollkommenen Geist, sahen diese späteren Autoren in ungewöhnlichen Körpern Unmoral, Idiotie und Krankheit.

Indem Quetelet menschliche Körpermerkmale in einer Fehlerkurve abbildete, übertrug er nicht nur das Studium statistischer Durchschnittswerte auf soziale Phänomene. Er begründete auch die Idee, dass jegliche Abweichung vom Zentrum der Glockenkurve eine Art Fehlentwicklung sei. Sein »Durchschnittsmensch« war der erste »normale« Mensch. Dabei war der Durchschnittsmensch an sich eine Art Paradox. Er war gleichzeitig ein Abbild der realen Natur *und* ein Ideal, auf das die Menschheit hinarbeiten sollte, makellos in Körper und Geist und der Inbegriff vollkommener Gesundheit.

DIE VERMESSUNG DER GESUNDHEIT

Was ist das Gegenteil von normal? Nun, das hängt vom Kontext ab. Wenn wir unter normal durchschnittlich verstehen, dann könnte das Gegenteil extrem oder außergewöhnlich sein. Wenn normal üblich bedeutet, dann wäre das Gegenteil ungewohnt oder fremd. Auf medizinischem Gebiet jedoch hat sich als Gegenteil von normal pathologisch eingebürgert. Wenn normal gesund bedeutet, dann muss das Anormale krankhaft sein.

Diese Paarung fand erst in den 1820er-Jahren Eingang in die Medizin und entwickelte sich von da an zur Grundlage des ärztlichen Verständnisses von Gesundheit und Krankheit. Den Historikern Peter Cryle und Elizabeth Stephens zufolge dauerte es noch bis weit in das 20. Jahrhundert hinein, bis »normal« in der Alltagssprache angekommen war, und zu diesem Zeitpunkt waren der Begriff des Normalen als statistischer Durchschnitt und die Vorstellung von normal als einem idealen Gesundheitszustand bereits miteinander verschmolzen.[22] Die Gegenüberstellung von normal und pathologisch beeinflusst seitdem unsere Einstellung zu Körper und Geist, zu Sex und kindlicher Entwicklung.

Es ist womöglich dieser Bereich, in dem die Frage, was eigentlich normal ist, für uns die verstörendsten Konsequenzen hat. Wenn wir nicht normal sind, bedeutet das dann, wir sind krank? Die Sorge um Gesundheit und Krankheit der Bevölkerung war auch einer der Hauptgründe für den rapiden Anstieg statistischer Datensammlungen im frühen 19. Jahrhundert. Erstmals griff diese Besessenheit von Zahlen während der verheerenden Choleraepidemie um sich, die Europa heimsuchte, nur wenige Jahre bevor Adolphe Quetelet den »Durchschnittsmenschen« auf die Welt losließ.

Am 15. September 1832 erreichte die Cholera die schottische Kleinstadt Dumfries, etwa 40 Kilometer von der Grenze zu England entfernt. Die bakterielle Infektionskrankheit, die durch verunreinigtes Wasser verbreitet wird, verursacht schweren, oft tödlich verlaufenden Durchfall. Anfangs schien die Seuche »langsam zu Werke zu gehen«, es gab nur einen Todesfall pro Tag. Das war »eine hohe Sterblichkeit bei einer Einwohnerzahl von zehntausend Menschen, aber noch nicht besorgniserregend«, bemerkte William McDowall, der Herausgeber der örtlichen Zeitung, in seiner Stadtgeschichte von Dumfries, die 35 Jahre später erschien.[23] Dass die Sterberate hier zum ersten Mal mit dem verglichen wurde, was in der Bevölkerung »üblich« war, zeugte von einem neuen Blick auf die Toten der aktuellen Choleraepidemie.

McDowall, der 1815 geboren wurde und den Choleraausbruch als Jugendlicher erlebte, erinnerte sich noch gut an die darauf folgende Panik, die er in seinem Buch anschaulich beschreibt. Am 25. September, so berichtet er, wurden 14 Erkrankungen und neun Todesfälle gemeldet, »alle Einwohner spürten, dass die Seuche nun wahrhaftig in ihrer Mitte angekommen war, und Angst und Schrecken erfasste sie«. Die weiterführende Schule wurde geschlossen, in allen Straßen sah man Leichenwagen, und die Kirchen blieben leer, weil die Menschen fürchteten, sich an den Gräbern mit der Krankheit anzustecken. Am 3. Oktober »forderte der Tod inzwischen gnadenlos seinen Zehnten«, und Wolken breiteten sich über die Stadt wie »ein riesiges Leichentuch«. Als der Ausbruch endete, zählte man 837 diagnostizierte Ansteckungen, und über die Hälfte der Patienten (421) war an der Krankheit gestorben. Aus der Zahl der angefertigten Särge schließt McDowall jedoch, dass die Zahl der Toten eher bei 550 lag: mehr als fünf Prozent der Stadtbevölkerung.

Die Auswirkungen der Epidemie, unter der Dumfries gelitten hatte, waren nicht ungewöhnlich. Neu war jedoch die genaue Erfassung der Fallzahlen. In ganz Europa veröffentlichte man Aufzeichnungen über die Choleraopfer als Teil dessen, was der Philosoph Ian Hacking als eine »Lawine gedruckter Zahlen« bezeichnete, die die 1820er- bis 1840er-Jahre gekennzeichnet habe.[24] Von der Volkszählung bis hin zu Daten über Verbrechen, Schulwesen, Wahnsinn und Krankheit wurden statistische Informationen in jener Zeit weithin genutzt und interpretiert. Es war allerdings nicht das erste Mal, dass Sterberaten festgehalten wurden. Schon im frühen 17. Jahrhundert informierten die wöchentlich veröffentlichten Londoner Sterbelisten die Bewohner über die Zahl ihrer Mitbürger, die den verschiedensten Todesursachen erlegen waren (von »Kolik« über »Darmwinde« bis hin zu »Würmern«), und verzeichneten auch Ausbrüche der Beulenpest. Im 19. Jahrhundert nahm die statistische Datensammlung in Europa jedoch völlig neue Dimensionen an. 1801 wurde sowohl in Großbritannien als auch in Frankreich die erste nationale Volkszählung durchgeführt. In den 1820er-Jahren hatte sich in Frankreich und Belgien eine Tradition zahlengestützter sozialer Studien etabliert. Und 1832 wurde die nationale britische Statistikbehörde gegründet.[25] Schwankungen der Sterbe- oder Geburtenraten konnten nun mit dem verglichen werden, was für die betreffende Bevölkerung »normal« war.

Die gewaltigen bürokratischen Apparate, die die Erhebung dieser Daten möglich machten, waren zentral für die Herausbildung des »Normalen«. Der »Durchschnittsmensch« basierte auf einer Kombination aus statistischen Analysen und riesigen Mengen an Bevölkerungsdaten. Während die unterschiedlichen Methoden zur Datenerhebung in den einzelnen Ländern weiterhin für Diskussionen sorgen – wie zuletzt in der Frühphase der Coronapandemie 2020 –, wird die Tatsache, dass die Zahlen grundsätzlich wichtig sind, von niemandem mehr bestritten. Und das war vor dem 19. Jahrhundert schlichtweg nicht der Fall.

Natürlich war Quetelet in diesem Zeitalter der Statistik nicht der Einzige, der dem Durchschnittlichen oder Gewöhnlichen Bedeutung zumaß. In den 1820er-Jahren strömte das Pariser Publikum in die Vorlesungen des französischen Mediziners François Joseph Victor Broussais, in denen er die Unterschiede zwischen einem normalen Gesundheitszustand und Krankheit beschrieb. Es gebe keine eigentlichen Krankheiten, erklärte der flammende Revolutionär und Liberale seinen Zuhörern, *jede* Erkrankung sei auf ein Übermaß oder einen Mangel an Reizung der entsprechenden Gewebe zurückzuführen.[26] Wie der Philosoph Auguste Comte später formulierte: »Bis dahin hatte man angenommen, der pathologische Zustand werde von gänzlich anderen Gesetzen beherrscht als der Normalzustand; folglich war mit der Erforschung des einen nichts über den anderen ausgemacht.«[27] Nach Broussais wurden der normale und der pathologische Gesundheitszustand häufiger als Teil eines Kontinuums betrachtet: Der Unterschied lag eher im Maß als in der Art. Und schon bald sollte dieser Gedanke durch die Glockenkurve abgebildet werden.

Während Broussais' kühne Forderungen nach einem völlig neuen medizinischen System für die damaligen Zuhörer unglaublich modern – und äußerst kontrovers – klangen, handelte es sich bei der von ihm vorgeschlagenen Therapie um eine altvertraute Methode. Durch seinen unerschütterlichen Glauben an die segensreiche Wirkung des Aderlasses erwarb sich der französische Arzt den Spitznamen »Vampir der Medizin«. Die große Begeisterung für die Behandlung mit Blutegeln, die Frankreich in den 1820er-Jahren erfasste, schlug sich sogar in der Mode nieder: Kleider mit aufgestickten Egeln wurden als *les robes à la Broussais* bekannt.[28] Heute würden wir Dr. Broussais als einen Quacksalber abtun, doch er selbst glaubte tatsächlich an die heilsamen Kräfte der kleinen Blutsauger. Regelmäßig ließ er sich wegen verschiedenster Beschwerden zur Ader und verordnete sich 50 oder 60 Egel gleichzeitig, um seine Verdauungsstörungen zu kurieren.

Obwohl die Blutegeltherapie Broussais berühmt – und zum Gegenstand zahlreicher Karikaturen – machte, war seine neuartige medizinische Theorie längst nicht so bekannt. Außerhalb der französischsprachigen Welt ließen die politischen Ansichten des Doktors auch seine wissenschaftlichen Erkenntnisse verdächtig erscheinen: Seine Aderlässe hielt man für ein blutiges Relikt des revolutionären Frankreich.[29] Zwar übernahm eine Reihe französischer und belgischer Wissenschaftler nach und nach Broussais' Konzept des normalen Gesundheitszustands, doch blieb sein Einfluss zunächst auf diese Länder beschränkt. Erst als Auguste Comte sich der Idee annahm, verbreitete sie sich auch im restlichen Europa.

Auguste Comte war ein Zeitgenosse Quetelets. Er wurde am 19. Januar 1798, nur zwei Jahre nach dem belgischen Statistiker, in Montpellier an der französischen Mittelmeerküste geboren. Und die revolutionäre Politik hatte auch auf ihn einen großen Einfluss. Eines der wesentlichen Probleme, mit denen Comte sich in seiner Philosophie befasste, war die Frage, wie die Gesellschaft in der nachrevolutionären Ära neu organisiert werden könne. Er führte sogar eine neue, säkulare Form der Religion ein: den Positivismus.[30]

Comte schrieb Broussais' medizinischem System universelle Gültigkeit zu, genau wie Quetelet es mit der Fehlerkurve der As-

tronomen getan hatte. Nach der Beschäftigung mit Broussais'
kurz zuvor erschienenem Werk *De l'irritation et de la folie* [dt.
Über die Reizung und den Wahnsinn] äußerte der Philosoph 1828
seine Zustimmung für die Idee, dass Krankheitszustände das Ergebnis bloßer Intensitätsveränderungen jener Prinzipien seien,
die auch den normalen Gesundheitszustand bestimmten. Dieser
Grundgedanke war jedoch nicht nur auf innere Krankheitszustände anwendbar, Comte zufolge galt er für *alles*.

Comtes Interesse an dieser speziellen Abhandlung hatte persönliche Gründe: Er hatte sich gerade von einem psychotischen
Schub erholt. Am 12. April 1826 hatten Comtes Freunde und
Kollegen – darunter, einem von Comtes Biografen zufolge, auch
Broussais selbst – vor der Wohnung des Philosophen auf ihn ge-
wartet, um die vierte Vorlesung in einer Reihe zu hören, die sich
über ein ganzes Jahr erstrecken sollte.[31] Die Vorhänge waren zugezogen, die Tür verschlossen, und in der Annahme, ihr Professor sei krank, gingen die Wartenden nach einer Weile wieder. Im
Lauf der nächsten Woche erhielten einige seiner Freunde seltsam weitschweifige Nachrichten des Philosophen. Schließlich
fand Comtes Frau Caroline – eine ehemalige Wäscherin, die der
junge Mann im Februar des Jahres zuvor geheiratet hatte – ihren
Mann im Pariser Vorort Montmorency, dem Teil von Paris, den
er am liebsten mochte. Er war gerade dabei, sein Hotelzimmer
anzuzünden, und Caroline kam zu dem Schluss, dass ihr Mann
wahnsinnig geworden sei. Am 18. April diagnostizierte man bei
Comte eine manische Störung, und er wurde in eine private Heilanstalt aufgenommen.

Hier wurde der junge Philosoph sediert und isoliert. Er war
emotional reizbar, und um ihn zu beruhigen, verordnete man
ihm Bäder, kalte Duschen und, ja, die Anwendung von Blutegeln.

Trotz dieser modernsten Behandlungsmethoden wurde Comte am 2. Dezember als unheilbar entlassen. Auf dem Heimweg mit seiner Frau und einigen Freunden behauptete er, die Pont d'Austerlitz sei das Goldene Horn in Istanbul. Als einer seiner Begleiter den Philosophen korrigierte, versetzte Comte ihm einen Faustschlag. Zu Hause war Auguste verschlossen, er zog sich zurück und wurde von Wahnvorstellungen geplagt. Als es eines Tages beim Abendessen zu einem Streit mit seiner Frau und seiner Mutter kam, versuchte er, sich mit einem Tafelmesser die Kehle durchzuschneiden. Caroline entschloss sich zu einem für diese Zeit ungewöhnlichen Schritt: Sie würde sämtliche Hinweise auf Wahnsinn aus ihrem Haus entfernen. Sie entließ den Wärter, den Augustes Psychiater zu ihnen geschickt hatte, und montierte die Gitter vor den Fenstern ab. Sie nahm dieselben Arzneien wie ihr Mann, damit er nicht glaube, sie behandele ihn anders. Sofort, so behauptete sie, begann sich der Zustand des Philosophen zu bessern, und nach sechs Wochen hielt Caroline ihn für vollständig geheilt.

Wenn es doch nur so einfach gewesen wäre. In Wahrheit scheint es wohl fast zwei Jahre gedauert zu haben, mit einer Phase schwerer Depressionen und einem weiteren Selbstmordversuch Anfang 1827.[32] In jener Zeit schrieb Comte seinen Aufsatz über Broussais' Abhandlung und verwies darin auf die Einsichten, die er durch »persönliche Erfahrungen« gewonnen habe.[33] Es waren diese Erfahrungen, die ihn dazu bewogen, die These zu unterstützen, das Normale und das Anormale unterschieden sich eher im Grad als in der Art.

Was aber bedeutete dieser Sinneswandel? Nun, für Comte war es nicht nur die Gesundheit, die normal oder pathologisch sein konnte. Jede menschliche Handlung, jeder Brauch, jede Gewohn-

heit, jeder Glaube, jede Vorstellung konnte in diese Skala einge-
fügt werden. Zwar hatten die Menschen sich auch vorher schon
über Nachbarn lustig gemacht, deren Handlungsweisen nicht den
Standards ihrer Gemeinschaft entsprachen, oder sie mieden,
aber der Gedanke, dass abweichendes Verhalten mit Krankheit
gleichgesetzt werden konnte, verlieh dem Zwang zur Anpassung
eine ganz neue Dringlichkeit. Darüber hinaus implizierte es –
auch wenn dies nicht Comtes Absicht gewesen war –, dass die
sozialen Codes, die diesen Entscheidungen zugrunde lagen, festgelegt und unveränderlich seien.

Doch gesellschaftliche Erwartungen unterliegen einem ständigen Wandel. Vielleicht sind Sie in den sozialen Netzwerken auch
schon einmal über Memes gestolpert, in denen die Gründe aufge-
listet werden, die zu einer Einweisung in viktorianische Irrenanstalten führen konnten: Sie reichen von übermäßigem Lernen bis
Liebeskummer. Zwar sind diese Listen in Wahrheit irreführend,
denn die genannten Gründe galten Ärzten vielmehr als die Ursache unüblicher Geisteszustände wie Melancholie, Wahnvorstellungen oder Manie und nicht als eigenes Krankheitsbild. Trotzdem führen sie uns vor Augen, dass ungewöhnliches Verhalten
stets vor dem Hintergrund der sozialen Codes einer bestimmten
Zeit interpretiert wird. Lernen – und insbesondere die Lektüre
medizinischer oder alter Texte – galt bei Frauen als ein besonders
gefährliches Verhalten, was mich als Studentin der Medizinge-
schichte immer wieder aufs Neue amüsiert hat. Als Edith Cotton
sich 1898 weigerte, auf der Straße einen Hut zu tragen, wurde dies
als Zeichen geistiger Erkrankung gewertet, denn das Tragen eines
Huts galt als angemessen und schicklich.[34] Und die junge Amy
Dorrell begann nach dem Tod ihrer Mutter 1881 »ständig in die
Kirche zu gehen« und »ununterbrochen in der Bibel zu lesen«, ein

Verhalten, das in früheren Jahrhunderten oder in Gemeinschaften, in denen die Religion im Alltag sehr viel stärker präsent war, als vollkommen normal erachtet worden wäre.[35] Zwar diskutierten die spätviktorianischen Ärzte sicherlich über die Grenze zwischen Exzentrik und Wahnsinn, aber dank Broussais und Comte zweifelten sie nicht eine Sekunde mehr daran, dass diese beiden Zustände miteinander verbunden waren: unterschiedliche Stufen in einer einzigen Gesundheitskurve.[36]

In diesem Spektrum von Exzentrik und Wahnsinn, Gesundheit und Krankheit richtete sich das Augenmerk nicht nur auf Einzelpersonen. Etwa um die gleiche Zeit setzte ein düstereres Kapitel in der Geschichte des Normalen ein, und die Vorstellung davon, wer normal war – und welche Verhaltensweisen und Überzeugungen akzeptiert wurden –, wurde auf ganze Gruppen und Gemeinschaften ausgedehnt. Die Geschichte des Normalen ist auch eine Geschichte von Ausgrenzung, und in ihrem Streben nach einer »Konsolidierung und Präzisierung soziologischer Gesetze«[37], um die moralischen und intellektuellen Funktionsweisen der Menschheit erst zu verstehen und später zu kontrollieren, orientierten sich Wissenschaftler häufig an Klassenzugehörigkeit, Ethnie, Geschlecht und Religion.

DIE GRENZEN DES NORMALEN

Am 20. Dezember 1899 stieß der Schriftsteller William Corner in der *Times* zu seiner großen Freude auf eine Anzeige, in der Freiwillige für den Kriegsdienst in Südafrika gesucht wurden. Obwohl er eigentlich schon zu alt war, und zwar »mehr Jahre, als ich zuzugeben geneigt bin, jenseits der Schwelle, die das Kriegsministerium als zulässig oder mit Effizienz vereinbar festgelegt hat«, meldete er sich unverzüglich.[38] Nach ein paar kleineren bürokratischen Hürden – darunter die Schließung eines Meldebüros, dessen Mobiliar nicht eingetroffen war – wurde er schließlich zum Gespräch zugelassen. Es folgten eine medizinische Untersuchung sowie eine Schieß- und eine Reitprüfung. »Ein paar gute Männer blieben dabei auf der Strecke«, bemerkt Corner, der spätere Gefreite Nr. 6243, in seiner Geschichte der 34. Kompanie (Middlesex) der Imperial Yeomanry. Das »war schade, denn weder Ärzte noch Feldwebel auf dem Schießstand oder Reitlehrer sind unfehlbar, und es gibt so viele Fertigkeiten in Bezug auf Tauglichkeit oder Untauglichkeit im aktiven Dienst, die dies ausgleichen könnten«. Es wurde, schloss er, »einem willigen Mann so schwer gemacht, seinem Land zu dienen«.[39]

William Corners medizinische Untersuchung umfasste zweifellos die Messung seiner Größe und seines Brustumfangs. In Kriegszeiten wurden die üblichen militärischen Anforderungen an die Rekruten gesenkt, weil mehr von ihnen benötigt wurden – das war vermutlich auch bei Corners Alter der Fall. 1861 verlangte man von angehenden Soldaten eine Mindestgröße von 1,72 Meter, 1900 war es nur noch 1,60 Meter.[40] Und trotzdem erreichten nicht alle dieses Mindestmaß, wie Corner notierte.

Einige Kommentatoren sahen darin den Beweis, dass das Leben in den Industriestädten zu einer Degeneration der Körper von Männern der Arbeiterklasse geführt habe. Der Polemiker Arnold White berichtete, zwischen Oktober 1899 und Juli 1900 hätten in Manchester 11 000 Männer versucht, sich zum Dienst im Burenkrieg zu melden. Ganze 8000 seien von vornherein abgelehnt worden, und von den restlichen 3000 erfüllten weniger als die Hälfte »die bescheidenen Anforderungen der Militärbehörden an Muskelkraft und Brustumfang«.[41] Beispiele wie dieses belegten angeblich den »charakteristischen *physischen* Typus des Stadtbewohners: kleinwüchsig, schmalbrüstig, schnell erschöpft«.[42]

Whites Zahlen – für die er keine Quellen nannte – wurden später infrage gestellt, und nicht einmal alle damaligen Leser akzeptierten sie unwidersprochen. Er war in politischen Kreisen als Unruhestifter bekannt, und in seinem Buch *Efficiency and Empire* breitet er seine antisemitischen und eugenischen Ansichten unangenehm detailliert aus.[43] Dennoch führten Sorgen über den Körperbau der britischen Männer während der Rekrutierungsphase für den Burenkrieg zu Fragen im Parlament und veranlassten eine Untersuchung durch die Regierung. Die Gefahr körperlicher Degeneration, insbesondere der ärmeren Bevölkerungsschichten, schürte eine moralische Panik, die schon mehrere Jahrzehnte zuvor eingesetzt hatte, was zeigt, wie Veränderungen in Körpergröße und Statur seit der Mitte des 19. Jahrhunderts benutzt wurden, um weitreichendere Befürchtungen um den Zustand der Gesellschaft zu veranschaulichen oder zu begründen.

Um die Jahrhundertwende, als Wissenschaftler sich um das »Scheitern der natürlichen Selektion im Falle des Menschen« zu sorgen begannen, wie es der Schriftsteller William Rathbone Greg formulierte,[44] erfasste die Angst vor körperlicher Degeneration ganz Europa. Da der Mensch, wie Charles Darwin festgestellt hatte, »außerordentlich befähigt [war], seine Gewohnheiten neuen Lebensbedingungen anzupassen«, indem er Hütten baute, Kleidung anfertigte oder Werkzeuge und Waffen erfand,[45] habe die natürliche Selektion nicht in der gleichen Weise auf die menschliche Biologie einwirken können, wie es bei anderen Spezies der Fall gewesen sei, so Gregs Argumentation. Wenn Tiere krank oder verletzt sind, sterben sie – aber Menschen haben Ärzte und Krankenhäuser. Wenn Tiere keine Nahrung finden, sterben sie – doch Menschen helfen einander. Für Darwin war das der Beweis für die moralische Überlegenheit des Menschen und trug seiner Auffassung nach zur geistigen Entwicklung der Spezies bei; andere Wissenschaftler waren in dieser Frage uneins. Worauf sich aber die meisten von ihnen einigen konnten, war die Tatsache, dass die Zivilisation die körperlichen und geistigen Normen der Menschheit veränderte.

Von der Abhandlung des französischen Arztes Bénédict Morel über die Vererbung körperlicher, geistiger und moralischer Merkmale (1857) bis hin zur Attacke des ungarischstämmigen Arztes und Journalisten Max Nordau auf die intellektuelle und künstlerische Welt (1892): »Entartung« wurde zum Schlagwort des Fin de Siècle. Die Diskussion bezog sich meist auf den körperlichen Verfall des arbeitenden Mannes – wie in der Burenkrieg-Kontroverse – und war in der öffentlichen Wahrnehmung mit der Moderne und dem Leben in der Stadt verknüpft. Nicht nur Größe und Gewicht wurden oft als ein Zeichen von Degeneration interpretiert, sondern auch eine Vielzahl weiterer körperlicher Merkmale. In seinem Buch *Degeneration amongst Londoners* (1885) schilderte der schottische Chirurg James Cantlie, wie blass, ausgemergelt, kleinwüchsig und elend die Londoner durch ihre versmogten, dicht gedrängten Lebensumstände wurden. In dieser düsteren, verschmutzten Atmosphäre war ein 21-jähriger Mann gerade einmal 1,55 Meter groß geworden, und sein Brustumfang maß 71 Zentimeter, ganze 30 Zentimeter weniger als der des idealen schottischen Soldaten und Borghesischen Fechters, den Quetelet beschrieben hatte. Der Kopf des Jungen war klein, sein Teint »wachsbleich«. Seine Augen standen eng beieinander, er schielte stark und wirkte sehr ernst. (Würde Cantlie in heutigen Zeiten um acht Uhr morgens irgendeine beliebige U-Bahn nehmen, wäre er zweifellos entsetzt über die degenerierte Ernsthaftigkeit der wachsbleichen Gesichter um ihn herum.)

In der viktorianischen Literatur wimmelte es von degenerierten Körpern. In Robert Louis Stevensons bekannter Erzählung *Der seltsame Fall des Dr. Jekyll und Mr. Hyde* (1886) unterscheidet sich Hyde sowohl körperlich als auch geistig von Dr. Jekyll. Hyde ist »bleich und zwergenhaft« – wie Cantlies junge Londoner – und »vermittelte den Eindruck einer Missbildung, ohne jede erkennen zu lassen«.[46] Das Auftauchen von Mr Hyde ist nicht nur eine Folge von Jekylls falsch verstandenem Glauben an die Unausweichlichkeit des wissenschaftlichen Fortschritts, er ist zugleich auch ein Produkt der Stadt. Dr. Jekyll lebt im medizinischen Zentrum Londons, am weitläufigen Cavendish Square in Westminster, einer Straße, die auf Charles Booths 1889 veröffentlichter Armutskarte Londons im wohlhabendsten Gelb erstrahlt.[47] Für Hyde jedoch mietet der Doktor eine Wohnung im nahe gelegenen Soho, dem heruntergekommensten Teil des West End. In der viktorianischen Vorstellung gingen Laster, die Stadt und körperlicher Verfall Hand in Hand, und London wurde zur »Stadt des schaurigen Entzückens«, um es mit den Worten der Historikerin Judith Walkowitz auszudrücken.[48]

In den Arbeiten des viktorianischen Universalgelehrten Francis Galton trafen die wissenschaftliche Beschäftigung mit körperlicher Degeneration und die Wissenschaft des Normalen aufeinander. Galton – Charles Darwins jüngerer Cousin – gehörte zu den Ersten, die die Fehlerkurve als »Normalverteilung« bezeichneten (1877), und das war nur einer seiner vielen Beiträge zur Wissenschaft.[49] Er entwickelte und verbreitete einflussreiche

Theorien zur Statistik, begründete psychometrische Testverfahren und lieferte Beiträge zur Fingerabdruckanalyse. Außerdem prägte er den Begriff Eugenik. Galtons selbst ernannte »Rassenkunde« sollte den Bevölkerungsbestand des Landes verbessern, indem die »Tauglichen« (er selbst und seine wohlhabenden Freunde) dazu ermutigt wurden, mehr Kinder in die Welt zu setzen, während die »Untauglichen« (die Arbeiterklasse, People of Color und jeder, der willkürlich festgelegten körperlichen oder geistigen Maßstäben nicht entsprach) weniger Kinder haben, manche vielleicht sogar ganz davon abgehalten werden sollten, sich fortzupflanzen. Mit solchen Überlegungen stand er nicht allein da: Im späten 19. und frühen 20. Jahrhundert hielt die Eugenik Einzug in weite Teile der westlichen Wissenschaft und Medizin. Und bis mindestens 1950 – als dieser Name endlich geändert wurde – beherbergte das hoch angesehene University College London (UCL) ein Galton-Labor für National-Eugenik.[50]

Diese beiden Aspekte lassen sich nicht voneinander trennen. Galtons Interesse an Statistik, Normalität, Identität und Vererbung war eng mit seinen Überlegungen zur Eugenik und seinem Engagement auf diesem Feld verbunden. Dieser Punkt wird häufig übersehen. Als das Museum of London 2014 eine (größtenteils wirklich gute) Sherlock-Holmes-Ausstellung präsentierte, waren im letzten Raum eine Reihe wissenschaftlicher Instrumente aus der Galton-Sammlung zu sehen. »Francis Galton war ein Wissenschaftler in London, und zwar zur gleichen Zeit, als Sherlock Holmes in der Stadt Verbrechen aufklärte«, stand auf der Informationstafel (ich fasse zusammen). »Hier sehen Sie einige der Instrumente, die in etwa dem entsprechen, was Sherlock Holmes verwendet haben könnte.« Die meisten Ausstellungsbesucher hatten wahrscheinlich noch nie etwas von Galton gehört. »Was für ein Genie!«, haben sie beim Hinausgehen vielleicht noch gedacht, falls er ihnen überhaupt in Erinnerung geblieben war. Worüber sie ganz sicher nicht nachgedacht haben, war, wie seine Fingerabdrucktechniken dazu benutzt wurden, die Kolonialherrschaft zu stärken, oder welche verheerenden Folgen die Eugenik auf der ganzen Welt für Menschen hatte, die als »anders« bewertet wurden.

Galtons Interesse galt nicht nur dem Durchschnitt, sondern auch den Abweichungen.[51] Er verteilte Erbsensamen an seine Freunde, die er der Größe ihrer Elternpflanzen nach sortiert hatte, um die Auswirkungen der Vererbung auf die Größe zu studieren. 1884 installierte er ein anthropometrisches Pop-up-Labor auf der Internationalen Gesundheitsmesse, wo die Besucher gegen eine geringe Gebühr ihre Größe, Greifkraft, Sehschärfe und zahllose weitere Merkmale messen lassen konnten – und ihm so praktischerweise gleich Tausende von Datensätzen lieferten. Und in einem noch weit größeren Umfang als Quetelet wandte er die Normalverteilung auf eine Vielzahl menschlicher Merkmale und Eigenschaften an.[52] Galton war so fest davon überzeugt, dass Herkunft und Genie zusammenhingen, dass er behauptete, eine Normalverteilung von »Begabungen« aus seiner eigenen Forschung zeige exakt das gleiche Ergebnis wie eine Verteilung der sozialen Klassen anhand der Zahlen des Industriellen und Sozialreformers Charles Booth. Wenn aber Klasse und Begabung deckungsgleich seien, sagte er (eine haarsträubend lächerliche Behauptung), dann sei die Klassenstruktur der viktorianischen Gesellschaft sowohl naturgegeben als auch, Sie ahnen es, normal. Galtons Schüler Karl Pearson, der in seiner Jugend noch sozialistische und feministische Positionen vertreten hatte, stimmte ihm dahingehend zu, dass »sehr arme Menschen, die von gelegentlichen Einkünften leben«, auch diejenigen mit den geringsten Begabungen und »im Sinne des bürgerlichen Wertes … unerwünscht« seien.[53] Wieder einmal führten »normale« Standards dazu, dass ganz beiläufig festgestellt wurde, wer ein wertvoller Mensch war und wer nicht. Basierend auf rein zufälligen äußeren Umständen.

Nicht alle Arbeiten Galtons zum Normalen waren statistischer Natur. Vor allem seine »Kompositfotografien« faszinieren mich seit Langem. 1878 berichtete er, er habe mit Unterstützung des Evolutionspsychologen Herbert Spencer einen Weg gefunden, »die typischen Merkmale« einer Gruppe von Personen »zu extrahieren«, die einander »in den meisten Aspekten gleichen«.[54] Seine Methode beruhte auf den langen Belichtungszeiten der 1870er-Jahre. Galton nahm acht gleich große Porträts von verschiedenen Menschen und heftete sie hintereinander, sodass sich die Augen mehr oder weniger auf einer Linie befanden. Wenn die Belichtungszeit für die exakte Kopie eines Bildes 80 Sekunden betrug, entfernte Galton alle zehn Sekunden ein Bild, wodurch jedes einzelne Porträt nur kurz der Belichtung ausgesetzt war. Nach der Entwicklung zeigte die Fotoplatte ein Bild, das »keine individuelle Person darstellt, sondern eine imaginäre Figur, die die durchschnittlichen Züge einer bestimmten Gruppe von Menschen aufweist«.[55] Der Durchschnittsmensch hatte ein Gesicht bekommen.

Galtons früheste Aufnahmen waren Bilder von Gewaltverbrechern, und er ging davon aus, dass die überlagerten Porträts deren »kriminellen Züge« zum Vorschein bringen würden. Diese hatte sein Zeitgenosse, der italienische Kriminologe Cesare Lombroso, unter anderem folgendermaßen beschrieben: Pausbacken, eine abgeflachte Nase, ein eckiger Schädel und übergroße Augenhöhlen, »welche, in Verbindung mit der Hakennase, Verbrechern so oft das Aussehen eines Raubvogels verleihen«.[56] Zu Galtons

Überraschung traten diese Charakteristika durch die Überlagerung der Gesichter jedoch nicht deutlicher hervor, sondern wurden stattdessen abgeschwächt. Die »besonderen schurkischen Unregelmäßigkeiten« der Kriminellen verblassten, und »die dahinterliegenden gewöhnlichen menschlichen Züge« setzten sich durch. Man hätte daraus schließen können, dass es so etwas wie den typischen Kriminellen nicht gab, aber so leicht ließ sich Galton nicht von der Vererbungsbiologie abbringen. Das Kompositbild zeigte ihm zufolge »nicht den Verbrecher, sondern den Mann, der dazu neigt, dem Verbrechen zu verfallen«. Zu sehen war nicht der Durchschnitt aller Männer, sondern lediglich der Durchschnitt gewisser abnormer Männer.[57] Galton glaubte, dass seine Fotografien die Idee »durchschnittlicher« krimineller Züge stützten und Menschen, die eine Neigung zum Verbrechen in sich trugen, anhand ihrer körperlichen Merkmale identifiziert werden konnten. Genau wie zahlreiche andere »Personentypen«, von Geisteskranken bis hin zu Tuberkulosepatienten. Der abnorme Charakter oder Geist dieser Gruppen würde auf den Kompositporträts sichtbar werden.

Aber was war für Francis Galton und seine Anhänger überhaupt normal? Man darf nicht vergessen, dass Galton bereits eine recht genaue Vorstellung des Normalen hatte, bevor er damit begann, es in einer Glockenkurve abzubilden, wie Peter Cryle und Elizabeth Stephens nachgewiesen haben.[58] Eine Tendenz, die wir immer wieder beobachten können. Galton und seine Kollegen entfernten aus ihren Zahlen Datensätze, die sie für ungeeignet hielten, bevor sie sich daranmachten, die Normen zu berechnen. Kinder und ihre fürchterliche Neigung, mit zunehmendem Alter zu wachsen, stellten für Statistiker lange ein Problem dar. Aber auch Frauen. Galton passte die Daten von Frauen, die er gesammelt hatte, so an, dass sie mit denen der Männer unmittelbar vergleichbar waren – die Größe von Frauen musste beispielsweise mithilfe einer von ihm entwickelten Gleichung hochgerechnet werden, damit die Ergebnisse weiterhin einer Glockenkurve entsprachen.

Diese Umrechnung war nicht nur ein statistisches Hilfsmittel, um Vergleichbarkeit zu erzielen. Sie führte auch dazu, dass ein bestimmter Standard gesetzt wurde: Männer waren die biologische Norm, an die weibliche Daten angepasst werden mussten. Und natürlich waren weiße Männer die Norm, mit der Angehörige anderer Ethnien verglichen wurden. In der spätviktorianischen Zeit wurde der weiße Mittelschichtakademiker zum neuen Durchschnittsmenschen. Er – denn der normale Standard blieb auch weiterhin männlich – war Arzt, Wissenschaftler, Schriftsteller, Bankier, Kaufmann, Anwalt oder Geschäftsmann. Statistisch betrachtet war er nicht unbedingt der am weitesten verbreitete Typus, dennoch galt er als das gesunde Ideal, an dem alle anderen gemessen wurden. Er war es, der über genügend Zeit und Geld verfügte, um James Cantlies Empfehlung zu folgen und Rad zu fahren oder Tennis zu spielen, um das Gespenst des städtischen Mr Hyde abzuwehren. Er konnte auch, wie der Psychiater George Savage, einem Alpenverein beitreten, um dann von seinen Freunden beifällig als ein »kraftvoller Bergsteiger« beschrieben zu werden, der »es liebte, Felsspitzen zu erklimmen, in den Mooren zu wandern … und auf Schnee und vereisten Straßen Ski zu fahren«.[59]

Umgekehrt galt das »Scheitern« der Angehörigen gewisser sozialer Klassen oder ethnischer Gruppen, die ideale Größe, das ideale Gewicht, den idealen Brustumfang des Mittelschichtakademikers zu erreichen, als ein gesellschaftliches Problem. Viele Viktorianer glaubten, ein unterdurchschnittliches Wachstum sei keine Folge von Umgebung und Lebensumständen, sondern beruhe auf biologischer Vererbung und moralischem Versagen. Daher mussten gewisse Leute, der eugenischen Logik folgend, daran gehindert werden, Kinder zu bekommen. Während in Großbritannien nie amtliche Heiratsgenehmigungen eingeführt wurden – obwohl zahlreiche Ärzte, Wissenschaftler, Politiker und sonstige Kommentatoren dafür plädierten –, traten in den Vereinigten Staaten und Europa in den ersten Jahrzehnten des 20. Jahrhunderts zunehmend gesetzliche Regelungen zu Heiratsbeschränkungen und Sterilisationen in Kraft. Das weltweit erste Gesetz zur Zwangssterilisation wurde 1907 in Indiana erlassen, um Menschen, die als körperlich oder geistig »ungeeignet« galten, davon abzuhalten, eigene Kinder zu bekommen.[60]

Diese Besessenheit von körperlichem Verfall war untrennbar mit Diskriminierung und Ängsten in Bezug auf *race* und Klasse verbunden. Wissenschaftler verglichen »degenerierte« weiße Engländer mit sogenannten »primitiven Rassen«. Anhand von Schädelgröße und -form sowie Größe, Gewicht und körperlichen Merkmalen nahmen sie eine Hierarchisierung von »Rassen« und Klassen vor.[61] Viktorianische Autoren tauften Afrika den »dunklen Kontinent« und entdeckten seinen Zwilling im Londoner East End.[62] »In diesem Sommer wurde die Aufmerksamkeit der zivilisierten Welt von der Geschichte gefesselt, die Mr Stanley aus dem ›dunkelsten Afrika‹ erzählte«, schrieb William Booth, der Gründer der Heilsarmee, in einer Sprache, die heute schockiert, von Booths damaliger weißer Leserschaft jedoch unreflektiert hingenommen wurde. Booth sprach von den »wilden Wäldern« des Kongobeckens, wo »in der dunklen, feuchten, von den dampfenden Schwaden der aufgeheizten Sümpfe erfüllten Luft Menschen, zu Pygmäen verzwergt und zum Kannibalismus gezwungen, lauern und leben und sterben«.[63] Booth nahm die abfällige Beschreibung des Entdeckungsreisenden Henry Stanley für bare Münze und schloss: »Und wie es ein dunkelstes Afrika gibt, gibt es da nicht auch ein dunkelstes England?«[64] Für Booth und andere Missionare war die Religion der »Ausweg« aus diesen »unzivilisierten« Lebensumständen. Für Stanley – heute eher bekannt für seine Worte »Dr. Livingstone, nehme ich an?« als für seinen Beitrag zur belgischen Kolonisierung Zentralafrikas – war es der internationale Handel, der die Zivilisation verbreitete. Und für Galton und seine Kollegen war natürlich die Wissenschaft das entscheidende Mittel zur Normalisierung.

Während Galtons Theorien zur Eugenik glücklicherweise inzwischen verworfen wurden – wenn auch erst viel später, als man erwarten würde –, gilt in weiten Teilen von Wissenschaft und Medizin, ebenso wie in den Tabellen und Maßen, mit denen wir heute noch arbeiten, weiterhin die präskriptive hierarchische Vorstellung einer weißen, männlichen, cisgender Norm. Sie hat Vorurteile und Stereotype befördert, die uns im Internet und in unseren Social-Media-Feeds nach wie vor ständig begegnen. Und einige der Standards, die wir unhinterfragt akzeptieren, gründen auf stark verzerrten Studien des 19. und frühen 20. Jahrhunderts. Welches Gewicht oder welcher Blutdruck als gesund gelten, wurde beispielsweise in der ersten Hälfte des 20. Jahrhunderts anhand der Daten amerikanischer Versicherungsunternehmen ermittelt, deren Policen hauptsächlich von wohlhabenden weißen Amerikanern abgeschlossen wurden. Erst in jüngster Zeit hat man erkannt, dass die gesundheitlichen Auswirkungen des BMI je nach Körpertyp unterschiedlich sind: Ein BMI, der für weiße Europäer als »normal« gilt, kann für Menschen mit asiatischer Herkunft ein erhöhtes Risiko für Diabetes und Herzerkrankungen bedeuten, während schwarze Frauen auch bei höheren Werten ein geringeres Risiko für Herzprobleme aufweisen.[65]

Die Galton-Sammlung ist heute in einem unscheinbaren Schrank verstaut, wie man ihn beispielsweise für Büromaterial verwendet. Der Großteil von Galtons schriftlichem Nachlass und seinen Fotografien befindet sich in den Spezialsammlungen der Bibliothek des UCL, in diesem Schrank liegen die Überbleibsel, die in kein Archiv passen – der Inhalt von Galtons Schreibtisch zum Zeitpunkt seines Todes, Gerätschaften, die mit seinen wichtigsten Entdeckungen verbunden sind, und eine willkürliche Ansammlung persönlicher Gegenstände.

Andere, düsterere Objekte kamen später hinzu, und sie erzählen vom verheerenden Erbe der Eugenik. Auf einer länglichen Blechbüchse klebt ein unscheinbares Etikett mit der Aufschrift »Haarfarbentafel von Prof. Dr. Eugen Fischer«. Darin befinden sich 30 unterschiedliche Kunsthaarsträhnen, jeweils akkurat mit einer Nummer versehen. Der deutsche Wissenschaftler Fischer benutzte diese Haarfarbentafel 1908 in Namibia, um den »Grad der Weißheit« der mixed-race Bevölkerung unter der kolonialen Herrschaft zu bestimmen. In seiner Studie vertrat er einen dezidiert eugenischen Ansatz. Er riet zu einem Verbot gemischter Ehen und unterstützte den Genozid an den Herero und Nama im damaligen Deutsch-Südwestafrika. Als Reaktion auf Fischers Empfehlungen wurde 1912 die Heirat zwischen Angehörigen unterschiedlicher »Rassen« in allen deutschen Kolonien verboten. Seine Förderung der Eugenik war eine der Inspirationsquellen für Adolf Hitlers Mein Kampf, und seine Arbeiten dienten als wissenschaftliche Grundlage für die antisemitischen Nürnberger Gesetze, die letztlich in den Holocaust mündeten. 1940 trat der Wissenschaftler offiziell in die NSDAP ein.[66]

Da Fischer die Haarfarbentafel 1908 verwendete, also wenige Jahre vor Galtons Tod, wurde sie wahrscheinlich nicht ihm selbst zugeschickt, sondern seinem Nachfolger Karl Pearson.[67] Und doch zeigt die Tafel, in welchem Ausmaß die Eugenik im 20. Jahrhundert betrieben wurde. Als der *Guardian* 2018 darüber berichtete, dass das UCL eine Untersuchung zur Geschichte der Eugenik an der Universität in die Wege geleitet hatte, wurde in dem Artikel auch der Einwand eines Dozenten erwähnt, Galton »mit den Nazis« in Verbindung zu bringen, sei »eine abscheuliche, gefühlsduselige Diffamierung«.[68] Dabei verweist die Sammlung selbst auf eine direkte Verbindung zwischen Galtons Protégé und einem nationalsozialistischen Wissenschaftler: deutlich weniger als die sprichwörtlichen sechs Ecken, über die jeder mit jedem in Beziehung steht.

Das Labor für National-Eugenik des UCL blieb auch nach dem Zweiten Weltkrieg bestehen. Genau wie die eugenischen Sterilisationsprogramme in Teilen Europas und Nordamerikas, mit denen verhindert werden sollte, dass als »abnorm« beurteilte Gruppen Kinder in die Welt setzten. In der Tschechoslowakei, um nur ein Beispiel zu nennen, *begann* die Zwangssterilisierung von Romnja erst 1971, der letzte bekannte Fall stammt aus dem Jahr 2007.[69]

Der viktorianische Universalgelehrte Francis Galton und der nationalsozialistische Wissenschaftler Eugen Fischer mögen sehr unterschiedliche Menschen gewesen sein, die in sehr unterschiedlichen Kontexten arbeiteten. Aber ihre Geschichten und ihr Vermächtnis zeigen, wie gefährlich das Konzept des »Normalen« sein kann – und welche Macht damit verbunden ist. Sowohl Galton als auch Fischer nutzten ihr Interesse an der Klassifizierung von Körper und Geist, um darüber zu entscheiden, wer normal war. Sie marginalisierten diejenigen, die diesen Kriterien nicht entsprachen, (und Schlimmeres) und zeigten finstere Wege auf, wie die Menschheit bewusst verändert werden könnte, um einem weißen, elitären Ideal zu entsprechen: ein erschreckendes Kapitel in der Geschichte des sogenannten Normalen.

BIN ICH NORMAL?

Als ich 1997 die Schule verließ, verspürte ich eine immense Erleichterung. Endlich kam ich weg von den Kleinstadt-Mobbern und stumpfsinnigen Konformisten meiner Jugend. Ich zog nach London, um dort zu studieren, eine magische Stadt, wo die Menschen in meiner Vorstellung tun und lassen konnten, was sie wollten, ohne dass irgendjemand auch nur mit der Wimper zuckte. Als ehrfürchtiger Teenager war ich beeindruckt von der Vielfalt, die mich umgab. Und als weiße heterosexuelle Frau war ich vermutlich zu einem großen Teil blind für den Rassismus, die Homophobie, die Behindertenfeindlichkeit und die Transphobie, die mich umgaben. Manchmal habe ich wahrscheinlich sogar unbewusst selbst dazu beigetragen. Ich hatte noch keine Ahnung vom Erbe des Kolonialismus oder der Eugenik, und mir war nicht klar, wie rassistische Normen nach wie vor die Strukturen unserer Gesellschaft bestimmen. Meine Vorstellung von Normalität war individuell, naiv und egozentrisch. Ich weigerte mich sogar, mich als Feministin zu bezeichnen.

London, so dachte ich damals, war ein Ort, an dem jeder sein konnte, was und wer er wollte; eine Stadt der Vielfalt und doch gehüllt in den beruhigenden Mantel der Anonymität. Für jeden war etwas dabei, und die unaufhörlich strömenden Menschenmassen boten Sicherheit. Ich liebe London noch immer, und es fühlt sich für mich auch noch immer auf eine Weise nach zu Hause an, wie ich es in der kleinen Stadt in Kent, in der ich aufgewachsen bin, nie erlebt habe. Aber meine romantischen Erwartungen wurden jäh zerstört, als ich in einen Hochhausblock in South Woodford zog. »Praktisch *Essex*!«, da waren meine Kommilitonen und ich uns einig. Ich lebte auf einer Etage mit zwölf anderen 18-, 19-jährigen Mädchen. Aus irgendeinem Grund hatte ich gedacht, sie würden mich freundlicher aufnehmen als meine früheren Mitschüler. Aber das taten sie nicht. Sie tratschten und kicherten und machten abfällige Bemerkungen – manchmal in meiner Gegenwart, manchmal hinter den zerschrammten alten Türen und dünnen Wänden des Wohnheims. Selbst diejenigen, die nicht zur Clique gehörten, verstummten mitten im Gespräch und sahen mich vorwurfsvoll an. »Du bist so *still*!«, war ihr üblicher Spruch. Es fühlte sich an wie eine grausame Zurechtweisung, ein Zeichen, dass ich nicht so war wie sie. Ich habe mich nie getraut auszusprechen, was ich wirklich antworten wollte: »Na und?«

Das Alberne an der Sache war, dass ich genau wusste, dass einige dieser Mädchen, die eine Menge Make-up trugen und oberflächlichen Klatsch liebten, sich ebenso viele Gedanken darum machten, ob sie wohl dazugehörten, wie ich. Nachdem meine Nachbarin aus dem Nebenzimmer tagsüber mit den anderen gekichert und gelästert hatte, weinte sie sich abends bei ihrem Freund aus. »Es ist so furchtbar hier!«, konnte ich sie durch die Wand schluchzen hören. Nach nur einem Semester brach sie das Studium ab. Am Ende des Jahres erkannte ich, dass überraschend viele meiner Mitstudierenden diese Gruppe, die ich für so beliebt gehalten hatte, gar nicht mochten. Vielleicht entsprachen sie ja doch nicht dem Ideal?

Doch obwohl ich all das wusste, änderte es nichts an meinen Ängsten. Der Wunsch, normal zu sein, war stärker als die Erkenntnis, dass meine Peinigerinnen die gleichen Sorgen und Ängste kannten wie ich und dass diejenigen, die ich für »normal« hielt, nicht besonders beliebt waren. Sogar nachdem ich stark genug geworden war, um mich gegen sie abzugrenzen, blieb der Drang bestehen, mich selbst zu »korrigieren«.

Unsere Vorstellungen von Normalität liegen irgendwo zwischen dem Wunsch nach Individualität und unserem Bedürfnis, als Teil einer Gruppe akzeptiert zu werden. Dazuzugehören kann wertvoll sein, auch wenn es vielleicht nicht immer möglich ist und manchmal sogar unserer geistigen und körperlichen Gesundheit schadet. Offenbar reicht nicht einmal ein aufkeimendes Bewusstsein dafür, dass die Normen unserer Kindheit und Jugend gar nicht so allgemeingültig sind, wie wir immer dachten, um unseren Glauben an das Normale zu erschüttern. Aber vielleicht vermag es ja ein Blick in dessen Geschichte.

Als schüchterne 18-Jährige hätte es mich sicher überrascht zu erfahren, dass die Menschen die Welt nicht immer in normal und unnormal eingeteilt haben. Im 17. Jahrhundert hat sich ein Fischer aus Cornwall vielleicht mit anderen örtlichen Fischern verglichen, mit seiner Familie oder mit den Nachbarn, aber ganz sicher hat er sich keine Gedanken darüber gemacht, ob er in irgendein übergreifendes System von Normen passt. Zu erfahren, dass die Menschen vor gerade einmal zwei Jahrhunderten das Wort »normal« noch nicht benutzten, um menschliche Eigenschaften oder Erfahrungen zu beschreiben, schränkt die Macht dieses Begriffs zumindest ein bisschen ein.

Nachdem ich im Laufe der Jahre mehr über die Geschichte von Medizin und Wissenschaft, über Kolonialismus und Gender, über queere Theorien und das soziale Modell von Behinderung gelesen hatte, wurde meine Sicht auf das Normale etwas weniger selbstbezogen und beschränkt. Ich erkannte, dass ich trotz meiner Erfahrungen und Ängste privilegiert war. Obwohl ich mich an meiner selektiven staatlichen Schule in einer wohlhabenden Region im Süden Englands alles andere als normal gefühlt hatte, war ich dank des Zufalls meiner Geburt sehr viel näher an der sogenannten westlichen Norm aufgewachsen als die meisten anderen Menschen.

Das Normale ist sowohl privat als auch politisch. Eine Kritik des Normalen beginnt am besten damit, dass wir uns bewusst werden, welchen Platz wir darin einnehmen, dass wir nicht nur die Erwartungen und Voraussetzungen hinterfragen, mit denen wir aufgewachsen sind, sondern auch, in welcher Form diese in unseren Institutionen, unseren Gesetzen, unserer Politik und unseren sozialen Interaktionen verankert wurden. Das ist es, was ich in diesem Buch versuchen möchte.

Aber wer entscheidet überhaupt, was normal ist? Quetelet, Broussais, Comte, Galton, Pearson und ihre Kollegen hätten die Vorstellung einer willkürlichen Entscheidung allesamt weit von sich gewiesen. Sie glaubten tatsächlich, objektiv und leidenschaftslos etwas aufzuzeichnen, das einfach nur existierte, sei dieses Etwas nun Gottes Masterplan, ein Naturgesetz oder die Evolution. Die Art und Weise jedoch, wie sie ihre Daten sammelten, und die Maßgaben, nach denen sie sie analysierten, beruhten auf menschlicher Interpretation. Sie bezogen manche Kriterien in ihre Auswertungen ein und verwarfen andere, um, ausgehend von weißen, wohlhabenden, westlichen Männern, ihre sogenannten wissenschaftlichen Normen zu entwickeln.

Obwohl die Wissenschaftler des 19. Jahrhunderts mit ihren Ideen und Methoden das Normale als Maßstab für das menschliche Leben und Verhalten etablierten, gaben sie nie eine endgültige Antwort auf die Frage, was ein normaler Körper, eine normale Gesundheit, ein normaler Menschentypus eigentlich war. Diese Definitionen beruhten stets auf gesellschaftlichen Erwartungen und Auffassungen, die im Laufe der Zeit und von Kultur zu Kultur erheblichem Wandel unterworfen waren. Wenn ich in den folgenden Kapiteln nachzeichne, auf welche Weise sich diese Normen verändert haben, führt uns das immer wieder zurück zu der einen Frage: Gibt es das Normale wirklich?

2

Habe ich einen normalen Körper?

Ich habe es schon immer gehasst, Schuhe zu kaufen. Nicht nur, weil es kompliziert ist, etwas Passendes für meine großen Füße zu finden – so schwierig das auch sein mag. Nein, das Schlimmste sind die unvermeidlichen Reaktionen des Verkaufspersonals, die von entsetzter Skepsis bis zu Ungläubigkeit reichen. Als Teenager schrumpfte ich jedes Mal innerlich zusammen, wenn auf meine geflüsterte Frage »Haben Sie die auch in 43?« ein verblüffter Aufschrei folgte: »43?« Ja, ich habe große Füße. Größe 43 in Europa, 9 in England und 11 in den USA. Deshalb habe ich in meiner Jugend auch ausschließlich ein und dasselbe Paar Unisex-Sneaker oder Doc Martens getragen, bis sie auseinanderfielen.

Ich hasse es immer noch, Schuhe zu kaufen.

Was mich jedoch überrascht hat, ist, wie viele andere Frauen ich in den vergangenen 25 Jahren kennengelernt habe, die ebenfalls Schuhgröße 43 oder sogar 44 hatten. Und trotzdem haben sich die verfügbaren Größen in der ganzen Zeit nicht geändert. In einer Handvoll günstiger Läden in den Fußgängerzonen gibt es das eine oder andere Modell auch in 43, aber die meisten enden bei 42. Obwohl unsere Füße offenbar immer größer werden. Die Ergebnisse einer 2014 durchgeführten Studie des Podologenverbands lassen darauf schließen, dass die Füße der Briten seit den 1970er-Jahren um zwei Größen gewachsen sind: die durchschnittliche Männergröße von 42 auf 44 und die durchschnittliche Frauengröße von 37 auf 39.[70] Das würde bedeuten, dass große Schuhgrößen heute üblicher sind, als sie es vor 50 Jahren waren. Wenn wir davon ausgehen, dass die Verteilung der Schuhgrößen in Großbritannien derjenigen in den Vereinigten Staaten entspricht, liegt eine »normale« Schuhgröße für Frauen (also passend für 95 Prozent der Bevölkerung) zwischen 35 und 43.[71] Schuhgröße 43 ist also durchaus normal.

Dieses einfache Beispiel illustriert mehrere Dinge. Zum einen, dass unser Bild von einem »normalen« Körper nicht nur durch das geformt wird, was üblich ist, sondern auch durch eine ganze Reihe kultureller Faktoren und Erwartungen (unter anderem der Entscheidung von Schuhläden, welche Größen sie anbieten). Beide Aspekte des Normalen beeinflussen unsere Vorstellung davon, wie groß ein Fuß sein sollte, aber kulturelle Erwartungen haben in diesem Fall besonders großen Einfluss. Wenn es für mich als Teenager einfach gewesen wäre, Schuhe zu kaufen, und niemand auch nur mit der Wimper gezuckt hätte, wenn ich nach meiner Größe fragte, wäre ich wahrscheinlich auch nie auf die Idee gekommen, dass meine Füße ungewöhnlich groß sein könnten. Die Geschichte des Konsumangebots spielt also mit Blick auf den normalen Körper eine nicht zu unterschätzende Rolle. Als die Menschen ihre Kleidung noch selbst herstellten, war es weniger wichtig, seine Größe mit der von anderen zu vergleichen.

Außerdem zeigt es, wie die Besorgnis über die sich verändernde Größe und Statur unserer Körper bis heute dazu benutzt wird, um allgemeinere Ängste in Bezug auf die Bevölkerung zu veranschaulichen und zu rechtfertigen. Ein BBC-Artikel über die oben erwähnte Studie stellte kurzerhand eine Verbindung zur sogenannten »Adipositas-Epidemie« her. »Unsere Füße werden größer, weil wir als Nation immer größer und schwerer werden«, wird Lorraine Jones vom Berufsverband der Podologen zitiert, was die BBC interpretierte als »Unsere Füße haben das kompensiert, indem sie länger und breiter geworden sind.« Dabei ist völlig unklar, ob in der Studie neben der Schuhgröße auch Körpergröße und Gewicht gemessen wurden, und es gibt keinen eindeutigen Beleg für einen solchen Zusammenhang. Trotzdem werden große Füße in den Medien als ein Zeichen des sich verschlechternden allgemeinen Gesundheitszustands dargestellt – während es dem Podologenverband hauptsächlich darum ging, dass die Menschen ihren Füßen schaden, wenn sie Schuhe tragen, die ihnen nicht richtig passen. Solche Verknüpfungen tauchen in der Geschichte des normalen Körpers immer wieder auf. Wir haben bereits gesehen, wie einzelne Körpermerkmale als Anzeichen der Degeneration der Spezies oder des nationalen Verfalls interpretiert wurden und wie sie als Rechtfertigung für koloniale Expansion oder zur Unterstützung rassistischer oder sexistischer Hierarchisierung herangezogen wurden.

Und schließlich ist da noch die Medizin, die in unserem Verhältnis zu unserem Körper seit jeher eine Rolle spielt. Wir fühlen uns unserem Körper gleichzeitig zugehörig und fremd. Wie der französische Philosoph Paul Valéry es ausdrückte, könnten wir von unserem Körper sprechen »wie von einer Sache, die uns gehört; für uns aber ist er nicht ausschließlich eine Sache, und er gehört uns etwas weniger, als wir ihm angehören«.[72] Auf dieses Zitat stieß ich zum ersten Mal in Shigehisa Kuriyamas faszinierender historischer Darstellung der Divergenzen zwischen griechischer und chinesischer Medizin, in der er zeigt, wie unterschiedlich Körper in voneinander abweichenden medizinischen Traditionen aufgefasst und interpretiert würden. Im ersten und zweiten Jahrhundert unserer Zeitrechnung sprachen griechische Ärzte von Muskeln, während chinesische Ärzte ein System aus Leitbahnen und Akupunkturpunkten vor sich sahen. Die Chinesen, schreibt Kuriyama, kannten nicht einmal ein eigenes Wort für »Muskel«.

Dabei ging es nicht darum, dass eine der Traditionen *richtig* lag. Bei den meisten menschlichen Körpern war keines der Modelle äußerlich sichtbar. Tatsächlich war es in der medizinischen Praxis jener Zeit gar nicht üblich, zwischen verschiedenen Formen von Gewebe zu unterscheiden. Nur die Griechen bildeten eine Ausnahme mit ihrer Anatomie, die in einer künstlerischen Tradition wurzelte, in der pralle nackte Männer dargestellt wurden, mit Muskeln sogar noch an Stellen, an denen sie anatomisch überhaupt nicht existieren.[73] Die Art und Weise, wie wir auf unseren Körper blicken, ist also ebenso sehr durch Geschichte und Kultur bestimmt wie unser Urteil darüber, ob das, was wir sehen, normal ist.

SCHÖNHEITSMYTHEN

Im September 1945 startete die Zeitung *Cleveland Plain Dealer* einen Wettbewerb mit dem Titel »Sind Sie Norma, die Typische Frau?«. Die Teilnehmerinnen wurden aufgefordert, ihre Maße einzuschicken, von Größe und Gewicht über Brust-, Hüft- und Taillenumfang bis hin zu Schenkel, Wade und Schuhgröße. Das Ziel bestand darin, die Frau zu finden, die einer 1942 von dem Sexualwissenschaftler Robert L. Dickinson und dem Bildhauer Abram Belskie geschaffenen Statue am genauesten entsprach.[74] Norma und Normman – unter diesen Namen waren die beiden Statuen von Dickinson und Belskie bekannt – verkörperten gleichzeitig einen statistischen Durchschnitt und ein Ideal. Sie beruhten auf den Maßen Tausender amerikanischer Männer und Frauen, sollten also ganz normale Amerikaner darstellen. Allerdings stammten diese Maße von einer nach sehr selektiven Kriterien ausgewählten Gruppe: jungen Menschen zwischen 18 und 20, ohne körperliche Einschränkungen, gesund und – durchaus aufschlussreich – fast ausnahmslos weiß. Die beiden Statuen wurden dem Publikum sogar als »Native White American« präsentiert, was den normalen Amerikaner noch stärker mit einer weißen Hautfarbe assoziierte, während zugleich die amerikanischen Bevölkerungen aus der Zeit vor der europäischen Kolonisierung aus der Geschichte getilgt wurden.[75] Fast 4000 Frauen beteiligten sich an diesem Wettbewerb, doch nicht eine von ihnen entsprach exakt Normas Maßen. Die Siegerin Martha Skidmore war schlicht und ergreifend die Frau, die ihr am nächsten kam. Wie sich herausstellte, war Norma, die gleichermaßen als Durchschnitt wie als amerikanisches Ideal präsentiert wurde, als Person gänzlich fiktiv.[76] Leider führte diese Erkenntnis nicht dazu, dass die mit einer normalen weiblichen Schönheit verknüpften Ideale aus den Köpfen verschwanden.

Schon lange vor Normas Zeiten lasteten die Anforderungen, die an die äußere Erscheinung gestellt wurden, sehr viel stärker auf Frauen als auf Männern. Wenn Inspektoren im 19. Jahrhundert die Nervenheilanstalt Bethlem Royal Hospital besuchten, waren es häufig die schmuddelig gekleideten Patientinnen, die ihre Missbilligung auf sich zogen. Das bedeutete nicht, dass die männlichen Insassen auch nur einen Deut weniger ungepflegt aussahen. Es lag einfach nur daran, dass Männer nicht in dem gleichen Maß nach ihrem Äußeren beurteilt wurden wie Frauen.

Wenn eine britische Frau in jener Zeit das Haar offen trug oder ohne Hut aus dem Haus ging, sagte dies in den Augen der anderen sehr viel mehr über ihren Geisteszustand oder ihren Charakter aus, als es ein vergleichbares Verhalten bei einem Mann getan hätte.

Ich kann mich an keine Zeit erinnern, in der ich mir dieser unterschiedlichen Standards nicht bewusst gewesen wäre. Als Kind in den 1980er-Jahren wusste ich bereits, dass die Erwartungen, die an mich als Mädchen gestellt wurden, für meine männlichen Freunde nicht in der gleichen Weise galten. Mit drei Jahren reagierte ich darauf, indem ich steif und fest behauptete, ich sei nicht Sarah, sondern ein kleiner Junge namens Mark. Mein liebstes Kleidungsstück war eine lila Krawatte – bis mein Freund Paul sie mir stibitzte. Bevor meine Freundin und ich in die Grundschule kamen, schlossen wir einen Pakt, dass wir, abgesehen von der grässlichen, aber obligatorischen Schuluniform, niemals Röcke oder Kleider tragen würden. Ich war wütend auf unsere Lehrerin, weil sie unbedingt »große, starke Jungen« brauchte, die ihr dabei halfen, irgendwelche Dinge im Klassenzimmer zu verrücken, immerhin waren wir schon sechs, und es gab in der Klasse genauso viele große, starke Mädchen. Und als man mir mit acht erklärte, dass es sich für ein Mädchen nicht mehr gehörte, in der Schule Fußball zu spielen, wandte sich meine Frustration nach innen. Ich wünschte mir immer mehr, ich wäre tatsächlich ein Junge. Als Teenager drehte ich regelmäßig den Spiegel in meinem Schlafzimmer zur Wand. Ich trug immer dickere Schichten aus Pullis und weiten T-Shirts, um meinen verhassten Körper zu verstecken, aber es war die Spätphase des Grunge, also fiel es niemandem auf. Ich war schon Mitte 20, als ich anfing, über das komplizierte Verhältnis von Geschlecht und äußerem Erscheinungsbild in meinem Leben nachzudenken. Vielleicht war es ja gar nicht mein Körper, der nicht normal war. Vielleicht war das Problem die Art und Weise, wie die Welt Frauen behandelte. Oder vielleicht sogar die Vorstellung des Geschlechts an sich.

Seit den 1990er-Jahren belegen zahlreiche Studien, dass die Unzufriedenheit mit dem eigenen Körper unter Frauen in der westlichen Welt »normativ« geworden ist.[77] Die meisten Frauen machen sich Gedanken über ihr Äußeres, und ihre Sorgen bewegen sich irgendwo zwischen Norm (»Habe ich die richtige Kleidergröße?«) und Ideal (»Habe ich perfekte Haut, perfektes Haar, perfekte Zähne?«). Natürlich machen sich auch Männer Gedanken über ihre äußere Erscheinung, und viele Menschen haben Ängste, die außerhalb dieses binären Geschlechterbegriffs liegen. Die Erwartungen an das Aussehen einer Person können Frauen, die nicht als Frau geboren wurden, vor ganz besondere Probleme stellen, während die unterschiedliche Einstellung zu Männern und Frauen für jemanden, der sich als nicht binär identifiziert, sehr offensichtlich sein kann. Trotzdem bleibt das Aussehen ein Punkt, der üblicherweise – und oft auf unangenehme Weise – mit der Geschlechtszugehörigkeit verknüpft wird.

Mit Sicherheit waren Frauen und nicht Männer Gegenstand von Francis Galtons »Schönheitsexperimenten«. In der Francis-Galton-Sammlung am University College London gibt es einen »Registrator«, der diskret in einer Schublade im Keller verstaut ist. Wenn ich Galtons »gruselige Schönheitshandschuhe« erwähne, weiß der Kurator sofort, wovon ich rede. Galton hatte die raffinierten Lederhandschuhe so präpariert, dass er damit heimlich zählen konnte: Im Daumen des linken Handschuhs steckte eine Nadel, und über die Innenseite der restlichen vier Finger war ein Stück Filz genäht. Galton befestigte einen Papierstreifen auf dem Filz, und indem er den jeweiligen Finger mit seiner Nadel berührte, konnte er festhalten, was er sah, ohne dass jemand etwas davon bemerkte. »Zähle, wann immer du kannst« war, seinem Protegé Karl Pearson zufolge, Galtons Motto – fast wie Graf Zahl aus der Sesamstraße.[78]

Die gruseligen Handschuhe erwiesen sich als ausgesprochen praktisch, als Galton beschloss, den Schönheitsgrad der Frauen in unterschiedlichen Teilen Großbritanniens zu ermitteln. So stellte sich der angesehene Statistiker in diversen Städten des Landes an eine Straßenecke, und seine Hände zuckten verdächtig in seinen Manteltaschen, sooft eine Frau an ihm vorbeiging. Galton bewertete die Schönheit der Frauen, die er sah, anhand der Kategorien attraktiv, mittelmäßig und abstoßend. Basierend auf dieser durch und durch subjektiven Studie beabsichtigte der Wissenschaftler, eine »Schönheitskarte« Großbritanniens zu erstellen, die jedoch nie fertiggestellt wurde.[79] Trotzdem kam Galton zu dem Schluss, dass die Frauen in seiner Heimatstadt London am schönsten seien, während in Aberdeen die hässlichsten Frauen lebten. Es ist keine große Überraschung, dass Frisur, Make-up und Kleidung der Londoner Damen auf einen Mann, der ebenfalls in der Hauptstadt lebte, anziehender wirkten als der Stil der Frauen in einem windgepeitschten Fischerhafen. Was einen eher verwundert, ist die Tatsache, dass der gute Frank bei seinen Recherchen nicht verhaftet wurde.

Trotz Galtons nach heutigen Maßstäben schäbiger Methoden ist er nicht persönlich für die wissenschaftliche Objektifizierung von Frauen verantwortlich. Er war lediglich Teil einer weitverbreiteten Praxis. Die viktorianischen Wissenschaftler vertraten die Auffassung, der natürliche Platz einer Frau sei zu Hause, wo sie Kinder zur Welt bringen und sie großziehen sollte. Die Hauptaufgabe einer jungen Frau bestand somit darin, einen Ehemann zu finden, weshalb ihrer Schönheit ein bestimmter evolutionärer Wert zukam. Darwins Theorie der sexuellen Selektion zufolge spielte die weibliche Schönheit eine erhebliche Rolle bei menschlichen Eheschließungen. Er verwies auf die »durch viele Generationen fortgesetzte Selektion derjenigen Frauen, die auf die Männer der betreffenden Rassen am anziehendsten wirken«[80]. Seltsamerweise stand dies in vollkommenem Gegensatz zu dem, was der Evolutionsbiologe für das Tierreich beschrieb, wo die Männchen bunter und prächtiger waren, um ein Weibchen anzulocken. Während eine Pfauhenne ihren Partner aus einer Vielzahl attraktiver Hähne wählen konnte, galt für Menschen offenbar das Gegenteil.

Obwohl Darwin seine Theorien so anpasste, dass sie den gesellschaftlichen Erwartungen entsprachen, räumte er ein, dass es so etwas wie einen universellen Schönheitsstandard nicht gab. Doch während er ausführlich die Gesichtszüge und Hautschattierungen beschrieb, die in anderen Teilen der Welt als schön galten, schienen ihm die von den Europäern bevorzugten Faktoren so offensichtlich zu sein, dass sie keinerlei Beschreibung bedurften: Das einzige Merkmal, das in seinen Schriften flüchtige Erwähnung fand, war das lange Haar der Frauen.[81] Das war dem Reisenden und Sozialdarwinisten William Winwood Reade zu verdanken, der behauptete, langes Haar gelte bei Frauen nicht nur weltweit als Schönheitsmerkmal, sondern sei zudem das Ergebnis sexueller Selektion, denn »die anhaltende Auswahl langhaariger Ehefrauen führte zu der wallenden Haarfülle dieses Geschlechts«.[82] Vielleicht war sich Reade einfach nicht darüber im Klaren, dass Männer ihr Haar ohne Weiteres ebenfalls wachsen lassen oder Frauen ihre »wallende Haarfülle« abschneiden können; genau wie

Darwin betrachtete er langes Haar als ein biologisches Merkmal und nicht als gesellschaftliche Norm. Männer sollten bedenken, so Reade, dass »die Eleganz der weiblichen Gestalt, ihr zarter Teint und ihre anmutigen Formen ebenso sehr unser Werk sind wie die Symmetrie und Schnelligkeit eines Rennpferds, die Pracht von Zierblumen oder der Duft der Obstblüten«.[83] Zur Züchtung derart perfekter Frauen und Rennpferde kann man den Männern wirklich nur gratulieren!

Auch wenn sich diese Autoren nur sehr vage zu konkreten weiblichen Schönheitsmerkmalen äußerten, beruhten die von ihnen angeführten Beispiele auf rassistischen Hierarchien äußerer Unterschiede, die bereits in der Kolonialzeit entwickelt worden waren. Darwin etwa bewertete flache Nasen als unattraktiv, eine Auffassung, die der Kulturhistoriker Sander Gilman auf anthropologische Studien aus dem späten 18. Jahrhundert zurückführt.[84] Petrus Camper, ein niederländischer Anatom des 18. Jahrhunderts, entwickelte eine Theorie, bei der die Schönheit anhand des Gesichtswinkels bestimmt wurde. Diesen Winkel bildeten zwei Linien: Die erste verlief von der Stirn über die Nase zur Oberlippe, die zweite horizontal durch den Kiefer. Das schönste Gesicht war Camper zufolge eines, in dem sich die beiden Linien in einem Winkel von 100 Grad schnitten.[85]

Campers Einschätzung beruhte – wieder einmal – auf der klassischen Kunst: Römische Statuen wiesen einen Winkel von 96 Grad auf, die alten griechischen Statuen erreichten sogar die perfekten 100 Grad (auch wenn Camper selbst skeptisch war, ob ihre menschlichen Vorbilder tatsächlich so schön gewesen seien). Der Europäer des 18. Jahrhunderts jedenfalls war nicht so attraktiv, sein Winkel lag bei etwa 80 Grad. Dennoch schien Campers Untersuchung die These, weiße Europäer seien die schönste Rasse der modernen Welt, wissenschaftlich zu untermauern: Bei anderen Rassen sei der Winkel sogar noch kleiner. Während Darwin also die Aufmerksamkeit auf die voneinander abweichenden Schönheitsideale der verschiedenen Kulturen lenkte, unterwarfen er und seine Zeitgenossen diese Gesichtszüge zugleich einer Hierarchie, die auf ethnischen Unterschieden basierte. Große Augen, ein ovales Gesicht, eine gerade Nase, schmale Lippen und ein klar konturiertes Kinn waren schön, weil sie mit der westlichen Zivilisation assoziiert wurden: Durch einen Zirkelschluss wurde somit »bewiesen«, dass weiße westliche Frauen schöner seien als alle anderen. Wieder einmal wurde Westeuropa zum normalen Standard, an dem alles andere gemessen wurde.

Dabei ging es nicht nur um ästhetische Ideale. Schönheit war für die Viktorianer auch deshalb so wichtig, weil man glaubte, einem Menschen sei seine Persönlichkeit anzusehen. 1775 hatte der Schweizer Autor, Philosoph und Theologe Johann Kaspar Lavater die Physiognomik begründet, eine Wissenschaft, der zufolge die Gesichtszüge eines Menschen Aufschluss über seinen Charakter geben. Im späteren 19. Jahrhundert ging man davon aus, dass in ihnen sowohl erbliche Anlagen als auch individuelle Neigungen zum Ausdruck kommen. Der amerikanische Physiognom Samuel R. Wells etwa präsentierte in seinem Buch eine Reihe wenig schmeichelhafter Frauenporträts, die unverkennbar rassistische Vorurteile und Klassenressentiments aufgreifen.

So wird der beliebten Ikone weiblicher Schönheit Prinzessin Alexandra von Dänemark, die 1863 den ältesten Sohn von Königin Viktoria heiratete, das Gesicht von »Sally Muggins« gegenübergestellt – die klischeehafte Darstellung einer, wie ihr Name verrät, geistesschwachen Frau keltischer Abstammung (»muggins« bedeutet im Englischen »Simpel«, »Einfaltspinsel«). Florence Nightingale, ein weiteres Ideal westlicher Weiblichkeit, wird mit einem irischen Stereotyp kontrastiert, das den ebenso unschmeichelhaften Namen »Bridget McBruiser« (»Raufbold«) trägt. Nightingale, die auf dieser Zeichnung mit größeren Augen, runderen Wangen und einer geraderen Nase porträtiert wird, als Fotografien von ihr zeigen, verkörpert im Gegensatz zu McBruisers flacher Nase, ihren schielenden Augen und eingefallenen Wangen das ideale weibliche Antlitz. Anders als Nightingale, behauptet Wells, vegetiere McBruiser »sowohl geistig als auch körperlich auf unterster Ebene«, und all ihre sichtbaren und unsichtbaren Eigenschaften seien das genaue Gegenteil von Schönheit: »grob, schroff, ungeschliffen, ungebildet und viehisch«.[86]

Wells stand mit seinem abfälligen Urteil gegenüber Iren nicht allein da. Der englische Schriftsteller und Sozialreformer Charles Kingsley schrieb über eine Reise nach Irland im Juli 1860, er werde in seinen Erinnerungen immer noch heimgesucht von den »menschlichen Schimpansen, die ich auf der ganzen Strecke von hundert Meilen in diesem schrecklichen Lande immer aufs Neue sah«. Trotz ihres Aussehens, behauptete Kingsley, seien die Iren unter englischer Herrschaft »sichtlich glücklicher, besser genährt und behaglicher in ihren Hütten« als je zuvor.[87] Wieder begegnet uns hier die Verknüpfung von vermeintlich körperlicher Minderwertigkeit mit der Rechtfertigung einer »gütigen« Herrschaft durch wohlhabende Kolonisten (wobei die Versäumnisse der Engländer und ihre Vernachlässigung des Landes während der noch nicht lange zurückliegenden Großen Hungersnot, die so viele Iren in Armut und Hunger getrieben hatte, praktischerweise unerwähnt blieben). Wären die »Schimpansen« schwarz, fährt Kingsley in unverhohlen rassistischem Ton fort, »ginge es einem nicht so nah«.

Unsere Vorstellung von Schönheit und einem normalen Äußeren – und von der Verbindung, die zwischen beidem besteht – hat sich seit spätviktorianischen Zeiten sicherlich gewandelt. Die meisten von uns glauben nicht mehr, dass wir wie Rennpferde gezüchtet wurden, oder streben nach dem perfekten Gesichtswinkel, und wahrscheinlich sehen sie auch kein Problem darin, im Bus auf dem oberen Deck zu sitzen oder das Haar kurz zu tragen, was bei der viktorianischen »Neuen Frau« noch als Skandal galt. Auch kulturell geprägte Schönheitsideale haben sich verändert. 1999 wurde Indien zur weltweiten Schönheitssupermacht. Fünf indische Frauen wurden zwischen 1994 und 2000 zur »Miss Universe« oder »Miss World« gewählt, und in Südasien entstand eine neue Schönheitsindustrie.[88]

Trotzdem verherrlichen die geltenden Schönheitsideale nach wie vor Statur und Erscheinungsbild des weißen Körpers. Indische Models wurden mit der Zeit immer dünner, um der »mageren weißen Norm« zu entsprechen.[89] In Südkorea, der globalen Metropole der Schönheitsoperationen, werden mit hautaufhellenden Cremes und entsprechenden kosmetischen Behandlungen Rekordumsätze erzielt, da junge Frauen ihre Gesichter aufhellen, bis sie einen »idealen« weißen Hautton erreichen. In der gesamten westlichen Welt korrigieren Frauen in einem weitaus höheren Maß als Männer ihren Körper durch Make-up, Schönheitschirurgie oder Diäten. Und Studien zeigen, dass ihr Anteil vor allem unter Women of Color steigt, die sich viel mehr Gedanken um ihre Statur und Größe machen, als es ihre Mütter und Großmütter taten.[90] Wenn schwarze Schülerinnen auch heute noch nach Hause geschickt werden, weil sie ihr natürliches Haar tragen, statt es dem weißen Ideal entsprechend zu glätten, ist dies ein klarer Hinweis darauf, dass das koloniale Erbe in der westlichen

Vorstellung von einem angemessenen äußeren Erscheinungsbild immer noch nachwirkt.[91] Durch zwei Jahrhunderte wissenschaftlich untermauerten Rassismus wurden weiße Frauen zum Schönheitsstandard gemacht, und diese kulturelle Praxis hat, häufig unbewusst, bis zum heutigen Tag Bestand.

FETT UND FIT

Vor einigen Jahren betreute ich ein Projekt, bei dem die Mitglieder einer Kunstgruppe für Menschen mit psychischen Erkrankungen im Rahmen öffentlicher Führungen die Exponate in den Ausstellungsräumen des Science Museum neu interpretierten. Ihre persönlichen Geschichten haben mich beeindruckt. Ich erinnere mich an einen Herrn namens Peter, der in einem Raum sprach, der dem Thema Ernährung und Gesundheit gewidmet war. Peter erzählte, dass er früher Marathonläufer gewesen sei. Doch seit er Antidepressiva nehme, habe er sehr stark zugenommen. Mittlerweile machten die Menschen auf der Straße Bemerkungen über sein Äußeres. »Müssen Sie das denn *wirklich* essen?«, fragte ihn ein wildfremder Mann schroff, als Peter eines Tages einen Schokoriegel auspackte, während er auf den Zug wartete. »Versuchen Sie es doch mal mit einer Diät!«, riet ihm ein anderer, als er außer Atem auf dem Bahnsteig ankam.

Peters Worte trafen mich, weil ich ebenfalls die Auswirkungen von Antidepressiva auf meine Figur bemerkt hatte. Rückblickend kann ich anhand meines Aussehens auf Fotos ziemlich genau sagen, welche Medikamente ich zu einem bestimmten Zeitpunkt eingenommen habe. Plötzliche Gewichtszunahme und ein aufgedunsenes Gesicht? Das müsste Mirtazapin gewesen sein. Ebenso plötzlicher Gewichtsverlust und fleckige Haut? Vielen Dank auch, Reboxetin. Als mein Hausarzt mir zum ersten Mal Mirtazapin gegen meine Schlafstörungen verschrieb, erwähnte er eher beiläufig, dass Gewichtszunahme zu den üblichen Nebenwirkungen gehörte: »Wenn Sie Sport treiben und sich gesund ernähren, werden Sie damit keine Probleme haben.« Ich trainierte also gewissenhaft weiter mit demselben Video, das mich schon begleitete, seit ich 19 war (ich bin ein Gewohnheitsmensch), und ernährte mich halbwegs ausgeglichen, so wie die meisten Mittzwanziger in London. Ich nahm fast 13 Kilo zu. Neuroleptika wirken sich sogar noch stärker auf das Gewicht aus als Antidepressiva. Obwohl ich das alles wusste, war mir bis zu Peters Vortrag seltsamerweise nie der Gedanke gekommen, dass das Gewicht auch noch von anderen Faktoren beeinflusst werden könnte als der persönlichen Willenskraft. Fettleibigkeit ist ein Stigma – mit diesem Vorurteil, das die westliche Gesellschaft unbewusst durchzieht, bin ich aufgewachsen.

Vielleicht fragen Sie sich jetzt, was Fett mit Normalsein zu tun hat. Nun, im Grunde alles und nichts. Die Einstellung zu kräftigeren Menschen hat sich in der westlichen Gesellschaft in den vergangenen zwei Jahrhunderten signifikant verändert. Im 18. Jahrhundert war dick zu sein eher ungewöhnlich, aber erstrebenswert, denn es war ein Zeichen von Reichtum. Heute ist es weitverbreitet, aber unerwünscht als Zeichen mangelnder Gesundheit. In beiden Fällen kann Übergewicht *sowohl* normal als auch nicht normal sein, je nachdem, wie man Normalität definiert. Auch die Sicht auf einen dünnen Körper hat sich gewandelt. Für viktorianische Frauen war eine schmale Taille wünschenswert – und dank eng geschnürter Korsetts auch erreichbar –, ein mageres Gesicht jedoch verriet Krankheit oder Armut. Heute gilt der dünne, straffe Körper als Symbol des Erfolgs, der unerreichbare Mythos der effizienten Geschäftsfrau, die allein von ihrem Tatendrang lebt – Essen überflüssig!

Wenn wir heutzutage von einem »Normalgewicht« sprechen, denken wir eher an ein Ideal als an das, was üblich ist. Aber wie entscheiden wir, was optimal ist? Die statistische Erfassung des Gewichts reicht zurück bis zu Adolphe Quetelet. Man mag es kaum glauben, aber der Body-Mass-Index (BMI), der heute vielfach genutzt wird, um das ideale Gewicht im Verhältnis zur Körpergröße zu bestimmen, beruht auf einer Gleichung, die Quetelet schon 1832 entwickelt hat. Jahrzehntelang war sie als der Quetelet-Index bekannt. Quetelet teilte das Gewicht in Kilogramm durch die Größe in Metern im Quadrat, um das Verhältnis von Größe und Gewicht über verschiedene Bevölkerungsgruppen hinweg vergleichbar zu machen. Allerdings interessierte er sich dabei nicht für Fettleibigkeit, sondern für die Entwicklung des Menschen im Laufe seines Lebens. Sein Archiv enthält einen ganzen Ordner, in dem er Jahr für Jahr Größe und Gewicht seiner Enkeltöchter Cécile, Marie und Juliette (die Kinder seiner Tochter Marie) festhielt. Dadurch wollte er herausfinden, welche Größe und welches Gewicht in einem bestimmten Alter zu erwarten waren.

Quetelet ging davon aus, dass das Gewicht naturgemäß im Laufe der Jahre zunahm, bis man im Erwachsenenalter einen bestimmten Punkt erreicht, an dem der Altersverschleiß einsetzt. Dennoch stieß der Statistiker in den Daten, aus denen er seine Durchschnittswerte errechnete, auf gewaltige Abweichungen. »Die Extreme des Gewichts von regelmäßig gebauten Individuen« reichten von 49,1 bis 98,5 Kilogramm bei Männern und von 39,8 bis 93,9 Kilogramm bei Frauen.[92] Zwar waren diese Extremwerte unbestreitbar ein gutes Stück vom Durchschnitt entfernt, trotzdem bezeichnete er die Männer und Frauen immer noch als »regelmäßig gebaut« und somit vermutlich als normal. Nicht alle von Quetelets Probanden würden nach der heutigen Verwendung seines Index noch als gesund gelten. Selbst wenn wir davon ausgehen, dass die größten Frauen auch das meiste Gewicht auf die Waage brachten – was nicht notwendigerweise der Fall war –, hätten sie bei 1,74 Metern immer noch einen BMI von 31,0, wären also offiziell übergewichtig. Aber wenn Quetelet selbst solche Schlussfolgerungen gar nicht zog, wie kam es dann zu der Verbindung zwischen seiner Formel und einem gesunden Gewicht?

Erst 1972, also mehr als ein Jahrhundert später, machte eine Gruppe von Forschenden den Quetelet-Index allgemein bekannt und benannte ihn im Zuge dessen in Body-Mass-Index um.[93] Mit dem neuen Namen wechselte auch der Zweck der Formel. Quetelet hatte sie lediglich dazu gedient, große Datenmengen miteinander vergleichbar zu machen, einzelne Personen zu beurteilen lag nicht in seiner Absicht. Durch die Einführung des Begriffs »Körpermasse« verwandelten Ancel Keys und seine Kollegen die Gleichung in ein Werkzeug zur Beschreibung individueller Körper. Seitdem ist der BMI die populärste Methode, körperliche Gesundheit zu bestimmen, auch wenn sich die Grenzen dessen, was als gesund gilt, kontinuierlich verschoben haben – und zwar im Wesentlichen nach unten. Bei seiner Einführung galt ein BMI zwischen 20 und 30 als gesund, heute ist es ein Wert zwischen 18,5 und 25, also erheblich niedriger.

Wir stehen hier vor einer Art Sprung. Von einem deskriptiven Wert zur Vermessung von Bevölkerungsgruppen im Jahr 1832 wurde der Body-Mass-Index zu einem Index gesunden Gewichts im Jahr 1972. Wie kam es dazu? Wer hat entschieden, was ein

Normalgewicht ist und in welchem Verhältnis es zur Gesundheit steht? Der Wandel kultureller Anforderungen spielte dabei eine große Rolle. Wie Amy Erdman Farrell in ihrer Kulturgeschichte des Fat Shaming darlegt, existierten Vorurteile gegenüber dicken Menschen schon, lange bevor eine Verbindung zwischen übermäßigem Gewicht und Gesundheit hergestellt wurde. Tatsächlich war es genau andersherum. Als man am Ende des viktorianischen Zeitalters dazu überging, Übergewicht als ungesund zu betrachten, wurden bereits existierende Stereotype über faule, gierige, primitive fette Menschen in ein neues medizinisches Modell körperlicher Gesundheit integriert.[94]

Heutzutage wird Übergewicht häufig mit armutsbedingter schlechter Ernährung assoziiert. Während dies vordergründig der Tatsache Rechnung zu tragen scheint, dass eine gesündere Ernährung oft teurer ist, hält sich zugleich hartnäckig das unangenehme Stereotyp des faulen Couch-Potato. Im späten 19. Jahrhundert richteten sich negative gewichtsbezogene Stereotype eher gegen die neue wohlhabende Mittelschicht. Diese Neureichen seien unfähig, mit ihrem jüngst erworbenen Wohlstand umzugehen, weshalb ihre Taillen zunehmend in die Breite gingen – so dachte zumindest die vermeintlich schlanke Upperclass.[95] Ärzte hingegen betrachteten eine kontinuierliche Gewichtszunahme im Laufe des Lebens weiterhin als natürlich. Verheerende Krankheiten wie Tuberkulose blieben weitverbreitet, und so wurde eine Gewichtszunahme häufig als Zeichen von Gesundheit interpretiert. Das Buch, in dem der amerikanische Arzt Silas Weir Mitchell 1877 erstmals seine berüchtigte Ruhekur zur Behandlung nervöser Erkrankungen publizierte, trug den faszinierenden Titel *Fat and Blood and How to Make Them* [dt. *Fett und Blut und wie sie zu erzeugen sind*]. Mitchell behauptete, dass »mehr Fett fast immer auch mehr Blut bedeutet« – also gesund sei –, und seine Methode, die aus erzwungener Bettruhe und unzähligen Gläsern Milch bestand, sollte nervöse Symptome heilen, indem beides aufgebaut würde.[96]

Als sich die Einstellung zum Gewicht mehr und mehr ins Negative wandelte, wuchsen die Sorgen der Mittelschicht beim Blick auf ihre Körperfülle. Der Diätguru William Banting nutzte diese Stimmung, um 1880 seinen eigenen Diätplan zu veröffentlichen. »Wenn ein korpulenter Mensch mit Appetit isst und trinkt und einen gesunden Schlaf hat, über keine Schmerzen klagt und an keiner besonderen organischen Krankheit leidet, scheinen auch geschickte Ärzte meist nicht imstande, den Fall richtig zu beurteilen«, klagte er.[97] Während die Ärzteschaft das Fehlen pathologischer Symptome als Zeichen eines guten Gesundheitszustands deuteten, war Banting anderer Ansicht. Die Banting-Diät entwickelte sich im spätviktorianischen Großbritannien zur großen Mode. Ähnlich wie die Atkins-Diät, die ein gutes Jahrhundert später aufkam, beruhte sie hauptsächlich auf Fleisch, allerdings mit einem etwas höheren Anteil an Rotwein als bei ihrem späteren Pendant.

An der Wende zum 20. Jahrhundert begann die neue Diätindustrie Kapital aus dem wachsenden Drang der Menschen nach einem normalen Aussehen zu schlagen. Seit dem späten 19. Jahrhundert existierte eine Fülle von Diätpillen und sonstigen Mittelchen, die besonders in den 1920er-Jahren Verbreitung fanden, als sich ein dünner, flachbrüstiger weiblicher Körper zum »neuen Normal« entwickelte. Anzeigen für derartige Produkte betonten die Notwendigkeit, sich dem Ideal anzupassen. »Fettleibigkeit ist ein unnormaler Zustand«, warnte 1878 eine Anzeige für *Allan's Anti-Fat,* ein amerikanisches pflanzliches Heilmittel, das den Körper angeblich davor bewahrte, Nahrung in Fett umzuwandeln.[98] Die »magische figurformende Wäsche« versprach 1914, »Anomalien zu reduzieren«: »Wenn Sie dick sind oder … wenn Ihre Figur in irgendeiner Weise nicht normal ist, brauchen Sie die ›magische figurformende Wäsche‹.«[99] Zwischen den beiden Weltkriegen begannen auch die Ärzte, dem allmählich zuzustimmen. »Ein Körperbau wie eine Wassermelone entspricht in keiner Weise dem, was die Natur für ihre höchste Schöpfung im Sinn hatte«, mahnte Dr. William Howard Hay 1936. »Fettleibigkeit ist so unnötig, dass das Opfer als jemand betrachtet werden muss, der sich weit vom Normalen entfernt hat.«[100] Der ungesunde, abnorme Körper wurde nicht länger durch Krankheit definiert, sondern durch Übergewicht.

Die vehemente Ablehnung von Körperfett richtete sich nicht nur gegen bestimmte soziale Klassen, sondern trug auch rassistische Züge. »Sind unsere Frauen zu dürr?«, fragte das amerikanische Modemagazin *Harper's Bazaar* 1896 und kam zu dem Schluss, nein, die schlanke Gestalt der weißen Amerikanerinnen sei positiv zu bewerten, denn »Stämmigkeit, Korpulenz, ein Übermaß an Fleisch« seien nur »unter afrikanischen Wilden« erwünschte Eigenschaften.[101] Die im 18. und frühen 19. Jahrhundert entwickelten »rassenkundlichen« Klassifikationssysteme, so die Soziologin Sabrina Strings in *Fearing the Black Body* [dt. *Die Angst vor dem schwarzen Körper*], konzentrierten sich bei der Beschreibung europäischer und afrikanischer Körper auf die Darstellung physischer Unterschiede und legten den Schwerpunkt häufig auf die Körperfülle. Die Verweise auf Fettleibigkeit und Gewicht dienten dabei als Argumente für die Versklavung afrikanischer Völker, indem deren vermeintliche Völlerei zum Gegenteil von Verstand stilisiert wurde.

Schwarze Menschen, schrieb der französische Naturalist Julien-Joseph Virey 1837, »haben einen stumpfsinnigen Blick, nur von gutem Essen verstehen sie etwas, und weil sie ständig mit Verdauen beschäftigt sind, verlernen sie das Denken«.[102] Virey war ein Anhänger des »Polygenismus«, einer im frühen 19. Jahrhundert in wissenschaftlichen Kreisen weitverbreiteten anthropologischen Theorie, der zufolge die menschlichen Rassen verschiedene, voneinander unabhängige Ursprünge hatten. Doch auch nachdem der »Monogenismus« (die gesamte menschliche Spezies geht auf einen gemeinsamen Ursprung zurück) zur herrschenden Lehrmeinung in der Evolutionswissenschaft geworden war, hielten sich die von Polygenisten wie Virey etablierten Unterschiede zwischen den zeitgenössischen »Rassen« weiterhin hartnäckig. So wurden bestimmte Gruppen, wie etwa die sogenannten »Hottentotten« in Südafrika (diesen Namen gaben die niederländischen Kolonisten den dort lebenden Khoikhoi), von Reisenden im 18. Jahrhundert als schlank beschrieben, doch als sich im frühen 19. Jahrhundert »Dicksein« als »primitiver« Zug herausbildete, wandelten sich die Beschreibungen, und man charakterisierte sie von da an als »fett«.[103] Ob ein Mensch als dick beurteilt wurde oder nicht, hing also nicht nur von seinem individuellen Gewicht und der Statur ab, sondern davon, welcher speziellen Gruppe er angehörte, und die Faktoren »Rasse«, Klasse, Macht und Kontrolle hatten ebenso große Bedeutung wie die realen, auf der Waage abgebildeten Zahlen.

Aber wie bestimmten Ärzte die Grenzen des Übergewichts? Von Anfang an basierte diese Entscheidung ausschließlich auf dem Vergleich mit anderen. Als sich die Idee eines individuellen Normalgewichts durchzusetzen begann, wurde es zunächst aus dem Durchschnittsgewicht der Bevölkerung errechnet, und zwar auf Grundlage der Daten der aufkommenden Versicherungsindustrie. Versicherungsgesellschaften interessierten sich naturgemäß weniger für die Gesundheit eines Menschen als vielmehr für finanzielle Faktoren. Ihre Tabellen zu Gewicht, Größe und Blutdruck dienten dazu, jene potenziellen Kunden von einer Lebensversicherung auszuschließen, die ein erhöhtes Sterberisiko aufwiesen, und sicherzustellen, dass nur diejenigen in den Genuss niedrigerer Prämien kamen, die ihre Versicherung wahrscheinlich seltener in Anspruch nehmen würden. Dabei kümmerte es sie nicht, dass viele der als »hoch riskant« Eingestuften gar nicht früher starben als jene mit einem vermeintlich niedrigeren Risiko, solange die Versicherung nur Gewinne erzielte. Aber da diese Unternehmen praktischerweise riesige Datenmengen sammelten, wurden ihre Zahlen zur statistischen Grundlage für medizinische Richtlinien. Die frühen Gewichtstabellen bildeten also ganz einfach das durchschnittliche Gewicht der Bevölkerung ab – oder vielmehr das durchschnittliche Gewicht derjenigen, die sich eine Lebensversicherung leisten konnten, und das waren in der überwältigenden Mehrheit Weiße.

Die ersten derartigen Tabellen wurden 1912 von der amerikanischen Metropolitan Life Insurance Company (MLIC) erstellt und jahrzehntelang von Ärzten, Krankenschwestern und Ernährungsberatern genutzt. Etwa zur gleichen Zeit hielten Waagen, die es seit 1891 in den Läden zu kaufen gab, Einzug in die privaten Haushalte.[104] Als die MLIC 1942-43 neue Daten veröffentlichte, hatte sich das Durchschnittsgewicht, basierend auf der Lebenserwartung von vier Millionen Versicherungsnehmern, in ein »ideales« Gewicht verwandelt, wie es nun genannt wurde. Doch die Mathematiker der MLIC standen vor einem Problem. Es gelang ihnen nicht, ihre Daten in eine Normalverteilung zu übertragen.[105]

Zumindest nicht, bevor sie sie nicht nur anhand von Geschlecht, Alter und Größe sortierten, sondern darüber hinaus eine Aufteilung in drei verschiedene Staturvarianten vornahmen. Das zeigt, wie wirkmächtig die Idee der Normalverteilung war: Daten waren nur überzeugend, wenn sie in dieses Schema passten, selbst wenn man dazu an den Kategorien herumpfuschen musste! Es wurde nie deutlich, wie eine Person – oder ihr Arzt – ihre eigene Statur bestimmen sollte. Die Menschen hatten in die Kategorien zu passen, die durch die Daten geschaffen wurden, und nicht umgekehrt. Und das galt unabhängig davon, ob sie in deren Berechnung mit einbezogen worden waren oder nicht – was im Wesentlichen darauf hinauslief, dass von schwarzen und hispanischen Amerikanern erwartet wurde, Durchschnittswerten zu entsprechen, die anhand weißer Körper ermittelt worden waren.

Ab den 1950er-Jahren wuchs das medizinische Interesse an den gesundheitlichen Aspekten des Gewichts, insbesondere aufgrund der Verbindung zwischen Normalgewicht und normalem Blutdruck. 1959 veröffentlichte die amerikanische Aktuarvereinigung eine in der westlichen Welt höchst einflussreiche Studie zu Statur und Blutdruck. Sie basierte auf der Auswertung einer gewaltigen Datenmasse, nämlich 4,9 Millionen Versicherungspolicen, und stellte einen Zusammenhang her zwischen Übergewicht, hohem Blutdruck und hoher Sterblichkeit. Dass diese Faktoren nicht zum ersten Mal miteinander verknüpft wurden, geht aus der Einleitung der Studie hervor: Sie wurde, darauf wird eigens hingewiesen, in der Überzeugung durchgeführt, dass diese Faktoren miteinander verbunden seien und sich die Sterblichkeit aufgrund von Übergewicht und hohem Blutdruck in den vergangenen Jahren erhöht habe.[106] Die in dieser Studie generierten Daten prägten die Vorstellung von einer gesunden Körperform auf Jahrzehnte hinaus. Obwohl die Definition von Übergewicht wieder einmal aus Durchschnittswerten errechnet worden war. Übergewichtig war demzufolge jeder, der zehn Prozent mehr wog als eine durchschnittliche Person, und als fettleibig galt, wer 20 Prozent darüber lag.

Mit der Einführung des Body-Mass-Index sollten derartige Durchschnittswerte durch eine simple, objektive, auf jeden anwendbare Formel überwunden werden. Dies, so nahm Keys an, würde helfen, die »ekelerregende« und »abstoßende« Fettleibigkeit endlich aus der Welt zu schaffen, womit er die hartnäckigen Vorurteile gegenüber dicken Menschen weiter unterstrich.[107] Dabei ist bekannt, dass der BMI auf die Körper bestimmter Sportler – etwa Rugbyspieler – gerade nicht anwendbar ist, da eine simple Rechenformel nicht zwischen Fett und Muskeln unterscheidet. Außerdem berücksichtigt sie nicht, dass schwarze Menschen in der Regel mehr Muskelmasse und eine höhere Knochendichte aufweisen als Weiße.[108] Genau wie sein Vorgänger ist auch der BMI kein endgültiger Gradmesser für Gesundheit: Er bildet weder unsere Fitness noch unsere Lebensumstände ab. Einige der übergewichtigen Menschen in den MLIC-Tabellen hatten zwar ein höheres Sterberisiko als dünne, aber nicht alle. Und einige Menschen, deren BMI im übergewichtigen Bereich liegt, mögen ungesund sein, aber das gilt nicht für alle. Eine 2003 veröffentlichte Studie legt nahe, dass sich erst ein BMI ab 37 signifikant auf die Lebenserwartung schwarzer Frauen auswirkt.[109] Doch die Geschichte dieses speziellen »normalen« Standards – des dünnen weißen Ideals – zeigt, wie Generationen von Menschen stigmatisiert wurden, weil ihre Körperform nicht bestimmten, kulturell festgelegten Kriterien entsprach.

KLEINER ALS SIZE ZERO

Mein Leben lang habe ich Freundinnen darüber klagen hören, wie schwierig es sei, Kleidung zu kaufen. Die eine findet keine kniehohen Stiefel, weil ihre Waden kräftiger sind als der Durchschnitt. Eine andere kauft Hosen immer zwei Bundgrößen zu weit, weil sie ihr sonst nicht bis zu den Knöcheln reichen. Andere schimpfen über zu enge Ärmel oder winzige Oberweiten – »das passt doch höchstens flachbrüstigen Jugendlichen!« Wenn eine Vielzahl von Maßen zusammen ein einziges Kleidungsstück ergeben, ist es im Grunde ein Wunder, dass wir überhaupt jemals etwas finden, was uns passt.

Der Aufstieg der Konsumgesellschaft hat den Zwang, einer »normalen« Kleidergröße zu entsprechen, verschärft. Bis zum Ende des 19. Jahrhunderts nähten die meisten ihre Kleidung selbst oder ließen sie auf Maß schneidern. In den 1880er-Jahren verbrachte Jeanette Marshall, die Tochter eines Londoner Anatomen, den Großteil ihrer Zeit mit Nähen: Sie fertigte, änderte und verschönerte Kleider für Bälle oder festliche Anlässe.[110] Noch 1918 beschwerte sich Virginia Woolf darüber, dass ihre Schwester Vanessa eine Darbietung von ihr und Roger Fry im Charleston Farmhouse ignorierte und stattdessen »fast stumm dasaß & unter der Lampe an einem Kleid stichelte«.[111]

Der Massenmarkt gab uns die bequeme Möglichkeit, Kleidung von der Stange zu kaufen, was allerdings voraussetzte, dass der Einzelne in die Kleidungsstücke passte, und nicht mehr umgekehrt. Diese Entwicklung begann mit Uniformen, zunächst in der Armee, wo große Mengen davon benötigt wurden. Offiziere waren frustriert über die gelieferten Standardgrößen. »Ich will an dieser Stelle noch einmal darauf hinweisen (wie ich es schon in früheren Berichten mehrfach getan habe), dass sehr viele der an die Soldaten ausgegebenen Hosen zu eng und zu kurz sind«, beschwerte sich der amerikanische Colonel George Croghan in seinem Bericht vom August 1831.[112] Trotzdem war Konfektionsware praktisch, und in immer mehr Geschäften gab es Herrenjacketts und Anzüge zu kaufen, deren Größen oft anhand der von der Armee gelieferten statistischen Daten festgelegt wurden. 1847 gab es in Paris 233 Hersteller von Konfektionsmode. In New York bot Brooks Brothers, 1818 von Henry Brooks gegründet, 1849 erstmals Anzüge von der Stange an.

Dem Historiker Robert Ross zufolge war die Beliebtheit dieser Kleidungsstücke vor allem auf gutes Marketing zurückzuführen.[113] Wie so viele andere rühmte sich die Londoner Firma E. Moses and Son 1860 in einer Werbebroschüre, »das erste Haus in London, nein, wir dürfen sagen, auf der ganzen Welt« zu sein, »welches das System der KONFEKTIONIERTEN NEUKLEIDUNG eingeführt hat«. Die Werbung sollte den Geschmack des schnellen, modernen Lebens treffen, indem sie Kleidung von der Stange mit technischem Fortschritt gleichsetzte: »Schneidern geht heute genauso schnell wie eine Fahrt mit dem Zug.« 80 Prozent der britischen Männer kauften inzwischen Konfektionsware, behauptete E. Moses, wobei sie wahrscheinlich übertrieben (und in Wahrheit stand da »80 Prozent der Bevölkerung«, aber schließlich bildeten Männer die Norm).[114]

Westliche Kleidung verbreitete sich rasch über den gesamten Globus. Zwischen 1880 und 1950, schreibt Ross, sei in Afrika »praktisch der halbe Kontinent neu eingekleidet worden«.[115] Während vereinzelte Stadtbewohner in Sierra Leone, Ghana oder Nigeria schon seit den 1860er-Jahren Anzüge und Jacketts bei Londoner Schneidern geordert hatten, kam die Konfektionsware

einer gesteigerten Nachfrage in diesen Ländern entgegen. Auch
in anderen Teilen der Welt verdrängten Anzüge die traditionelle
Kleidung. 1872 verpflichtete die japanische Regierung alle männlichen Regierungsbeamten zum Tragen westlicher Kleidung (was
bald darauf auch auf das Geschäftsleben und die Schulen übergriff), und Kemal Atatürk erklärte 1925 in der von ihm neu gegründeten Türkei: »Ein zivilisierter internationaler Kleidungsstil
ist unserer Nation würdig und angemessen, und wir werden diese
Kleidung tragen.«[116] Der Anzug wurde also nicht nur in einer festgelegten Reihe von Größen produziert, er war auch zur globalen
Norm geworden.

In der Damenmode hingegen blieben die Unterschiede zwischen den einzelnen Ländern interessanterweise bestehen. Während eine wachsende Zahl von Männern zu identischen Dreitei-
lern griff, trugen die japanischen Frauen weiterhin Kimonos, und
in Indien blieb der Sari populär. In Europa trugen viele Frauen
noch bis Mitte des 20. Jahrhunderts selbstgenähte oder maßge-
schneiderte Kleidung. Eine 1944 in Chester durchgeführte Umfrage ergab, dass viele Frauen nach wie vor ihre Kleidung nähten
oder strickten oder einen Schneider dafür bezahlten.[117]

Und hier kommt Norma wieder ins Spiel: Die Statue der durchschnittlichen Amerikanerin wurde 1945 auf der Grundlage der
Maße von 14 698 US-Bürgerinnen gestaltet, die die Behörde für
Binnenwirtschaft 1940 gesammelt hatte, um daraus das erste stan-
dardisierte System weiblicher Konfektionsgrößen zu erstellen.[118]
Im abschließenden Bericht wurden noch letzte Zweifel geäußert,
welche der 58 abgefragten Körpermaße dafür verwendet werden
konnten, doch schließlich konzentrierte man sich auf »Gewicht,
Größe, Brustumfang, Taillenumfang und Hüftumfang«. Man sei
sich darüber im Klaren, dass auch die übrigen Maße variierten,

aber schließlich wäre es »äußerst beschwerlich, bei einer vollständig bekleideten Frau den maximalen Oberschenkelumfang zu messen«.[119] Brust-, Taillen- und Hüftumfang wurden so zu den entscheidenden Maßen in der Damenmode und sind es bis heute geblieben. Wer jemals, so wie ich, gezwungen war, Hosen zu kaufen, die an der Taille viel zu locker saßen, damit sie wenigstens einigermaßen über die Oberschenkel passten, den könnte diese Entscheidung ein klein wenig frustrieren.

Ab den 1950er-Jahren wurde die Massenfertigung von Kleidung zur Norm, und Normas Maße wurden durch eine breitere Erhebung unter amerikanischen Frauen ersetzt, die zu einem Größenraster führte, das von 8 bis 38 reichte und Varianten für unterschiedliche Körperformen enthielt (wie schon in der Studie zu Statur und Blutdruck scheint das Wissen um die Existenz unterschiedlicher Körperformen allerdings mit den Jahren auf mysteriöse Weise verloren gegangen zu sein). Das bedeutete nicht nur, dass Frauen von da an in eine bestimmte Skala von Durchschnittswerten zu passen hatten, damit war auch eine Obergrenze dafür definiert, was als normale Körperfülle galt: die größte im Handel erhältliche Konfektionsgröße. Die ursprünglichen Ziffern waren eher willkürlich gewählt, aber je mehr die Frauen sich daran gewöhnten, diese Zahlen zu interpretieren, umso deutlicher erkannten die Hersteller, dass ihre Kleidung beliebter wäre, wenn sie die Kundinnen in die Lage versetzten, kleinere Größen zu kaufen. Daher wuchsen die Maße, die mit einer bestimmten Größe assoziiert wurden, und variierten immer stärker von Marke zu Marke – echte Standardgrößen gehörten der Vergangenheit an.

Natürlich unterscheiden sich die Kleidergrößen auch von Land zu Land. Ich weiß noch, wie verwirrt ich war, als Anfang der 2000er-Jahre der »Size Zero«-Furor durch die Presse ging. Size

Zero wurde für eine Verfälschung des weiblichen Körperbilds und die Zunahme von Essstörungen verantwortlich gemacht, vor allem nach dem Tod des uruguayischen Models Luisel Ramos 2006. Da die kleinste Größe in britischen Läden eine 8 war (sehr selten vielleicht auch einmal eine 6), konnte ich mir nicht erklären, wo diese 0 herkam und wie es überhaupt physikalisch möglich sein sollte, dass jemand so schmal war. Schließlich stellte sich heraus, dass es sich bei Size Zero um ebenjene seltene 6 handelte. Die britische Damengröße 14 entspricht in den Vereinigten Staaten oft einer 10, in Deutschland einer 40, in Italien einer 46 und in Korea einer 66. Und wenn es in unserem Zeitalter global verfügbarer Kleidung auf S, M oder L hinausläuft, weiß kein Mensch mehr, was er kaufen soll!

Vergessen Sie nicht, welche Lehre Norma für uns bereithält. Ihre Maße mögen zwar auf Durchschnittswerten beruhen, die für die ersten standardisierten Konfektionsgrößen ermittelt wurden, aber letztlich entsprach keine einzige reale Frau dieser Statue. Eine Bluse der Größe 40 wurde für alle und niemanden zugleich entworfen. Also wie hoch soll da die Chance sein, dass Sie überhaupt hineinpassen?

ZUSÄTZLICHE PERSÖNLICHE REIZE

Am 6. Januar 1899 fand im Londoner Olympia ein »Treffen der Empörten« statt. Es war von Annie Jones einberufen worden, Tochter einer der ältesten Familien Virginias und Darstellerin in Barnum and Bailey's »Greatest Show on Earth«. Der Zirkus gastierte im Rahmen einer Europatournee, die 1897 begonnen hatte, nun schon zum zweiten Mal in London. Zu seinen Attraktionen

gehörten dressierte Tiere, Akrobaten, Luftartistik und Reitvor-
führungen, außerdem etwas, das in jener Zeit als »Freakshow«
bekannt war. Annie Jones hatte eine Reihe von Beschlüssen gegen
diese Bezeichnung der »menschlichen Abnormitäten und besonderen Artisten« in der Show vorbereitet. »Freak«, klagte Miss Jones, bedeute so etwas wie »Vogelscheuche«. Dies ergebe jedoch,
auf Menschen bezogen, keinen Sinn. Wenn ein Bart wie der ihre
eine Dame zu einem Schrecken mache, dann müsse das Gleiche
doch auch für Männer gelten – und kein Mann mit einem derart
gepflegten Bart würde sich jemals selbst als Schrecken betrachten!
Zeitungen berichteten, dass sämtliche Anwesenden ihren Antrag
unterstützten.

Die Darsteller kamen zu dem Schluss, dass das Wort »Freak«
eine Beleidigung sei und zudem zu Unrecht auf sie angewandt
würde, da »wir, zum Glück oder auch nicht, über mehr oder weniger Gliedmaßen, mehr oder weniger Haar, mehr oder weniger
Körper, mehr oder weniger physische oder geistige Merkmale
verfügen als andere Menschen«. Diese Merkmale, argumentierte
Annie Jones, seien nicht erschreckend oder abnorm, sondern lediglich »zusätzliche Bewegungshilfen oder persönliche Reize«.
Außerdem seien »viele Menschen der Ansicht, einige von uns
verkörperten tatsächlich die Entwicklung eines höheren Typus
und seien anderen überlegen, insofern, als einige von uns mit
außerordentlichen Attributen bedacht wurden, die bei gewöhnlichen Menschen nicht anzutreffen sind«.[120] Freak oder nicht –
alles eine Frage der Perspektive.

Eine Woche nach dem »Aufstand der Freaks«, wie eine Zeitung
das Treffen nannte, kam die Gruppe erneut zusammen, um über
alternative Bezeichnungen abzustimmen. Es gab ein knappes
Dutzend Vorschläge, auch wenn die meisten davon, wie »Para-

dox« oder »Curio«, jeweils nur eine Stimme erhielten. »Human Marvel« war beliebt, aber »Prodigy« heimste 21 Stimmen ein und gewann mit großem Abstand.[121] Beide Bezeichnungen, die im Deutschen etwa als »menschliches Wunder« wiedergegeben werden könnten, spiegelten die außergewöhnlichen Eigenschaften wider, die die Darsteller für sich in Anspruch nahmen. Und doch waren sie dem Wort »Freak« in ihrer Betonung des Staunenswerten und Wundersamen näher, als wir heute vielleicht meinen. Anzeigen für die »Greatest Show on Earth« bewarben das Team als »die berühmte Sammlung wundersamer Freaks«. Wie die dressierten Elefanten des Wanderzirkus wurden die Freaks als »Wunder der Natur« präsentiert.

Die Blütezeit der Freakshows reichte von den 1840er-Jahren bis weit in das 20. Jahrhundert. Wie die Historikerin Rosemarie Garland-Thomson, die sich mit der Geschichte von Behinderungen beschäftigt, schreibt, wurde man nicht als Freak geboren. Erst durch Inszenierung, Kostüme, das Anpreisen des Marktschreiers, sorgfältig konstruierte Hintergrundgeschichten und Expertenurteile wurde man vom »gewöhnlichen anderen« zum Freak.[122] Der abnorme Körper war ebenso sehr ein Produkt von Kontext und Erwartungen wie der normale. Man machte keinen Unterschied zwischen angeborenen Abweichungen und Selbstverschönerung: Das »armlose Wunder« war genauso ein Freak wie die »tätowierte Dame«. Durch Kolonialismus und die wachsende Beliebtheit der Evolutionstheorie wurde die ethnische Zugehörigkeit zu einem beliebten Faktor in den Freakshows des späten 19. Jahrhunderts:[123] vom »ägyptischen Jongleur« über »wirbelnde Derwische« und den »kopfwackelnden Sudanesen« bis hin zu »Jo-Jo, dem Jungen mit dem Hundegesicht« (Fjodor Adrianowitsch Jeftichew), der mit Vorliebe »russische Abenteuergeschichten las«.[124] Die Hintergrundgeschichte war fast genauso wichtig wie die äußere Erscheinung, selbst wenn sie frei erfunden war. Pip und Flip, die »Zwillinge aus Yucatán« in der Kuriositätenschau des World Circus, waren in Wirklichkeit als Jenny und Elvira Snow im amerikanischen Bundesstaat Georgia zur Welt gekommen.[125]

Als die Evolutionstheorie immer weitere Verbreitung fand, wurden einige der menschlichen Wunder auf den Plakaten als das »fehlende Bindeglied« zwischen Mensch und Affe angepriesen, eine populäre Illustration des Darwinismus. P. T. Barnum, Mitbegründer der »Greatest Show on Earth«, präsentierte in seiner Sideshow einen Darsteller namens »What Is It?« [Was ist das?]. Er sei ein Vorfahre des Menschen, den Barnums Agenten angeblich irgendwo in Afrika aufgestöbert hatten. Spätestens 1877 wurde diese Rolle von einem Afroamerikaner mit Lernbehinderung übernommen.[126] Schaustücke wie dieses verkörperten den wissenschaftlichen Rassismus und seine Überzeugung, People of Color stünden auf einer niedrigeren Evolutionsstufe als Weiße. In zunehmendem Umfang präsentierten die Kuriositätenschauen Menschen nicht westlicher Herkunft, die von Entdeckern, Missionaren und Wissenschaftlern in die Vereinigten Staaten und nach Europa gebracht und dort als »Laune der Natur« ausgebeutet wurden. Bei einigen der »Wunder« handelte es sich auch um afroamerikanische Sklaven.[127] Ein Angehöriger der kongolesischen Mbuti-Pygmäen namens Ota Benga wurde, nachdem er 1904 auf der Weltausstellung in Saint Louis präsentiert worden war, sogar im Affenhaus des Zoos in der New Yorker Bronx ausgestellt, wo er sich einen Käfig mit einem dressierten Orang-Utan namens Dohong teilte. Führende Vertreter der afroamerikanischen Community verurteilten Ota Bengas Zurschaustellung als rassistisch. Die meisten von ihnen legten jedoch Wert darauf, sich zugleich selbst von diesem Mann abzugrenzen, den sie als unzivilisierten afrikanischen »Jungen« beschrieben – Welten entfernt von einem gebildeten Afroamerikaner.[128]

Das Treffen der Empörten im Olympia ist ein Hinweis darauf, dass einige der Darsteller begannen, das Recht auf Andersartigkeit für sich einzufordern. Doch an der Wende zum 20. Jahrhundert war die wissenschaftliche Sichtweise nach wie vor maßgeblich – und die manchmal gefeierten, manchmal ausgebeuteten körperlichen Besonderheiten der »Wunder« und Darsteller wurden zu simplen medizinischen Anomalien, die der Behandlung bedurften. Die Grenzen des Normalen wurden immer enger und präskriptiver, wie aus dem erschreckenden Zusatz hervorgeht, mit dem der Verleih Tod Brownings 1932 entstandenen Film *Freaks* versah: »Eine solche Geschichte wird nie wieder verfilmt werden … da die moderne Wissenschaft und die Teratologie solche Fehler der Natur schon bald vom Angesicht der Welt tilgen werden.«[129]

Körperliche Abweichungen wurden zu etwas, das entweder »repariert« oder versteckt werden musste. Während die »Freaks« noch auf der Bühne bewundert wurden, verschwanden behinderte Körper nach und nach von den Straßen Amerikas. Auf der Grundlage sogenannter »ugly laws« (»Hässlichen-Gesetze«), die sich gegen ungewöhnlich aussehende Menschen richteten, wurden sie entweder hinter verschlossenen Türen eingesperrt oder in plumpe – aber für fremde Blicke akzeptable – Prothesen gezwängt.

Die Historikerin Susan Schweik hat die Geschichte dieser Gesetze, die manche für eine urbane Legende halten, in einer Vielzahl amerikanischer Bundesstaaten und Städte nachgezeichnet, von 1867 bis zur letzten dokumentierten Verhaftung 1974 in Omaha, Nebraska.[130] In diesem abschließenden, unerwartet späten Beispiel verhaftete ein Polizist einen Obdachlosen, weil er »Male und Narben« an seinem Körper aufwies, doch die Staatsanwaltschaft stellte seine Definition von »hässlich« infrage, und die Anklage wurde fallengelassen.[131] Die »ugly laws«, die behinderte Körper als gleichermaßen unnormal und abstoßend brandmarkten, dienten vor allem dazu, gegen Bettler vorzugehen. Behinderte Bettler, Straßenmusiker und Verkäufer galten sowohl wegen ihrer ungewöhnlichen Körper als auch wegen ihrer Arbeitsweisen als öffentliches Ärgernis. Anklänge an solche offiziell als »Verordnungen gegen unansehnliche Bettler« bezeichneten Erlasse fanden sich auch in deutschen und englischen Zeitungen, wenn auch nicht notwendigerweise die entsprechenden Gesetze übernommen wurden.[132]

Paradoxerweise stieg durch Industrialisierung und Krieg zur gleichen Zeit der Anteil der Menschen mit körperlichen Behinderungen. »Noch vor zwei Jahren war der Anblick eines Mannes, der eines seiner Beine verloren hatte, ein höchst seltenes Ereignis«, notierte der amerikanische Arzt und Schriftsteller Oliver Wendell Holmes 1863. »Nun jedoch gibt es wenige von uns, die nicht einen Krüppel zu ihren Freunden zählen, wenn nicht gar zu ihrer eigenen Familie.«[133] In dem Maße, wie körperliche Unterschiede zunahmen, wurden sie mehr und mehr stigmatisiert. Der verkrüppelte Bettler sei »ein unansehnliches, abstoßendes Ding«, hieß es in einem 1881 in Chicago erlassenen Gesetz, mit dem die Straßen von diesen vermeintlich verderblichen Einflüssen gesäubert werden sollten.[134] Von 1867, als in San Francisco die erste derartige Verordnung in Kraft trat, bis 1905, als sich Reno, Nevada, in die Schar seiner Vorgänger einreihte, wurden in einer Vielzahl amerikanischer Städte »ugly laws« erlassen, 1891 sogar eines, das sich auf den gesamten Staat Pennsylvania erstreckte.[135]

Obwohl die Polizei diese Regelungen häufig ignorierte, verloren einige behinderte Menschen durch sie ihren Lebensunterhalt. In Cleveland musste ein junger Mann, Sohn mittelloser polnischer Einwanderer, der mit Klumphänden und -füßen zur Welt gekommen war, von seinen Geschwistern getragen werden, um sich fortzubewegen. Mit 16 Jahren begann er »mit der einzigen Art von Arbeit, die für ihn möglich schien« – als Zeitungsverkäufer an Straßenecken. Sein Leben verlief ohne weitere Komplikationen, bis er seine Arbeit nicht mehr ausüben durfte, weil eine Verordnung es »Krüppeln verbot, ihre Missbildungen zur Schau zu stellen, indem sie an Straßenecken Waren verkauften«.[136] Glücklicherweise erlaubte ihm ein befreundeter Apotheker, seinen Eingang zu nutzen, und als er 1916 von einem Mitarbeiter der Wohlfahrt befragt wurde, verkaufte der »gut aussehende« 35-Jährige immer noch Zeitungen. Er war zufrieden mit seiner Arbeit und hatte kein Interesse an einer medizinischen Behandlung. »Mein Leben«, antwortete er dem Fragesteller, »ist gut so, wie es ist.«[137]

Die Einstellung dieses jungen Mannes wäre in der »besseren Gesellschaft« nicht toleriert worden, dort erwartete man, dass Behinderungen versteckt wurden. »Unglückliche Umstände von gewisser Aufdringlichkeit mögen Mitleid erregen«, sinnierte Oliver Wendell Holmes, »aber unter den Kronleuchtern werden sie nicht geduldet.«[138] Und das galt nicht nur für die Vereinigten Staaten. In der gesamten westlichen Welt, von Großbritannien bis in den Westen Russlands, wurden im 19. und 20. Jahrhundert Prothesen entwickelt, die nicht nur der Funktionalität dienten, sondern ebenso sehr die äußere Erscheinung verbessern sollten.[139] Behinderungen waren nur akzeptabel, solange sie im Verborgenen blieben. Die Wohlfahrtsorganisation in Cleveland vermeldete nach Auswertung ihrer Befragung stolz, dass die »Fähigkeiten, Beschäftigungen und Verdienste [behinderter Menschen] insgesamt auf die vielfältigen und normalen Bestrebungen des Lebens abzielen«.[140] Statt die Gesellschaft an die Bedürfnisse des Einzelnen anzupassen, sah man es als Aufgabe der behinderten Person, ihre »Abnormität« zu verstecken oder zu überwinden.

Doch für die meisten verlief das Leben nicht so einfach oder reibungslos, wie es die Clevelander Erhebung vermuten ließ. Im englischen Birmingham hatten 1911 nur 20 Prozent der behinderten Männer Arbeit, und ihre Löhne waren niedrig.[141] Auch die wachsenden Möglichkeiten medizinischer Behandlung führten nicht zu einer größeren Akzeptanz von behinderten Körpern unter der Arbeiterschaft. Vor allem in Nordamerika sahen sich viele behinderte Personen aufgrund der Annahme, dass jeder durch eine Kombination aus Medizin und harter Arbeit in der Lage sein sollte, seine Behinderung zu überwinden, mit zunehmend negativen Einstellungen konfrontiert. Aber auch in anderen Ländern kam es zu Versuchen, Menschen, die anders waren, durch Sanktionen zu »normalisieren«. In Großbritannien wurden gehörlose Kinder bis in die 1970er-Jahre davon abgehalten, in der britischen Gebärdensprache zu kommunizieren – und sogar bestraft, wenn sie es doch taten. Erst 2003 wurde die Gebärdensprache als eine Minderheitensprache eingestuft. Die Folgen dieses ausgrenzenden Verhaltens spüren wir bis zum heutigen Tag: Fast 43 Prozent der behinderten Menschen in Großbritannien sind nicht erwerbstätig (bei nicht behinderten Menschen liegt der Anteil bei 15 Prozent), und Sparmaßnahmen und Kürzungen im Sozialwesen haben diese Personengruppe besonders hart getroffen.[142] Die gleiche Feindseligkeit kam auch in der Haltung der Regierung gegenüber den »vulnerablen Personen« während der ersten Wellen der Covid-19-Pandemie zum Ausdruck, was zu einer überproportional hohen Sterblichkeitsrate unter behinderten Menschen führte (sechs von zehn Personen, die 2020 in Großbritannien an Covid-19 verstarben, waren behindert).[143]

Der Zwang, sich anzupassen, kann eine schwere Bürde sein. Das vielleicht bekannteste Beispiel für einen Menschen, der seine Behinderung »überwand«, ist der amerikanische Präsident Franklin D. Roosevelt (1882-1945). Wie so viele andere auf der ganzen Welt trug er durch eine Polioinfektion schwere Schäden davon. Obwohl er zu Lebzeiten dafür berühmt war, die Kinderlähmung überstanden zu haben, verbarg Roosevelt sorgsam das wahre Ausmaß seiner Behinderung. Er benutzte zwar einen Rollstuhl, ließ sich jedoch niemals darin fotografieren, und an für ihn unzugänglichen Veranstaltungsorten ließ er sich heimlich eine Hintertreppe hinauftragen oder betrat sie, auf seine Bodyguards gestützt, damit es so aussah, als ginge er selbst. Roosevelt betrachtete eine Behinderung als Zeichen der Schwäche, zumindest bei einem politischen Führer. Krücken, so glaubte er, erzeugten »Angst, Abscheu und Mitleid«, und er beschloss, »möglichst aufrecht vor den Menschen zu stehen, damit sie vergessen, dass ich ein Krüppel bin«.[144] Erst 1994, 50 Jahre nach seinem Tod, erfuhr die Öffentlichkeit, wie schwerwiegend seine Beeinträchtigung tatsächlich gewesen war.[145]

In Verbindung mit den amerikanischen Idealen von Eigenständigkeit und individueller Leistung stellte der von Roosevelt geschaffene Mythos viele andere Polio-Überlebende vor ein unmögliches Unterfangen. Ärzte, Angehörige und Therapeuten drängten die Patienten, Roosevelts Beispiel zu folgen. »Im Schatten von FDR« entwickelten Polioüberlebende eine Vielzahl von Strategien, um die sichtbaren Folgen der Kinderlähmung zu verstecken und »als normal durchzugehen«,[146] auch wenn das ernsthafte Konsequenzen nach sich ziehen konnte. Diese reichten von körperlichen Schäden durch aufrechtes Gehen, anstatt sich in einem Rollstuhl fortzubewegen, bis hin zum emotionalen Druck, ständig anderen nacheifern zu müssen. Auf der Highschool tat der Polioüberlebende Stanley Lipshultz noch so, als sei er »normal« und »hielt mit den Besten mit«. Erst später wurde ihm bewusst, dass das Vortäuschen, jemand anders zu sein, als er eigentlich war, »leider seinen Preis hatte«. »Wer wusste davon?«, fragte sich Lipshultz. »›Normal‹ zu sein kostete eine unglaubliche Menge an körperlicher und emotionaler Kraft.«[147]

WAS IST EIN NORMALER KÖRPER?

Mit Ende zwanzig arbeitete ich für eine kurze Zeit in einem Projekt zur außeruniversitären Kommunikation. Wir organisierten Veranstaltungen und Workshops, um Akademikern dabei zu helfen, anderen Menschen ihre Forschung nahezubringen – nicht unbedingt eine leichte Aufgabe. Bis zu diesem Zeitpunkt hatte ich nie darüber nachgedacht, wie unzugänglich viele öffentliche Einrichtungen und Bildungsinstitutionen für Behinderte sind. Schließlich gab es für mich keinen Grund dazu. Eine meiner Kolleginnen saß im Rollstuhl, und ich begleitete sie auf einer Runde über den Campus, um potenzielle Veranstaltungsorte in Augenschein zu nehmen. Alle Räume, die wir uns ansahen, waren als »rollstuhlgerecht« ausgewiesen. Doch wie ich schnell herausfand, bedeutete das noch lange nicht, dass sie es auch wirklich waren. Wir nahmen versteckte Aufzüge, mäanderten durch Flure, die ich noch nie zuvor gesehen hatte, und trafen auf Hindernisse, die nur dem einen Zweck zu dienen schienen, uns den Weg zu versperren. Ich staunte darüber, wie viel Zeit meine Kollegin damit vergeuden musste, etwas zu überprüfen, das in dieser Institution eigentlich selbstverständlich sein sollte. Überraschend nachsichtig zuckte sie mit den Schultern; sie war daran gewöhnt. Für sie war es eine alltägliche Notwendigkeit.

Ich dachte noch immer an dieses Erlebnis, als ich mich auf dem Heimweg durch die wütenden, gehetzten Pendlerhorden in der U-Bahn-Station zwängte. Ich fragte mich, wie diese Menschen, die sich über die zweiminütige Verspätung ihres Zugs aufregten, mit der Verzögerung klarkommen würden, wenn sie erst noch einen zusätzlichen Flur entlangrollen müssten, um den Aufzug zu erreichen. Als ich draußen auf die Straße trat, achtete ich nicht darauf, wo sich das nächste abgesenkte Stück Bürgersteig befand. Aber eine Freundin erzählte mir, dass der London Borough of Westminster für Rollstuhlfahrer ein wahrer Albtraum sei, denn dort gibt es so etwas kaum. Der Weg von einem Ort zum nächsten kann gut und gerne doppelt oder dreimal so lang dauern, weil man ewig hin und her fahren muss, um überhaupt über die Straße zu kommen. Dabei ist es Jahrzehnte her, seit in Großbritannien das erste Gesetz gegen die Diskriminierung von Behinderten erlassen wurde (1995), und beinahe 50 Jahre, seit zum ersten Mal vom sozialen Modell von Behinderung die Rede war.

Die Geschichte des »normalen« Körpers anhand des Umgangs mit und des gesellschaftlichen Blicks auf Behinderung nachzuvollziehen ist oft kontrovers und größtenteils verstörend. Im 19. und frühen 20. Jahrhundert schwankte die Darstellung zwischen den in Freakshows präsentierten »Wundern der Natur« und erbaulichen Erzählungen vom Überwinden der eigenen Not.

In dieser Zeit fügten sich die sogenannten »ugly laws« beinahe nahtlos in ein Narrativ des medizinischen Fortschritts ein. Es stand nie zur Debatte, dass die Gesellschaft Anderssein akzeptieren könnte: Vom Einzelnen wurde erwartet, dass er seine aus der Norm fallenden körperlichen Merkmale überwand oder zumindest versteckte.

Obwohl einige der menschlichen Wunder – wie diejenigen, die 1899 ihr Treffen der Empörten abhielten – seit Längerem die Sicht der Gesellschaft auf sie infrage stellten, sollte diese Form der Ausgrenzung erst sehr viel später auch auf breiterer Ebene diskutiert werden. Vor einigen Jahren unterhielt ich mich mit der Künstlerin und Aktivistin Penny Pepper, die das soziale Modell von Behinderung für mich auf den Punkt brachte: »Manche sagen ›Menschen mit Behinderung‹«, sagte sie, »aber ich ziehe ›behinderte Menschen‹ vor, denn diese Bezeichnung bringt zum Ausdruck, dass die Behinderung nicht etwas ist, das wir *haben*. Wir *werden* durch die Gesellschaft behindert.« Als Behindertenaktivisten Ende der 1970er-Jahre das soziale Modell von Behinderung entwickelten, stellte dieses Konzept das individualisierte medizinische Modell des Normalen auf den Kopf, indem es nicht länger von behinderten Menschen verlangte, sich zu ändern, sondern diese Verantwortung auf die Gesellschaft übertrug.

Unter »normal sein« verstehen wir häufig, genauso auszusehen und zu funktionieren wie alle anderen, doch das ist nicht notwendigerweise der optimale Zustand. 1906 ließ George Bernard Shaw von einem befreundeten Arzt seine Augen überprüfen, und dieser attestierte dem Dramatiker eine »normale« Sehkraft. Als Shaw »natürlich davon ausging, dies bedeute, sie sei wie die aller anderen«, beeilte sich sein Freund, ihm »zu erklären, dass ich, was meine Augen angehe, eine Ausnahme sei und außerordentlich großes Glück habe«. Nur zehn Prozent der Bevölkerung, so Shaws Freund, verfügten über eine perfekte Sehkraft, ganze 90 Prozent seien abnorm.[148] Shaw war mit einer Fähigkeit gesegnet, die bei den meisten nicht üblich war. Aber würde irgendjemand von uns einen Menschen, der keine Brille trägt, als nicht normal einordnen?[149] Und wenn nicht, wieso nicht?

Perfekte Sehkraft ist, genau wie der perfekte Körper, ein Ideal, das kaum jemand erreicht. Schließlich ist niemand von uns Norma oder Normman, die Durchschnittsfrau oder der Durchschnittsmann. Trotzdem führt das individuelle Modell, das über weite Strecken des 20. Jahrhunderts maßgebend war, dazu, dass wir unsere Abweichungen vom Durchschnitt als persönliches Versagen betrachten. Wir jammern über unsere Unfähigkeit, uns in eine Hose mit einer 32er-Bundweite zu quetschen, ohne auch nur einen Gedanken daran zu verschwenden, wie viele versteckte Maße in ein einzelnes Kleidungsstück einfließen. Vielleicht sind wir ja tatsächlich eine 32er-Bundweite, wir haben nur nicht die durchschnittlichen Oberschenkel oder Waden oder Beinlänge, die damit einhergehen. Als Militäringenieure in den 1940er-Jahren die Körpermaße von Piloten mit den Durchschnittsgrößen verglichen, die in Cockpits verwendet wurden, stellte sich heraus, dass nicht ein einziger der 4063 Piloten in allen zehn abgefragten Punkten den Durchschnittswerten entsprach.[150]

Das Problem sind also nicht nur die Kleider. Mein Schwager ist erheblich größer als der Durchschnitt und findet auf Reisen kaum ein Bett, das lang genug für ihn ist. Während des Lockdowns habe ich bei der Organisation eines Online-Seminars mitgeholfen, das unseren Kollegen zeigen sollte, wie man sich selbst die Haare schneidet. Eine meiner Kolleginnen hatte sehr viel Erfahrung auf diesem Gebiet, da sie in ihrer walisischen Heimatstadt jahrelang keinen Friseur gefunden hatte, der in der Lage gewesen wäre, Afrohaar zu schneiden und zu frisieren. In einer Konsumgesellschaft ist alles auf den Durchschnitt ausgelegt, von der Höhe der Türgriffe oder Lichtschalter bis hin zur Menge an Salz in Fertiggerichten. Ganz abgesehen davon, dass diese Durchschnittswerte die Bedürfnisse all derer außer Acht lassen, die von der Gesellschaft behindert werden, sind sie auch nur für sehr wenige von uns wirklich optimal.

Aber im Lauf der Geschichte ging es bei normalen und abnormen Körpern immer um mehr als nur um den Einzelnen. Seit der zweiten Hälfte des 19. Jahrhunderts wurden die Veränderungen in Größe, Form und Aussehen von Körpern zur Veranschaulichung oder Rechtfertigung umfassenderer Ängste genutzt. Von »Entartung« bis hin zur »Adipositas-Epidemie« standen sowohl durchschnittliche als auch außergewöhnliche Körper für nationalen und gesellschaftlichen Verfall. Im Blick auf den Körper bündelten sich Ängste in Bezug auf das Großstadtleben und vor moralischem Niedergang, Sorge über die Mängel des Gesundheitswesens und vor übermäßigen Eingriffen des Staates sowie die Bedrohung durch die Unterschicht, durch Feminismus und durch ethnische Vielfalt. Doch all diesen Ängsten vor dem, was anders war, lag eine einzige, häufig uneingestandene Prämisse zugrunde: die Vorstellung davon, was eigentlich »normal« war. Und das war der weiße, üblicherweise männliche und niemals behinderte Mittelschichtkörper. Dieses Konzept einer »idealen« Normalität durchzieht die westliche Gesellschaft bis heute. Das anzuerkennen ist der erste Schritt, um es zu überwinden.

3

Habe ich einen normalen Verstand?

Ich stehe ganze zehn Minuten in dem menschenleeren Kran-
kenhausflur und schaue von dem Regal mit den Informationsbroschüren zu den Schildern und Postern an der Wand. Immer
wieder fällt mein Blick auf die Besucherregeln neben der verschlossenen, fensterlosen Tür. Besuchszeiten, lese ich da, sind von
fünf bis neun Uhr abends. Bis neun Uhr müssen alle Besucher die
Station verlassen haben. Jetzt ist es sechs Uhr. Alles in Ordnung.
    Endlich drücke ich die Klingel, der Summer ertönt, die Tür
entriegelt sich, und ich trete in ein kleines Vorzimmer. Die Frau
hinter der Glasscheibe ist kaum zu sehen, davor liegt auf einem
Regalbrett ein Besucherbuch. Ich sage ihr, dass ich meine Freundin besuchen möchte, und sie drückt wortlos den Knopf, der eine
weitere verschlossene Tür öffnet. Sie fordert mich nicht auf, mich
in das Buch einzutragen.
    Der Flur drinnen ist breiter, aber genauso unpersönlich. Ich
bin verwirrt und ein kleines bisschen ängstlich. Ich habe keine
Ahnung, wohin ich gehen soll, und es ist niemand da, den ich
fragen könnte. Ich wende mich nach rechts, und zum Glück sehe
ich meine Freundin mit einem strahlenden Lächeln auf mich zu-
kommen. Sie hatte keine Ahnung, dass ich sie heute besuchen
wollte, und es ist reiner Zufall, dass sie gerade jetzt zur rechten
Zeit am richtigen Ort ist. Ihr folgt eine Krankenschwester, die

97

mich argwöhnisch mustert. Meine Freundin umarmt mich und fragt, ob wir uns irgendwo unterhalten können. Die Krankenschwester schaut noch misstrauischer.

»Wer ist das?«, will sie wissen.

»Sarah ist meine Freundin«, antwortet meine Freundin. Durch diese Erklärung beruhigt, öffnet die Schwester für uns die Tür zu einem Raum, in dem wir uns hinsetzen und uns unterhalten können. Ich bin mir nicht sicher, für wen sie mich gehalten hat, um mich so abweisend zu empfangen.

Das Merkwürdigste daran, eine Freundin in einer geschlossenen psychiatrischen Abteilung zu besuchen, ist der Ort selbst. Verglichen mit ihm verblassen alle exzentrischen Verhaltensweisen seiner Bewohner zur Bedeutungslosigkeit. Nach einigen Besuchen komme ich zu dem Schluss, dass diese Station darauf ausgelegt ist, Menschen in den Wahnsinn zu *treiben*. Sämtliche Informationen befinden sich dort, wo man beim besten Willen keinen Zugang dazu hat: die Informationsbroschüren vor dem gesicherten Haupteingang, ein Poster, das die Patienten über ihr Recht aufklärt, mit einem Fachanwalt für psychische Gesundheit zu sprechen, an der Wand der verschlossenen Personaltoilette, die ich nur benutzen darf, weil meine Freundin eine weitere verunsicherte Pflegekraft dazu überredet. Die Mitarbeiter beantworten nicht einmal die grundlegendsten Fragen, oder sie weisen harmlose Bitten ab wie die, die Waschküche benutzen zu dürfen oder ein Handy aufzuladen. Eine Patientin deutet auf das Einwegfenster, durch das man vom Flur aus in den Aufnahmeraum sehen kann. »Ich war die ganze letzte Nacht da drin«, sagt sie bedrückt, »man merkt nicht, dass alle einen sehen können, und niemand sagt es einem.« Im Aufenthaltsraum sitzen zusammengesunkene Patienten geistesabwesend vor dem Fernseher, oder sie rauchen auf der begrünten Dachterrasse. Niemand weist sie auf die »Rauchen verboten«-Schilder hin, die überall an den Wänden hängen.

Als eine der seltenen Besucherinnen bin ich für sie Gold wert. Mein Besuch ist das einzig Interessante, was an diesem Abend passiert, vielleicht sogar an diesem Tag oder in der ganzen Woche. Während meine Freundin und ich auf der von Unkraut überwucherten Dachterrasse sitzen, kommen sie einer nach dem anderen zu uns und unterbrechen unser Gespräch mit komplizierten Geschichten aus vergangenen Leben – realen oder eingebildeten.

Als sich mein Besuch dem Ende zuneigt, gehen meine Freundin und ich zurück zum Eingang. Niemand in dem verglasten Büro schaut auch nur in unsere Richtung. Wir fragen eine andere Patientin, wie man wieder hinauskommt, aber sie weiß es nicht. Die Minuten verstreichen. Es ist inzwischen halb zehn, die Besuchszeit ist lange vorbei. Ich beginne mich zu fragen, was passieren würde, wenn ich einfach hier stehen bliebe und weiter mit meiner Freundin plauderte. Würde ich einfach Teil des alltäglichen Lebens auf der Station werden? Immerhin habe ich mich nicht in das Besucherbuch eingetragen. Vielleicht lassen sie mich nie wieder raus.

Dann taucht ein Mann am Fenster des Pflegezimmers auf, und meine Freundin klopft an die Scheibe.

»Kann meine Freundin jetzt gehen?«, fragt sie. Der Mann sieht mich einen Moment lang forschend an, dann nickt er. Wir umarmen uns zum Abschied, und sie tritt ein paar Schritte zurück, damit er die Tür öffnet.

Mein Besuch in einer psychiatrischen Klinik des 21. Jahrhunderts erinnert mich an eine berühmte psychologische Studie aus den 1970er-Jahren: »Gesund in kranker Umgebung«. »Falls es Normalsein und Irresein gibt, wie soll man beide unterscheiden?«, fragte der Verfasser David Rosenhan.[151] Gute Frage. Die Station, auf der ich meine Freundin besucht habe, wirkte mit ihren Regeln und Verfahrensweisen jedenfalls eindeutig bizarr. Und jahrhundertelang war das »Irrenhaus« eine Allegorie auf die Gesellschaft – die Parallelen gingen so weit, dass der Spitzname des alten Bethlem Royal Hospital, »Bedlam«, zum englischen Begriff für Tumult und Chaos wurde. Die letzte Szene in William Hogarths moralischer Bilderserie *Der Werdegang eines Wüstlings* zeigt Tom Rakewell als Insasse von Bedlam, in den Wahnsinn getrieben durch seinen zügellosen Lebenswandel. Viele glauben, der Kupferstich zeige eine realistische Abbildung der Klinik im Jahr 1735. Doch wie die meisten von Hogarths Arbeiten kann auch diese als gesellschaftlicher Kommentar interpretiert werden. Einer der Patienten trägt eine Krone und hält ein Zepter in der Hand, ein anderer betet ein Kruzifix an, während zwei reiche Damen zu einem Besuch kommen. Religion, Nationalismus, Politik und das Klassensystem sind letzten Endes vielleicht genauso verrückt wie das Irrenhaus selbst.

Seit Rosenhan seine Studie 1973 erstmals veröffentlichte, ist sie zu einem Klassiker der Psychologie geworden. Rosenhans Bericht zufolge baten acht »Scheinpatienten« in mehreren psychiatrischen Kliniken in fünf amerikanischen Bundesstaaten um Aufnahme. Sie alle behaupteten, Stimmen zu hören, oft undeutliche Stimmen, aber sie wiederholten Wörter wie »leer«, »hohl« und »dumpf«. Alle acht wurden in die Kliniken aufgenommen, wo man bei den meisten Schizophrenie diagnostizierte, und sie blieben dort zwischen 7 und 52 Tagen. Obwohl die Teilnehmenden an dem Experiment, darunter auch Rosenhan selbst, angewiesen worden waren, sich ab dem Moment ihrer Einweisung »normal« zu verhalten, wurde niemand von ihnen durch das Personal als

Scheinpatient entlarvt – ihre Mitpatienten allerdings waren häufig misstrauischer. Bei ihrer Entlassung galten die meisten nicht als geheilt, stattdessen verließen sie die Einrichtung mit der Diagnose »Schizophrenie in Remission«.

Im Laufe der Jahre wurde Rosenhans Studie häufig hinterfragt und ihre Ergebnisse angezweifelt – kürzlich wurde sogar die Vermutung geäußert, er könne die meisten seiner Scheinpatienten erfunden haben.[152] Dennoch inspirierten Rosenhans Schlussfolgerungen Schlüsselfiguren der Antipsychiatriebewegung der 1960er- und 1970er-Jahre – wie auch er von ihnen inspiriert worden war. Psychiater mit so unterschiedlichem Werdegang und voneinander abweichenden Ansichten wie R. D. Laing, David Cooper und Thomas Szasz stellten öffentlich Institutionen und Praktiken der Psychiatrie infrage. Sie diskutierten auch über den Begriff der Normalität an sich. »Angst und Depressionen existieren. Psychisches Leiden existiert«, stellte Rosenhan klar. »Aber Normalität und Anomalität, geistige Gesundheit und Irresein sowie die Diagnosen, die davon abstammen, sind möglicherweise weniger eindeutig als meist geglaubt.«[153]

Obwohl die Antipsychiatriebewegung häufig als Geburtsstunde des Zweifels an der Idee eines »normalen« Geisteszustands gilt, war David Rosenhan gewiss nicht der Erste, der die klare Trennung zwischen Wahnsinn und geistiger Gesundheit infrage stellte. Psychiater, Psychologen und natürlich deren Patienten diskutieren seit mindestens 150 Jahren über die Grenze zwischen normalem und anormalem Geist – und ob etwas Derartiges überhaupt existiert. Wir können uns hinsichtlich der Normalität unseres Geisteszustands noch weniger sicher sein als bei unserem Körper, der uns zumindest greifbare Anzeichen für eine Abweichung von der Norm bietet. Die Wissenschaft des Geistes hingegen ist selbst in unserer Ära der Neurowissenschaften und Hirnscans selten in der Lage, biologische oder physiologische Nachweise für den Ursprung bestimmter Störungen zu liefern, was bedeutet, dass psychische Erkrankungen heute – genau wie 1870 – weitgehend anhand unkonventioneller Verhaltensweisen und Erfahrungen diagnostiziert werden. Wie entscheiden wir also, was normal ist und was nicht?

STIMMEN IM KOPF

Louis Box plagten Zweifel an der Welt, die ihn umgab. Der junge, mit einer lebhaften Fantasie gesegnete Schriftsteller lebte in einer Pension in Earl's Court. Zumindest hatte er gedacht, es sei eine Pension, als er dort eingezogen war. Jetzt war er sich dessen nicht mehr so sicher. Es war Dezember 1891. Wenn Louis, den Kragen gegen die bittere Kälte hochgeklappt, durch die dunklen Londoner Straßen ging, folgten ihm Polizisten. Menschen rümpften die Nase, wenn er vorbeikam, und oft hörte Louis, wie sie sarkastische Bemerkungen machten. »Er sieht ja heute Morgen ziemlich zufrieden aus!«, hörte er eines Tages jemanden höhnisch sagen, als er um die Straßenecke bog. »Da geht er!«, zischte eine andere Stimme, als Louis sich seinem Zuhause näherte. Er wusste, was sie meinten. Alle hielten Louis Box für Jack the Ripper, den nie gefassten Frauenmörder aus dem East End.

Die Pension, wurde Louis klar, stand in Diensten der Polizei. Hier wurde er allen möglichen Machenschaften unterzogen, die ihn dazu bringen sollten, Verbrechen zu gestehen, die er nicht begangen hatte. Der Besitzer der Pension war ein Franzose, aber Louis erkannte bald, dass er kein gewöhnlicher Franzose war.

Sein Hauswirt in Earl's Court war niemand Geringeres als der berühmte französische Neurologe Jean-Martin Charcot! Als dieser Box eines Tages außer Hörweite glaubte, hatte er einem Komplizen gegenüber zugegeben, dass Louis herausgefunden habe, wer er sei – der eindeutige Beweis dafür, dass der alternde Neurologe nach London gekommen war, um hier eine Pension zu führen.

Charcot hatte die Experimente entwickelt, mit denen Louis Box zu einem Geständnis getrieben werden sollte. In seinem Bett waren Kabel versteckt, über die ihm Stromstöße versetzt wurden. In seinem Zimmer befanden sich Telefone, und der Schrank hatte eine falsche Rückwand. Der Schriftsteller hörte, wie Charcot mit der Polizei über sein früheres Leben sprach. Manchmal imitierte der Arzt das Geräusch fallender Blutstropfen und beobachtete Box dabei aufmerksam, um herauszufinden, welche Wirkung dies auf ihn hatte. Oder die Verschwörer ließen Blitzlichter vor Box aufflammen und zeigten ihm anstößige Bilder. Es war nicht unwahrscheinlich, schloss Louis, dass Charcot ihn auch hypnotisiert hatte, um herauszufinden, ob er mörderische Neigungen verspürte.

Louis Box' haarsträubende Erzählung klingt, als stammte sie geradewegs aus einem Abenteuerbuch für Jungen aus den 1920er-Jahren. Dabei ist es die Geschichte eines jungen Mannes, der im Dezember 1891 in das Bethlem Royal Hospital eingeliefert wurde. Bethlem, die älteste psychiatrische Klinik des Landes, wurde 1247 gegründet. Als Box sich dort aufhielt, war die wohltätige Einrichtung von ihrem ursprünglichen Standort in Bishopsgate bereits zweimal umgezogen und befand sich inzwischen auf einem baumbestandenen Grundstück in Lambeth. Heute ist in dem Gebäude das Londoner Imperial War Museum untergebracht (Bethlem zog 1930 erneut und diesmal endgültig um). Es ist ein herrlicher Bau mit einer verzierten Kuppel, und die wohlhabenden Verwalter behaupteten, die skandalösen Zustände, die früher in Bethlem geherrscht hatten, gehörten nun einer fernen Vergangenheit an. Öffentliche Besichtigungen, die einst die Spendenbereitschaft der Besucher anregen sollten, waren als unmenschlich bewertet und 1770 abgeschafft worden. In den frühen 1850er-Jahren hatte man die Leinwandbinden und Metallketten von den Stationen entfernt. Trotzdem machten die verschlossenen Tore das Hospital für die meisten seiner Insassen zu einem unliebsamen Gefängnis. Als eine Patientin, die als die »Kritzlerin aus Kent« bekannt war, in den 1870er-Jahren das Hospital zeichnete, stellte sie es als einen Vogelkäfig dar. Vor dem Käfig stand ein Arzt, der den einzigen Schlüssel in der Hand hielt.

Louis Box endete in Bethlem, als er, durch die endlosen Schikanen verängstigt und in eine Depression getrieben, seinem Bruder und mehreren Ärzten erzählte, Selbstmord sei der einzige Ausweg aus seiner Situation. Dass diese Menschen glaubten, Louis leide unter Wahnvorstellungen, machte das Erlebte für ihn selbst nicht weniger schmerzlich. In Louis' Geschichte sind mehrere Elemente der spätviktorianischen Psychologie verwoben: die Whitechapel-Morde des Jahres 1888, experimentelle Psychologie, Spiritismus und Hypnose, neue Technologien – Elektrizität und Telefone – und sogar die neue Sicht auf die Funktionsweise der Psyche. Denn Box kam zu dem Schluss, dass er zwar niemanden bewusst umgebracht hatte, dies aber durchaus *unbewusst* getan haben könnte. Zusammen mit den neuen psychologischen Ansätzen verbreitete sich auch die Überzeugung, dass nicht alle Handlungen durch bewusstes Denken ausgelöst wurden: In den 1890er-Jahren wurden Theorien zum Unbewussten, Unterbewussten und zum doppelten Bewusstsein genutzt, um automatisches Verhalten oder verborgene Erinnerungen zu erklären.

Für Louis Box war es extrem schwierig, unter solch unangenehmen Umständen »normal« zu funktionieren. Die Welt, die er erlebte, war nicht normal, und tatsächlich könnten seine Reaktionen vollkommen rational wirken, wenn wir ebenfalls glaubten, dass er verfolgt worden wäre. Diesen Aspekt hebt der ehemalige Psychiatriepfleger und Romancier Nathan Filer in seinem 2019 erschienenen Sachbuch *The Heartland* hervor, in dem er sich mit Schizophrenie beschäftigt. Filer erzählt die Geschichten der Menschen, die er befragt hat, exakt so, wie sie sie erlebt haben. Im Zentrum der Psychiatrie »steht die Person«, betont Filer. »Es ist ihre Geschichte.«[154] Wenn Sie davon überzeugt wären, dass Ihr Vermieter Experimente an Ihnen durchführt, wären Sie wahrscheinlich auch zutiefst verstört. Und womöglich würde dieses Gefühl selbst dann noch anhalten, nachdem Sie erkannt haben, dass die Situation doch nicht so war, wie Sie dachten.

Genau das ist mir vor 15 Jahren in einer Phase passiert, in der ich sehr viel Stress bei der Arbeit hatte. Ich saß an meinem freien Tag in der Bibliothek und schrieb, als ich plötzlich merkte, wie zwei Frauen, die ich nicht kannte, am anderen Ende des Raums über mich redeten. Ich beobachtete sie heimlich, während ich weiter so tat, als würde ich arbeiten. Gespielt gleichgültig stand ich nach einer Weile auf und suchte in einem Regal, das etwas näher bei ihnen stand, nach einem Buch. Ich verstand höchstens jedes zehnte Wort, das sie sagten, doch das reichte nicht, um mich von der Überzeugung abzubringen, dass die beiden gemeine Gerüchte über mich in die Welt setzten. Heute bin ich mir sehr sicher, dass der Arbeitsstress mich paranoid gemacht hatte. Trotzdem erinnere ich mich noch deutlich an die Situation und die Gefühle, die sie bei mir auslöste; ich sehe sogar noch die verstohlenen Blicke, die die Frauen mir zuwarfen, obwohl ich genau weiß, dass es sie wahrscheinlich nie gegeben hat.

Wie wir soziale Situationen interpretieren und in ihnen funktionieren, hängt in hohem Maße von unserer Wahrnehmung ab. Diese Wahrnehmung wiederum beruht auf Vorurteilen und Annahmen darüber, was normal ist – oft basierend auf Klasse, ethnischer Zugehörigkeit und Geschlecht. Dabei war ein »abnormes Verhalten« häufig das entscheidende Kriterium für eine Psychose. »Zentral für unseren Begriff von Schizophrenie ist die Auffassung, dass die Störung ein normales soziales Funktionieren beeinträchtigt«, erklärten die Verfasser der amerikanischen Psychiatrie-Bibel, des DSM-III,[155] 1980 unmissverständlich und stützten somit die Diagnose einer schweren psychischen Erkrankung auf die Unfähigkeit, sich normal zu verhalten.[156] Aber wie beurteilen wir das Ausmaß einer solchen Beeinträchtigung? Oder was überhaupt ein normales soziales Funktionieren ist? Beides beruht in der Regel auf den Erfahrungen, die wir mit der Welt um uns herum machen; und diese Erfahrungen unterscheiden sich je nach Zeitraum oder Land, in dem wir leben, nach unserem Alter, unserem Geschlecht, unserer ethnischen Zugehörigkeit und unserem Werdegang. Ein normales Funktionieren ist also nicht allgemeingültig.

Louis Box' fantastisches Leben mag für einige von Ihnen eindeutig nicht normal sein, auch wenn Sie nachvollziehen können, dass es Louis selbst vollkommen real erschien. Wie wäre es dann mit der Beschreibung eines anderen, sehr viel alltäglicheren Morgens im Jahr 1886? Mr Joseph Kirk, wohnhaft in Ripon Villas, Plumstead, war gerade dabei, sich anzukleiden, als ihn ein lautes Krachen zusammenfahren ließ. Kirk nahm an, dass es sich

um das Geräusch der zufallenden Haustür im Erdgeschoss ge-
handelt haben musste, und stellte zu seinem Ärger fest, dass sich
der Milchmann wohl wieder einmal verspätet hatte. Das war in
letzter Zeit häufiger vorgekommen, weshalb das Dienstmädchen
Mary vor dem Frühstück aus dem Haus gehen und selbst Milch
holen musste. Mr Kirk zog sich fertig an und ging die Treppe hi-
nunter in die Küche, wo ihm Mary begegnete. Das Mädchen trug
Straßenkleidung – einen braunen Strohhut und eine schwarze
Stoffjacke über ihrem leichten, bedruckten Kleid. Als Kirk die
Küchentür erreichte, ging Mary an ihm vorbei zur Spülküche.
Immer noch verärgert über den Milchmann sagte Kirk zu seiner
Frau: »Dann musste Mary also schon wieder hinausgehen und
Milch holen.« Erstaunt schüttelte Kirks Frau den Kopf. »Mary war
heute Morgen noch gar nicht draußen«, antwortete sie entschie-
den, »und jetzt ist sie gerade im Frühstückszimmer beschäftigt.«
Joseph Kirk erkannte, dass die Mary, die er gesehen und gehört
hatte, eine »sehr plastische und lebensechte Halluzination« ge-
wesen sein musste.[157]

Halluzinationen – das Hören und Sehen von Dingen, die andere nicht hören oder sehen – gelten heute allgemein als ernstzu-
nehmende Symptome einer psychischen Erkrankung. Dabei können sie durch eine Vielzahl anderer Faktoren ausgelöst werden:
Fieber, Infektionen oder ein durch Drogen induziertes Delirium.
Als meine schon etwas ältere Schwiegermutter plötzlich Tiere die
Wände hinaufklettern sah und ätherische Gestalten, die in ihrem
Wohnzimmer Feuer legten, waren mein Lebensgefährte und ich
zunächst ratlos, bis ihr wegen einer Harnwegsinfektion Anti-
biotika verschrieben wurden, die dem Spuk ein Ende machten.
Trotzdem mussten wir in der Folge häufiger mit Hausärzten dis-
kutieren, die sich weigerten, ihr etwas zu verschreiben, als sie wie-

der zu halluzinieren begann, allein und verängstigt und meilenweit von unserem Wohnort entfernt. »Dagegen kann ich nichts machen«, sagte einer der Ärzte, »das ist Demenz.« – Obwohl wir genau wussten, dass dem nicht so war, und ihm das auch sagten.

Auch eine plötzliche Verschlechterung der Sehkraft kann Halluzinationen hervorrufen, weil das Gehirn versucht, die unerwarteten Lücken in den Informationen, die es über den Sehnerv erhält, auszufüllen. Das ist als Charles-Bonnet-Syndrom bekannt. Und selbst das, was jemand mit einer Sehschärfe von 1,0, dem Normwert, sieht, ist kein objektives Abbild der Welt vor ihm, sondern immer durch seine Wahrnehmung gefiltert. Haben Sie beim ersten Mal, als Sie Daniel Simons' berühmten Test zur selektiven Wahrnehmung auf YouTube gesehen haben, den Gorilla bemerkt, der zwischen den Basketballspielern hindurchläuft?[158] Was wir sehen, ist nicht immer das, was sich direkt vor uns befindet.

Halluzinationen sind also nicht notwendigerweise ein Zeichen für eine psychische Erkrankung. Aber sind sie deswegen mit einem Zustand der Normalität vereinbar? Vor ungefähr zehn Jahren arbeitete ich im Rahmen eines Ausbildungsgangs für Piloten daran, den Teilnehmenden ein besseres Verständnis für psychische Gesundheit am Arbeitsplatz nahezubringen. Eine Sitzung ist mir dabei besonders deutlich in Erinnerung geblieben. Sie begann damit, dass die Dozenten uns aufforderten, uns zu zweit ganz alltägliche Erlebnisse auszudenken, die uns dabei helfen könnten, extreme psychotische Erfahrungen nachzuvollziehen. »Stellen Sie sich vor«, sagte ich zu meinem Partner, einem Mitglied des Sicherheitspersonals, der aussah, als machte es ihm schon Angst, in diesem Raum zu sein, »Sie hören, wie jemand Ihren Namen ruft, aber wenn Sie sich umdrehen, ist niemand da.« Der Mann sah völlig entsetzt aus. »Aber ist das nicht … normal?«, stotterte er. Doch, schon. Aber darum ging es bei der Übung ja auch.

Die Angst dieses Mannes, er könnte als nicht normal abgestempelt werden, spiegelt die heutzutage weitverbreitete Annahme wider, dass Dinge zu sehen oder zu hören, die objektiv nicht real sind, pathologisch und ein Grund zur Sorge sei. »Es gilt als allgemein anerkannt«, schrieb die klinische Psychologin Mary Boyle Ende des 20. Jahrhunderts, »dass, wenngleich die Reaktionen in verschiedenen sozialen Gruppen unterschiedlich ausfallen, die modernen westlichen Gesellschaften insgesamt [Halluzinationen] mit großer Ablehnung begegnen.«[159]

In manchen religiösen Sekten versucht man dagegen mystische Erfahrungen durch Fasten, Schlafentzug, Zufügen von Schmerzen oder soziale Isolation herbeizuführen. Dinge zu hören oder zu sehen, die andere nicht wahrnehmen, wurde auch in der Vergangenheit nicht immer als Zeichen einer geistigen Erkrankung gewertet. Als der Historiker Michael MacDonald das Archiv des im frühen 17. Jahrhundert praktizierenden englischen Arztes und Astrologen Richard Napier auswertete, fand er heraus, dass sich zwar viele Menschen wegen psychischer Leiden oder unorthodoxen Verhaltens an Napier gewandt hatten, Halluzinationen jedoch üblicherweise nicht als Problem erwähnt wurden.[160] MacDonald schloss daraus, dass im religiösen und kulturellen Kontext jener Zeit solche Erfahrungen eher verstanden wurden. Die Stimme Gottes zu hören, war ein spirituelles Erlebnis, und übernatürliche Wesen zu sehen oder Zeuge magischer Praktiken zu werden, war etwas, das damals selbst ein Arzt für bare Münze nehmen konnte.

Joseph Kirks Vision seines Dienstmädchens aus dem Jahr 1886 wird neben vielen weiteren »Halluzinationen geistig gesunder Menschen« in einem von der Society for Psychical Research (SPR) zusammengestellten »Halluzinationen-Zensus« erwähnt. Die 1882 gegründete Gesellschaft beschäftigte sich mit der wissenschaftlichen Erforschung paranormaler Phänomene, von Geistersichtungen bis hin zu Séancen und Telepathie. Während einige Mitglieder der SPR die spätviktorianische Begeisterung für das Übersinnliche als gewaltigen Schwindel betrachteten, waren andere offen für den Gedanken, »dass umfänglichere Gesetze oder ein ausgebreiteterer Kreis von Erscheinungen existieren [und] noch entdeckt werden können«, wie es der mit der SPR sympathisierende Psychiater Daniel Hack Tuke so poetisch formulierte.[161] »Die Mitgliedschaft in dieser Gesellschaft«, hieß es in der Satzung der SPR, »setzt weder die Anerkennung einer bestimmten Erklärung für die untersuchten Phänomene voraus noch den Glauben an das Wirken von Kräften in dieser Welt, die über die von der physikalischen Wissenschaft anerkannten hinausgehen.«[162] Die Wahrheit ist irgendwo da draußen … aber vielleicht auch nicht. Anders als Fox Mulder in *Akte X* ging die SPR auf Nummer sicher.

Ihre Erhebung zur Häufigkeit von Halluzinationen begann 1889 und wurde 1892 abgeschlossen. »Haben Sie jemals«, lautete die Frage, »in einem Moment, in dem Sie davon überzeugt waren, hellwach zu sein, den starken Eindruck gehabt, ein lebendes Wesen oder einen unbelebten Gegenstand vor sich zu sehen oder von diesem berührt zu werden oder eine Stimme zu hören; ein Eindruck, der, soweit Sie dies beurteilen konnten, nicht auf eine wie auch immer geartete äußere physikalische Ursache zurückzuführen war?« Von den 17 000 an der Befragung Teilnehmenden antworteten 2272, also etwa 13 Prozent, dies sei bei ihnen der Fall gewesen.[163] Natürlich kann man die Methoden der Datenerhebung bemängeln – wie in vielen viktorianischen Umfragen gehörten die Befragten weitgehend den gleichen Kreisen an wie die Fragenden selbst – oder sich am Ziel der SPR stören, mithilfe dieser Umfrage den Mechanismus telepathischer Kommunikation zu studieren. Dennoch bildet der Zensus eine der ersten statistischen Untersuchungen zu visuellen und akustischen Halluzinationen.

Der Halluzinationen-Zensus kam zu dem Ergebnis, dass Dinge zu sehen und Stimmen zu hören zwar für die meisten Menschen keine alltägliche Erfahrung darstelle, aber auch kein Beweis für einen abnormen Geisteszustand sei. Die Annahme, Halluzinationen seien ein Ausdruck von Krankheit, bemerkte Edmund Gurney, einer der Verfasser der Studie, habe die Bemühungen hinausgezögert, ihr Wesen zu verstehen. Es herrsche, schrieb Gurney, »ein unbestimmtes Vorurteil bei jenen Menschen, die selbst nie in irgendeiner Form eine Halluzination erlebt haben. Solchen Menschen fällt es häufig schwer, sich vorzustellen, dass ein psychisch und physisch gesunder wacher Geist tatsächlich für einen Moment aus der Bahn zu geraten vermag und Stimmen vortäuschen kann, wo Stille herrscht, und Gestalten, wo nur Leere ist.«[164]

Studien aus dem 20. Jahrhundert kamen zu ähnlichen Ergebnissen wie die SPR und stellten fest, dass zwischen 10 und 50 Prozent aller Menschen im Laufe ihres Lebens visuelle oder akustische Halluzinationen erleben.[165] Solche Erfahrungen sind natürlich nicht immer harmlos. Sie sind aber auch nicht notwendigerweise besorgniserregend oder unangenehm, nicht einmal in unserer heutigen Welt. Meist werden sie erst zu einem Problem, wenn man versucht, sie in sein Leben zu integrieren oder anderen davon zu erzählen.

Das schildert auch Eleanor Longden vom Hearing Voices Network (HVN) in ihrem Buch und dem Vortrag, den sie 2013 bei der TED-Konferenz gehalten hat. Sie berichtet darin von ihren

Erlebnissen als Psychiatriepatientin in den frühen 2000er-Jahren. Während ihres Studiums begann Longden Stimmen zu hören, die alles nacherzählten, was sie tat. Anfangs störten sie sie nicht weiter, erst nachdem eine Freundin und später ein Arzt ihr sagten, dass sie ernsthafte Probleme habe, geriet ihr Leben aus den Fugen. Die Stimmen wurden so schlimm, dass Longdens Eltern sie davon abhalten mussten, ein Loch in ihren Kopf zu bohren, weil sie versuchen wollte, sie herauszuholen. Schließlich wurde bei ihr Schizophrenie diagnostiziert. Nichts half, bis ein Psychiater sie ermutigte, nach einer Bedeutung in dem zu suchen, was die Stimmen sagten, und ihnen zu antworten: Endlich verbesserte sich ihr Zustand. 2013 hörte Eleanor Longden zwar immer noch Stimmen, aber sie hatte gelernt, ihnen zuzuhören und mit ihnen umzugehen.

Heute setzen sich Organisationen wie HVN für Menschen mit akustischen und visuellen Halluzinationen ein.[166] »Obwohl es ein relativ häufiges Phänomen ist«, liest man auf ihrer Website, »fühlen sich Menschen, die Stimmen hören, Visionen haben oder vergleichbare Erfahrungen machen, häufig allein. Die Angst vor Vorurteilen, vor Diskriminierung und davor, als ›verrückt‹ abgestempelt zu werden, bringt sie zum Schweigen.« Doch »bei der Mehrheit derjenigen, die Stimmen hören, liegt keinerlei diagnostizierte Erkrankung vor. Manche empfinden die Stimmen und Visionen als einen wichtigen Teil ihres Lebens.«[167]

Im Gegensatz zu diesen Netzwerken, die die Interessen der Betroffenen mit großem Engagement vertreten, hat die moderne Medizin keinen nennenswerten Beitrag zu einem besseren Verständnis von Halluzinationen geleistet. Stimmen zu hören, kann zwar mit einem sogenannten normalen Leben vereinbar sein. Oft ist es aber auch ein alltäglicher Kampf, zusätzlich zu den aufdringlichen und häufig schmerzhaften Inhalten der Halluzinationen noch mit den Reaktionen der Umwelt zurechtkommen zu müssen. Ich war einmal bei einem Treffen einer HVN-Selbsthilfegruppe in Südlondon, wo die Teilnehmenden Gedanken und Ideen austauschten. Eine Frau erzählte von ihrem sehnlichen Wunsch, einmal in ein Café gehen zu können und wie ein normaler Mensch behandelt zu werden, ohne aufgrund ihres Verhaltens sofort als »anders« identifiziert zu werden. Andere sprachen von ihren Bewältigungsstrategien – Musik, Meditation oder Ablenkung –, ein wichtiger Aspekt in Anbetracht der Tatsache, dass jeder der Anwesenden trotz einer hoch dosierten Medikation vor allem in Stresssituationen weiterhin Stimmen hörte. »Wenn Sie sich eine Sache wünschen könnten, die die Menschen in Bezug auf das Hören von Stimmen verstehen sollten, was wäre das?«, fragte der Moderator der Gruppe. Ein stiller junger Mann, der während der ganzen Sitzung kaum ein Wort gesprochen hatte, antwortete sofort: »Sie sollten nicht denken, dass man einfach nur ein paar Pillen nimmt, und schon wäre alles wieder normal.«

ABNORMITÄT UND GRÖSSE

Im Lauf des 19. und frühen 20. Jahrhunderts verwischte die klare Trennung zwischen psychischer Gesundheit und Wahnsinn immer mehr. Der Grund dafür war, dass nicht nur seltenere Phänomene wie akustische oder visuelle Halluzinationen eine Neuinterpretation erfuhren, sondern auch die weiter verbreiteten Aspekte des psychischen Lebens wie emotionales Leid, Sorgen und Ängste. Gingen die Psychiater des frühen 19. Jahrhunderts noch davon aus, dass die Mehrheit der Bevölkerung in jeglicher Hinsicht geistig normal war, erweiterten ihre Nachfolger das Spektrum psychischer Gesundheit. Das veränderte nicht nur den Blick der breiten Masse auf ihre eigene Psyche, sondern führte auch dazu, dass nun weit mehr Menschen als nicht völlig normal galten. Und als Freud schließlich behauptete, wir seien *alle* neurotisch, wurde der normale Verstand endgültig zu einem Rätsel. Es war üblich, aber ungesund, neurotisch zu sein. Und zugleich war es unüblich – ja, geradezu unmöglich –, vollkommen gesund zu sein. Also welcher der beiden Zustände war denn nun eigentlich »normal«?

»Wir können den Verlauf der geistigen Entwicklung mit einer breiten Straße vergleichen«, schrieb der Psychiater mit dem wundervollen Namen Theophilus Bulkeley Hyslop (T. B. für seine Freunde) 1925 in seinem bekannten Buch *The Borderland* [dt. *Die Grenzregion*]. Auf dem schmalen Bürgersteig gehen die geistig Gesunden – »vergleichsweise sicher«, es sei denn, es käme zu einem Unfall oder einer Verletzung. In der Gosse liegen diejenigen, die vom Weg abgekommen sind, »der Verbrecher, der Säufer, der Schwachsinnige«. Und dazwischen verläuft die breite Straße des Lebens, auf der die Mehrheit ums Überleben kämpft, ein wogendes, lärmendes, erregtes Gedränge. Entweder als Exzentriker oder als Visionäre bezeichnet, sind die meisten Menschen »erratisch, erotisch und instabil«, schreibt Hyslop, und sie bewegen sich in einem Tempo, das sie zu einer Gefahr für sich selbst und andere macht.[168] Statistisch gesehen war diese riesige Masse, die Hyslop so bedrohlich erschien, der Durchschnitt der Bevölkerung, die Normalen; unter dem Blick des Mediziners jedoch waren sie allesamt neurotisch.

Theo Hyslop – wie T. B. in beruflichem Kontext genannt wurde – ist eine interessante Figur, anhand derer wir die zuneh-

114

mende Beschäftigung mit Neurosen nachverfolgen können. Als er *The Borderland* schrieb, war Hyslop in den Sechzigern und führte seit über einem Jahrzehnt eine private Praxis. Seine späteren Veröffentlichungen lassen auf einen rechthaberischen, gelegentlich altmodischen Menschen von erheblichem Widerspruchsgeist schließen, der, obwohl er selbst in London lebte, Lärm und Stress der Stadt für körperlichen und geistigen Verfall (einen Zustand »geistiger Erschöpfung«, wie er es nennt) verantwortlich machte.[169]

Hyslops berufliche Laufbahn fiel in die Blütezeit der von ihm beschriebenen »Grenzregion«. Der kleine Theo wurde 1863 geboren und wuchs buchstäblich in einem Irrenhaus auf: Als er zwei Jahre alt war, kaufte sein Vater William das Stretton House in Shropshire. Wie in den meisten derartigen Einrichtungen lebte die Familie des Direktors vor Ort. Das inspirierte Theo dazu, ebenfalls Medizin zu studieren, sich später auf die Psychiatrie zu spezialisieren und mehr als zwei Jahrzehnte in Bethlem zu arbeiten, bevor er 1910 eine private Praxis eröffnete. Er war außerdem ein begeisterter Künstler, Schriftsteller und Musiker sowie Mitglied einer Reihe sozialer und politischer Vereinigungen.

Wenn Hyslop bei heutigen Autoren überhaupt Erwähnung findet, dann meist als misanthropischer Verfechter der Eugenik, der seine Patienten verachtete und gegen die künstlerische Moderne wetterte, die er als den Irrsinn der modernen Zeit verurteilte (er war alles andere als ein Fan von Roger Fry und der Bloomsbury Group).[170] Doch die Wirklichkeit ist komplizierter. Tatsächlich scheinen einige von Hyslops engsten Freunden in Bethlem seine Patienten gewesen zu sein. Im Vorwort zu seinem Lehrbuch *Mental Physiology* dankt Hyslop drei Personen. Eine davon ist Maurice Craig, ein jüngerer Kollege, die beiden anderen waren Patienten: Walter Abraham Haigh und Henry Francis Harding. Hyslops Frustration angesichts der neurotischen Massen vor den Toren der psychiatrischen Klinik scheint vielmehr in einer romantisierenden Sicht auf den Wahnsinn selbst zu wurzeln. In seiner »Art Roman« – so die vernichtende Beschreibung eines Kollegen – mit dem Titel *Laputa, Revisited by Gulliver Redivivus in 1905* sind die Insassen der Irrenanstalt von Laputa »vereint im Geist der Wahrheit und Integrität«, und abgesehen von einigen »exzentrischen Verhaltensweisen unterschied sie kaum etwas von den sogenannten Gesunden«.[171]

Im selben Jahr, in dem *The Borderland* erschien, verfasste Hyslop noch ein weiteres Buch mit dem aufschlussreichen Titel *The Great Abnormals*. Dieser verworrene Text voller weitschweifiger historischer und philosophischer Betrachtungen über Tyrannen und Despoten, Visionäre, Hexerei, Aberglaube und Genies war, Hyslop zufolge, »ein Plädoyer für mehr Toleranz«. Er verwies darauf, dass es zwar Menschen gebe, »die unseren dogmatischen Standards zur geistigen Gesundheit nicht entsprechen«, trotzdem zählten »einige der Männer, deren ›Abnormitäten‹ hier beschrieben werden sollen, zu den ›Großen der Menschheit‹«.[172] Hyslop zweifelte nicht daran, dass geniale Männer in einem Klima größerer Toleranz nicht länger gezwungen wären, »in sicheren Häfen Zuflucht zu suchen« (womit er Irrenanstalten meinte), um ihr »exzentrisches, unkonventionelles oder abnormes« Verhalten zu verbergen.[173] Trotzdem, so warnte er, sollten sie wahrscheinlich besser keine Kinder zeugen.

Möglicherweise hatte Hyslop dabei seinen Freund Walter im Sinn. Seit Walter Haigh 1882 mit 27 Jahren zum ersten Mal eingewiesen worden war, lebte er immer wieder phasenweise in Bethlem. Er hatte studiert, arbeitete als Lehrer, und in seiner Freizeit komponierte und musizierte er. Haigh litt unter Halluzinationen und Wahnvorstellungen, dazu an einer so starken Paranoia, dass er, selbst als er einen Passierschein erhielt, um die Klinik gelegentlich zu verlassen, keinen Gebrauch davon machte. Nachdem Hyslop 1888 seine Stelle in Bethlem angetreten hatte, scheinen die beiden Musiker enge Freunde geworden zu sein. Haigh schrieb Hyslop regelmäßig Briefe, in denen er ihm von seiner Arbeit und seinem Zuhause ebenso berichtete wie von seinen anhaltenden Symptomen. Fast immer setzte Walter Haigh dabei die Wörter »gesund« und »verrückt« in Anführungszeichen, womit er zum Ausdruck brachte, dass es sich um relative Begriffe handelte. Und vielleicht inspirierte er damit Hyslop, der in seinen späteren Lehrbüchern von »sogenanntem Wahnsinn« zu sprechen begann.[174]

Theo Hyslops Ablehnung der Grenzregion, in der sich die Neurotiker bewegten, beruhte in Teilen auf Loyalität zu jenen, die am Wegrand zurückgeblieben waren. Als vermeintlich gesunder Mensch glaubte er, mehr mit dem »verrückten« Walter Haigh gemeinsam zu haben als mit den ungesunden, neurotischen Massen. Doch als der Psychiater 1933 starb, schrieb ein ehemaliger Kollege, Hyslops letzte Jahre seien »überschattet [gewesen] von etwas in der Art einer Neurose«, einem Angstzustand, der erstmals während der Luftangriffe des Ersten Weltkriegs auftrat und sich später in Tics der Schulter und des Gesichts äußerte. Also war auch T. B. letzten Endes neurotisch und damit ziemlich normal.

In den 1880er-Jahren sahen es die meisten Psychiater als erwiesen an, dass sich Gesundheit und Wahnsinn eher im Grad als in der Art unterschieden. Zwar lagen sie weiterhin an den entgegengesetzten Enden der Skala, doch nun wurden sie durch eine sehr große Gruppe von Menschen getrennt, »in denen die Saat nervöser Störungen keimte«.[175] Aber wie sollten Ärzte die Bewohner dieser Grenzregion erkennen? Vereinfacht ausgedrückt handelte es sich bei ihnen um alle »Klassen von Individuen«, die die »grundlegenden Konventionen der Gesellschaft« missachteten, von sexuell Gestörten über soziale Außenseiter bis hin zu Hypochondern und Menschen, die sich selbst verletzten.[176] Ihre Neurosen standen im Gegensatz zu familiären und gesellschaftlichen Erwartungen. Ihr Verhalten konnte für andere beunruhigend oder schädlich sein, manchmal war es auch einfach nur unbequem. In allen Fällen jedoch beruhte die Definition des Abnormen im Wesentlichen auf unkonventionellen Handlungen. Und ein solches Verhalten galt neuerdings als medizinisch behandlungsbedürftig.

Natürlich erscheinen uns viele der viktorianischen Konventionen aus heutiger Sicht höchst ungewöhnlich, was erneut beweist, wie eng die Definition der abnormen Psyche mit den gesellschaftlichen Erwartungen einer bestimmten Zeit verknüpft ist. Im Oktober 1895 verkündete die junge Sozialistin Edith Lanchester – die Mutter der aus *Frankensteins Braut* bekannten Schauspielerin Elsa Lanchester – ihrem wohlhabenden Vater, dass sie beabsichtige, mit ihrem Liebhaber, einem einfachen Arbeiter, zusammenzuziehen. Ihr Vater war entsetzt und rief unverzüglich den betagten Psychiater George Fielding Blandford, der bestätigte, dass die 24-jährige Edith verrückt geworden sei. Blandford wertete den Entschluss der jungen Frau, unverheiratet mit einem Mann zusammenzuleben – noch dazu aus einer niedrigeren sozialen Schicht! –, als »gesellschaftlichen Selbstmord«. Ihr Verhalten verstieß nicht nur gegen sämtliche Konventionen, sondern drohte auch ihrem künftigen Status schweren Schaden zuzufügen. Edith wurde also in die psychiatrische Heilanstalt in Roehampton gebracht, »nicht ohne einige Gegenwehr und Gewalt«, dort allerdings sehr schnell auch wieder entlassen, nachdem zwei staatliche Inspektoren Blandfords Diagnose zurückgewiesen hatten.[177]

1896 erschien im *Journal of Mental Science* eine sorgsam formulierte Verteidigung Blandfords, in der angedeutet wurde, dass der Entschluss, sich über die geltenden Konventionen hinwegzusetzen, zwar nicht automatisch zu einer Diagnostizierung geistiger Verwirrtheit führen dürfe, es aber doch durchaus möglich sei, dass die Ursache für Edith Lanchesters Verhalten im Wahnsinn gelegen habe.[178] Das Gericht war anderer Ansicht, und Lanchester wurde für geistig gesund erklärt. Dennoch zeigt dieser Fall deutlich, dass viele der Menschen, die in den letzten hundert Jahren und darüber hinaus als geisteskrank eingestuft wurden, durch ihr normwidriges Verhalten ins Visier der Behörden gerieten. Während die Reichen und Mächtigen sich gegen derartige Urteile zur Wehr setzen konnten, war das bei den Übrigen nicht der Fall. Diejenigen, die am ehesten die negativen Auswirkungen der Diagnose zu spüren bekamen, waren »die Marginalisierten, die Verletzlichen, die Entrechteten in der Gesellschaft des 20. Jahrhunderts«: unverheiratete Frauen, People of Color, Ältere, politische Dissidenten, Kriegsdienstverweigerer, Angehörige der LGBTQ-Community, Obdachlose und dergleichen.[179] 1851 erfand der amerikanische Arzt Samuel Cartwright sogar eine neue Krankheit: Drapetomanie, die er bei entflohenen Sklaven diagnostizierte. Die Flucht aus der Sklaverei war Cartwright zufolge keine rationale Reaktion auf die brutale Behandlung und den Freiheitsentzug, unter dem die Sklaven in den Vereinigten Staaten litten, sondern »ebenso sehr eine mentale Erkrankung wie jede andere Form von Geistesgestörtheit«.[180]

Die Entscheidung über den Geisteszustand eines Menschen war ein wirksames Mittel des sozialen und juristischen Machterhalts. Cartwright versuchte die Sklaven, die er behandelte, zu »normalisieren«, indem er ihren Besitzern riet, dafür zu sorgen, dass jeder Schwarze »an dem Platz gehalten wird, den er, wie wir aus den Schriften erfahren, einzunehmen hat, nämlich den der Unterwerfung«, eine unverhohlen rassistische Auslegung medizinischer Kontrolle.[181] Im selben Jahrhundert wurden Frauen der Mittelschicht, bei denen Hysterie diagnostiziert wurde, wie die Schriftstellerin Charlotte Perkins Gilman, »Ruhekuren« verordnet, die Bettruhe, Isolation, Elektroschocks, Massagen und Überernährung beinhalteten.[182] Auch dies eine Methode, um sie im Stand der Unterwerfung zu halten – natürlich mit sehr viel weniger körperlicher Brutalität verbunden als bei den Sklaven. Gilman, der man den Zugang zu ihren Büchern und zu eigener Arbeit verwehrte, schilderte die verheerenden Auswirkungen der geistzerrüttenden Langeweile in ihrer 1892 erschienenen Kurzgeschichte *Die gelbe Tapete*.

Hysterie war, wie die Historikerin Elaine Showalter schreibt, eine im Wesentlichen »weibliche Krankheit«.[183] Obwohl auch Männer diese Diagnose erhielten, verwies bereits der Name der Erkrankung, der vom griechischen Wort für Gebärmutter abgeleitet ist, auf ihren weiblichen Ursprung. Männer hingegen litten laut Diagnose häufiger an Neurasthenie, der »Zivilisationskrankheit«, die der amerikanische Neurologe George Miller Beard 1869 eingeführt hatte. Neurasthenie, so beschrieb sie der bartlose Mr Beard, war eine Form nervlicher Erschöpfung. Verantwortlich dafür sei zweifellos der moderne Lebensstil, denn dieser verlange eine kontinuierliche Energieleistung, die die Nerven ermüde. Das, so Beard, führe zu Kopfschmerzen, Gelenkschmerzen, Nervenschmerz, Reizbarkeit, morbiden Ängsten, Kältegefühl, Zittern, Schweißausbrüchen, Schlaflosigkeit und einer ganzen Reihe weiterer körperlicher und psychischer Symptome. Zum Glück war sie jedoch zugleich auch ein Merkmal für sozialen Status. Neurasthenie war eine Krankheit der Reichen und Gebildeten, hauptsächlich verbreitet unter weißen Amerikanern und anzutreffen »in beinahe jedem Haushalt, in dem geistige Arbeit geleistet wird«[184]. (Arbeiter oder People of Color, die die gleichen Symptome aufwiesen, deutete er an, waren wahrscheinlich einfach nur faul.)

Wie Neurasthenie verzeichnete auch die Hysterie eine Vielzahl von Symptomen, und die Diagnose diente häufig als letzter Ausweg, wenn keine körperliche Erklärung gefunden wurde – vor allem wenn es sich bei der Patientin um eine junge, unverheiratete Frau handelte. Hysterie äußerte sich in Erblindung, Lähmungserscheinungen, Krämpfen, Anfällen, Ohnmacht, Erschöpfung, emotionalen Ausbrüchen und dergleichen mehr. Unkonventionelles Verhalten konnte auch in diesen Fällen für die nervösen Symptome verantwortlich gemacht werden. Als Evelyn Jones 1895 in das Bethlem Hospital aufgenommen wurde, führte man ihre Erkrankung nicht nur auf die Lektüre von Darwin und anderen wissenschaftlichen Büchern zurück, sondern auch auf ihre allzu enge Freundschaft zu einer anderen Frau.[185]

Eine weitverbreitete Empfehlung, um nervöse Störungen bei Frauen zu kurieren, war der Rat, sich einen Ehemann zu suchen. Diese Erfahrung machte auch Alice Rose Morison, eine 25-jährige Lehrerin aus Harpenden, als sie 1894 den berühmten Neurologen Victor Horsley aufsuchte. Alice schlafwandelte seit vier Jahren. Das bereitete ihr Sorgen, weil sie manchmal hinaus auf die Straße ging, einmal war sie sogar den ganzen Weg bis zur Wohnung ihrer Schwester gelaufen. Gelegentlich zündete sie ein Feuer an oder erledigte andere gefährliche Aufgaben. Außerdem verursachte sie eine Menge Lärm, hämmerte gegen die Tür und schlug mit dem Kopf auf den Boden. Weihnachten 1893 begann Alice Morison damit, im Schlaf Briefe zu schreiben, und im darauffolgenden Sommer fiel sie zum ersten Mal tagsüber in Trance. Um diese Zeit herum tauchten auch weitere Persönlichkeiten auf: Nocturna übernahm Alice' Körper in der Nacht, während ein dritter, boshafter Persönlichkeitszustand Dinge versteckte oder stahl, ohne dass »Morison«, wie sie ihr ursprüngliches Ich nannte, etwas davon mitbekam. Als sie im Juli 1884 Dr. Horsley konsultierte, war das Einzige, was sie zu ihrem großen Verdruss zu hören bekam, seine abfällige Einschätzung, »Ruhe und eine Hochzeit« würden sie schon kurieren. Doch sie »folgte seiner Empfehlung nicht«, erzählte die energische junge Frau später den Psychiatern im Bethlem Hospital.[186]

Andere Frauen wurden von Familie, Freunden und Ärzten in die konventionellen Bahnen von Ehe und Mutterschaft gedrängt. Sich normal zu verhalten bedeutete, geheilt zu sein. In den 1880er- und 1890er-Jahren waren viele Ärzte davon überzeugt, eine Ehe »kuriere nervöse Leiden«, wenngleich andere warnten, dadurch steige die Gefahr, dass sich nervöse Tendenzen in der Bevölkerung fortpflanzten, was die Zahl instabiler Persönlichkeiten noch weiter erhöhen werde.[187] Andrew Wynter – der erste Kartograf der Grenzregion – behauptete, Veränderungen in den Lebensumständen von Frauen hätten zu einem Anstieg von Alkoholismus geführt. Die typische Frau der Mittelschicht sei kaum gebildet, von ihrem Ehemann getrennt durch die neue Eisenbahn, die es ihm ermögliche, zur Arbeit zu pendeln, und sie überlasse ihre gesamte Hausarbeit dem Personal. Wie könne man in einer solchen Situation erwarten, so Wynter, dass gelangweilte, vereinsamte Hausfrauen zu »vernünftigen Ehefrauen werden«?[188] Wenn die Frauen nur genug Hausarbeit zu erledigen hätten, wäre die Normalität bald wiederhergestellt.

Die Vorstellung, dass Neurosen durch die Gesellschaft geformt werden, mag nachvollziehbar sein. Genauso leicht kann man jedoch davon ausgehen, dass es einige Formen geistiger Erkrankungen gibt, die stabil bleiben. Aber so zerstörerisch und schmerzhaft die Erfahrung einer psychischen Krankheit in manchen Fällen auch ist – sowohl für diejenigen, die sie durchleiden, als auch für die, die sich um die Betroffenen kümmern –, sie sind unserem eigenen Leben selten so fern, wie man uns glauben machen will. Und sie erfassen auch nicht jeden Aspekt des Lebens. Wahnsinn schließt ein normales Verhalten – in jeder Bedeutung des Wortes – ebenso wenig aus wie ein gesunder Geisteszustand unnormale Verhaltensweisen und Erfahrungen. Daher ist die Botschaft, die mich während meiner Recherchen stets begleitet hat, der ironische Satz von Theo Hyslop aus dem Jahr 1895: »Als mutmaßlich geistig gesunde Menschen müssen wir großzügig sein bei den Grenzen, die wir anderen in der Interpretation ihrer eigenen Erfahrungen zugestehen.«[189]

NEUROSEN SIND DAS NEUE NORMAL

Was ist Bewusstsein? Noch heute ist der Begriff laut einer kürzlich erschienenen Sammlung philosophischer Aufsätze zu diesem Thema »notorisch unklar[190]«. Meinen wir mit »bewusst« lediglich wach und aufmerksam? Verfügen wir über ein inneres Ich, das die Welt um uns herum beobachtet und interpretiert, oder ist bereits die Vorstellung eines Ich das Ergebnis eines durch unser bewusstes Denken geschaffenen Narrativs? Wenn die erste

Vermutung zutrifft, dann erscheint eine gespaltene oder multiple Persönlichkeit unnormal; im zweiten Fall könnten multiple Persönlichkeiten eher nachvollziehbar sein. Im Zeitalter der Hysterie konnte das Bewusstsein gespalten, zersplittert oder multipel sein. Es konnte durch Hypnose oder Trance verändert werden. Es verfügte über mehrere Ebenen: Es gab das Vorbewusste, das Unterbewusste oder das Unbewusste. Durch die Erfahrungen von Alice Morison und anderen wurde die Idee eines einzigen, einheitlichen Bewusstseins, das bis dahin die entscheidende Grundlage für die Definition eines »normalen« Geisteszustands gewesen war, infrage gestellt.

Alice Morison war nicht der erste aufgezeichnete Fall von »doppeltem Bewusstsein«.[191] In Frankreich suchte die junge Näherin Félida X. 1858 einen Arzt auf, nachdem sie mehrmals in einen zweiten Bewusstseinszustand verfallen war, an dessen Taten und Worte sie sich nicht mehr erinnern konnte, sobald sie in ihren »Normalzustand«, wie ihr Arzt es nannte, zurückgekehrt war. Mit der Zeit nahm der zweite Bewusstseinszustand immer weiter überhand, bis Félidas Ursprungszustand vollständig verschwand.[192] Charcots Schüler Pierre Janet hypnotisierte eine seiner Patientinnen, um vergleichbare Ergebnisse zu erzielen. Léonie B., eine Bäuerin mittleren Alters, konnte durch Hypnose in eine lebhafte Persönlichkeit verwandelt werden, die sie Léontine nannte. Später gelang es Janet, eine »Léonie 3« (oder Léonore) zu erzeugen, die sich als eine weitere eigenständige Identität entpuppte.[193] Psychologen und Philosophen in ganz Europa, Großbritannien und den Vereinigten Staaten vermuteten, diese multiplen Persönlichkeiten könnten uns dabei helfen, nicht nur die Hysterie besser zu verstehen, sondern auch das normale Bewusstsein an sich.

Doch ganz so kam es nicht. Zu Beginn des 20. Jahrhunderts erschienen Hypnose und paranormale Forschungen in einem zunehmend fragwürdigen Licht. Als 1903 postum das Buch des SPR-Gründers Frederic Myers *Human Personality and Its Survival of Bodily Death* [dt. *Die menschliche Persönlichkeit und ihr Überleben des physischen Todes*] veröffentlicht wurde, hatte die Verbindung zwischen Spiritismus und Psychologie bereits zu bröckeln begonnen. Das bedeutete nicht das Ende für die Erforschung des »Supernormalen«, wie Myers es nannte, aber die normale Psyche schlug eine andere Richtung ein. Und einer der Gründe dafür war recht simpel: Sigmund Freud war ein miserabler Hypnotiseur.

Statt seine Patienten zu hypnotisieren, wie Janet und andere es getan hatten, saß der junge Wiener Neurologe hinter ihnen und interpretierte ihre Worte. Das war einer der wesentlichen Unterschiede zwischen Freuds Ansatz und der Methode seines Mentors Josef Breuer, der seine Patienten mithilfe kathartischer Hypnose behandelte. Und doch war es Breuers »hysterische« Patientin, die für ihren Beitrag zur Entwicklung der Psychoanalyse berühmt wurde. Fräulein »Anna O.« wurde später als Bertha Pappenheim identifiziert, eine österreichische Feministin und spätere Gründerin des Jüdischen Frauenbunds. Pappenheim war 22 Jahre alt, als Breuer sie 1881 erstmals behandelte, ein »Mädchen von überfließender geistiger Vitalität«, obwohl sie in ihrer »puritanisch gesinnten Familie ein höchst monotones Leben« führte.[194] Breuer und Freud kamen zu dem Schluss, dass es diese Banalität des Alltags einer Frau aus der europäischen Mittelschicht war, die zu Bertha Pappenheims abnormem Geisteszustand geführt hatte.

Dem ersten Symptom – Pappenheim »pflegte systematisch das Wachträumen« – folgten bald weitere, für ihre Familie offenkundigere Anzeichen: Schielen, schwere Sehstörungen, Kontrakturlähmungen in den Extremitäten und andauernder Somnambulismus (Schlafwandeln). Zwischen dem 11. Dezember 1880 und dem 1. April 1881 war sie bettlägerig. Im April begann Breuer mit Pappenheims Behandlung. Ihre Symptome waren schwerwiegend, und sie war »am Tage nur für ganz kurze Zeiten halbwegs normal«.[195] Während der Therapie besprachen sie und Breuer das Auftauchen jedes einzelnen Symptoms und brachten es mit Vorfällen aus ihrer Vergangenheit in Verbindung, etwa der Krankheit und dem Tod ihres Vaters. Zu seiner Überraschung erkannte der Arzt, dass die einzelnen Symptome verschwanden, nachdem Pappenheim unter Hypnose deren erstes Auftreten geschildert hatte.[196] Historiker gelangten in der Folge zu einer anderen Einschätzung von Anna O.s Behandlung. Der Prozess des Erinnerns trat erst im späteren Verlauf von Breuers Therapie auf und scheint auch nicht zu der langfristigen Heilung geführt zu haben, die er andeutete.[197]

Breuer bezeichnete seine Behandlung von Anna O. als »Redekur«, ein Begriff, der später untrennbar mit seinem Protegé verbunden werden sollte. Heute wird oft angenommen, Freud sei der Erste gewesen, der psychologische Methoden zur Behandlung von Geisteskrankheiten anwandte. Viele betrachten Freud auch als den ersten Arzt, der den Wahnsinn in ein Kontinuum einfügte, das von Psychose über Neurose bis zu normaler Gesundheit reicht. Wie wir bereits gesehen haben, ist das einfach nicht wahr. Freud war nicht einmal der Erste oder Einzige, der den Begriff Psychotherapie benutzte, ein Wort, das bereits zuvor gelegentlich verwendet wurde, um direkte oder indirekte Suggestion bei der Behandlung psychisch Kranker zu bezeichnen.[198] Doch obwohl er letztlich als Kultfigur ebenso große Bedeutung erlangte wie als Wissenschaftler, hob Freud einige Aspekte hervor, die in der Geschichte des normalen Geisteszustands wichtig wurden:

die Rolle der kindlichen Entwicklung und die Erweiterung des Abnormen noch über die Grenzregion hinaus.

Für Freud waren wir *alle* neurotisch, bis hin zu den allerletzten Ausläufern der Glockenkurve. Wie er 1913 in seinem berühmten Trennungsbrief an seinen eigenen Protegé C. G. Jung schrieb: »Es ist unter uns Analytikern ausgemacht, dass keiner sich seines Stückes Neurose zu schämen braucht.« Jung, so Freud weiter, sei ein Mensch, »der bei abnormem Benehmen unaufhörlich schreit, er sei normal«. Das verweise auf eine mangelnde Krankheitseinsicht, die Freud nicht dulden konnte. »Ich schlage Ihnen also vor, dass wir unsere privaten Beziehungen überhaupt aufgeben«, schloss er wütend.[199] Es war nicht unbedingt ein Problem, nicht normal zu sein, solange man sich dessen zumindest bewusst war.

Nach Freud verschwand der normale Geisteszustand aus dem Bereich des Möglichen. Das trug dazu bei, die Popularität der Psychoanalyse in einem solchen Maß zu steigern, dass lange nach Freuds Tod 1939 vor allem in den Vereinigten Staaten jeder, der etwas auf sich hielt, einen Therapeuten hatte. »Neurotisch« wandelte sich von einer Diagnose in eine Floskel: ein selbstironischer Kommentar oder die flapsige Beschreibung einer bestimmten Verhaltensweise. Gleichzeitig prägte die Idee der Neurose unser Leben und verstärkte zum Ende des 20. Jahrhunderts hin unsere Ängste in Bezug auf unseren Geisteszustand. Wir begannen uns zu fragen, was die Angst vor Spinnen oder offenen Räumen über uns aussagte. Wies ein ungewöhnliches Verhalten im Erwachsenenalter auf ein tief vergrabenes, dunkles Geheimnis aus unserer Kindheit hin? Das Abnorme war nicht länger eine ferne Bedrohung wie für die frühen Viktorianer, sondern lauerte hinter jeder unserer Handlungen wie ein ständiger Schatten, der uns täglich zu überwältigen drohte.

WAS IST EIN NORMALER GEISTESZUSTAND?

Hatten Sie jemals die Befürchtung, den Verstand zu verlieren? Als ich mit Ende zwanzig ein Seminar zur Geschichte des Wahnsinns besuchte, war das eine der ersten Fragen, die der Dozent uns stellte. Gut drei Viertel der Anwesenden gaben sofort zu, dass das bei ihnen schon einmal der Fall gewesen sei. Diejenigen, die es nicht taten, fühlten sich unbehaglich, an den Pranger gestellt – vielleicht fürchteten sie auch, wie einst C. G. Jung, einen Mangel an Einsicht. »Ich hatte noch nie Angst, verrückt zu werden!«, protestierte eine der Teilnehmerinnen und blickte nervös auf den Wald aus Händen. »Soll das etwa bedeuten, ich bin *nicht* normal?« Im späten 19. und frühen 20. Jahrhundert hätten Psychiater sie wohl für eine der wenigen Glücklichen gehalten, die psychisch vollkommen gesund waren. Doch aus ihren Worten sprach die zunehmende postfreudianische Auffassung, dass Menschen, die sich noch nie Sorgen um ihre geistige Gesundheit gemacht haben, einfach nur einer Selbsttäuschung erliegen.

Trotz dieser Befürchtungen versuchen viele von uns auch weiterhin, die Grenze zu wahren zwischen unseren alltäglichen Ängsten und dem, was wir als offenkundige psychische Erkrankung betrachten. Während spätviktorianische Psychiater die meisten Menschen für geistig abnorm hielten und Freud behauptete, so ziemlich jeder sei es, kommen jüngere Statistiken zu beruhigenderen Ergebnissen: Es sei nur etwa »jeder Vierte«. Bei Wohltätigkeitsveranstaltungen und im Rahmen von Kampagnen zur Entstigmatisierung psychischer Erkrankungen hören wir seit den frühen 2000er-Jahren, dass jeder Vierte von uns im Laufe seines Lebens mit psychischen Problemen konfrontiert wird. Das ist ein sehr viel niedrigerer Anteil, als Freud vermutete, und trotzdem zeigt es, dass mentale Probleme ein relativ häufiges Phänomen sind.

Aber woher stammt diese Zahl überhaupt? Sie tauchte erstmals Anfang des 21. Jahrhunderts in einem Bericht der Weltgesundheitsorganisation (WHO) auf, in dem folgende überraschende Behauptung aufgestellt wurde: »Über 25 Prozent der Bevölkerung entwickeln im Laufe ihres Lebens eine oder mehrere psychische Störungen bzw. Verhaltensauffälligkeiten.«[200] Als der Psychiater Stephen Ginn und der Neurowissenschaftler Jamie Horder den Quellenverweisen aus diesem Bericht nachgingen, stellten sie fest, dass die mysteriöse Zahl aus der Luft gegriffen zu sein schien.[201] In keiner der drei Studien, auf die sich der Bericht stützte, war davon etwas zu lesen. Tatsächlich nannten zwei der Studien sogar eine deutlich höhere Lebenszeitprävalenz für psychische Störungen.

Ginn und Horder entdeckten nur eine einzige Studie, in der eine Zahl auftauchte, die dem genannten Viertel nahekam: der jährliche *Adult Psychiatric Morbidity Survey*. Darin stand, dass 23 Prozent der Bevölkerung Großbritanniens allein in der zurückliegenden Woche mit einem psychischen Problem zu kämpfen gehabt hätten. Das auf ein gesamtes Leben hochgerechnet ergäbe natürlich eine Zahl, die weit höher läge als 23 Prozent. Ginn und Horder stießen auch auf signifikante Unterschiede darin, was in den einzelnen Studien als psychische Erkrankung definiert wurde. Einige der im DSM verzeichneten Störungen, darunter »erektile Dysfunktion« und »Nikotinabhängigkeit« (kein Witz!), waren in den meisten Studien nicht enthalten. Die Aufnahme von ADHS (Aufmerksamkeitsdefizit-/Hyperaktivitätsstörung) in eine Studie aus dem Jahr 2010 führte zu einem erheblichen Anstieg bei der Prävalenz für psychische Probleme. Ginn und Horder schlossen daraus, dass sich »jeder Vierte« nicht deshalb als beliebte Größe erwiesen hatte, weil die Zahl durch Studienergebnisse belegt sei, sondern weil sie »weder zu hoch noch zu niedrig« war.[202] Sie lässt unsere schmerzlichen Erfahrungen akzeptabel erscheinen und macht uns zugleich Hoffnung, dass es irgendwann aufhören wird. Schätzungen zur Lebenszeitprävalenz für psychische Erkrankungen in mehreren Ländern tendieren jedoch eher zu einem Wert, der bei knapp der Hälfte der Bevölkerung liegt.[203] Mit anderen Worten, statistisch gesehen sind psychische Erkrankungen ziemlich normal.

Unsere Reise in die sich immer weiter ausdehnende Grenzregion der psychischen Störungen zeigt den drastischen Wandel in der medizinischen und gesellschaftlichen Definition dessen, was als normaler oder abnormer Geisteszustand betrachtet wird. Zwar räumten die viktorianischen Psychiater ein, dass Normalität durch gesellschaftliche Konventionen geformt wurde, trotzdem gingen sie davon aus, dass der Großteil der Bevölkerung geistig vollkommen gesund war. Denen, die nicht in die ihnen auferlegten engen Grenzen passten, wurde als Heilmittel empfohlen, sich in konventionellere Bahnen zu fügen: Hysterische Mädchen sollten heiraten, alkoholsüchtige Hausfrauen mussten einfach nur ein bisschen mehr putzen und sich um ihre Kinder kümmern. Heute setzen wir unser Vertrauen in ein chemisches oder neurologisches Modell, das auch nicht immer zu unserem Wohlbefinden beiträgt, weil es uns manchmal blind macht für die gesellschaftlichen Anforderungen, die nach wie vor unsere Einstellung zu normalem und abnormem Verhalten prägen. Natürlich können Medikamente uns in unseren dunkelsten Momenten helfen und stützen. Aber sie können uns auch zu einer allzu eingeschränkten Interpretation unserer Erfahrungen verleiten.

Ich möchte an dieser Stelle noch eine letzte Studie erwähnen, die 1967 am Krankenhaus der University of Michigan durchgeführt wurde. In dieser Studie hoffte man, eine Definition des Normalen zu entwickeln, die in kohärenterer Weise auf die psychische Gesundheit anwendbar wäre. Einer Gruppe angehender Psychiater und einer Gruppe von Patienten mit diagnostizierter Schizophrenie wurde der gleiche Test vorgelegt. Die Frage lautete, wie »eine typische normale Person« in bestimmten Situationen reagieren würde. In einem Beispiel wurden die Probanden aufgefordert, sich die Reaktion dieser »typischen normalen Person« vorzustellen, wenn ihr Vorgesetzter sie in Gegenwart von Kollegen als »dämlichen Idioten« bezeichnete. Allein die Antworten der Psychiater reichten von »verärgert, aber beschließt, das Ganze zu vergessen« bis »sehr wütend – kündigt«. Diese Bandbreite erschien den Forschenden, vor allem in Anbetracht der eingeschränkten Teilnehmerzahl, bemerkenswert.[204] Mit anderen Worten, normale Menschen hatten vollkommen unterschiedliche Vorstellungen davon, was ein normales Verhalten war.

Bei den »Krankenhaus-Schizophrenen« – eine entsetzlich reduzierende Bezeichnung – war die Varianz noch größer. Allgemein tendierte diese Gruppe zum gemäßigteren Ende der Skala. Während keiner der angehenden Psychiater auf die Idee gekommen wäre, einer normalen Person könnte es gleichgültig sein, als »dämlicher Idiot« bezeichnet zu werden, entschieden sich zehn Prozent der Patienten mit Schizophrenie für diese Option. Außerdem wählten 31 Prozent der Patienten eine gemäßigte Reaktion (»verärgert, aber beschließt, das Ganze zu vergessen«), unter den angehenden Psychiatern war dies nur bei acht Prozent der Befragten der Fall.

Was können wir aus diesen Unterschieden ableiten? Bedeutet es, dass Patienten mit Schizophrenie sich das Verhalten anderer weniger zu Herzen nehmen als die vermeintlich »normalen« Psychiater? Oder lag es womöglich daran, dass für diese Psychiatriepatienten von einer Definition des Normalen sehr viel mehr abhing? Ihre Antworten auf die Testfragen waren sehr wahrscheinlich davon beeinflusst, dass der Begriff für ihre Erfahrung, mit einer psychiatrischen Diagnose konfrontiert zu werden, entscheidend gewesen war. Eine Untersuchung zum Leben in psychiatrischen Kliniken, die gut zehn Jahre zuvor durchgeführt worden war, hatte ergeben, dass die »Vorstellung des ›Normalen‹ und das implizierte Versprechen dessen, was ein Patient damit verbindet, der dominierende bewusste Organisationsfaktor bei allem ist, was ein Patient in der Klinik tut«[205]. Von anderen als normal anerkannt zu werden, könnte zu einer vorzeitigen Entlassung führen, sich in einer Spanne als »abnorm« gewerteter Verhaltensweisen zu bewegen, würde hingegen strengere Behandlung oder den Entzug von Privilegien nach sich ziehen.

Diese komplexe Bedeutung des Normalen ist in der psychischen Gesundheitsversorgung bis heute relevant. Kulturelle Unterschiede werden häufig kaum beachtet. Wie in der Studie der University of Michigan tendieren Definitionen normalen Verhaltens häufig dazu, den Lebensstil und die Erfahrungen gut bezahlter Akademiker höher zu bewerten als die ihrer Patienten. So wie die männlichen Psychiater im späten 19. Jahrhundert ihre Vorstellungen davon hatten, wie ein gesellschaftlich akzeptables Verhalten von Frauen auszusehen hatte, bringt auch ein heutiger Psychiater aus der gehobenen Mittelschicht seine eigenen Annahmen und Vorurteile mit. Ein Einkauf im Supermarkt scheint eine einfache Angelegenheit zu sein, wenn man ein Auto hat und eine

Kreditkarte und einen Babysitter und die Tendenz, zu vergessen, dass es Menschen gibt, denen all das nicht zur Verfügung steht. Wenn die Vorstellung von Normalität – wie so oft – auf dem speziellen Lebensstil der Mittelschicht beruht, wird es für diejenigen, die außerhalb dieses Bereichs leben, umso schwieriger, den Normen zu entsprechen. Und trotzdem wird es als ein Zeichen geistiger Erkrankung gewertet, wenn man sich nicht anpasst.

Was normal ist oder nicht, wird auch durch Alter, Geschlecht, Klasse oder ethnische Zugehörigkeit definiert. Mit Anfang zwanzig litt ich unter starken Depressionen, und eines Abends endete ein Treffen mit Freunden im Pub in einer schweren Krise. Ich landete schließlich in der Notaufnahme, aber erst nachdem Nachbarn die Polizei gerufen hatten, weil meine Mitbewohnerin und mein Freund im Flur vor unserer Wohnung heftig miteinander stritten. Als die Polizisten eintrafen, fanden sie mich blutüberströmt vor. »Wer hat Ihnen das angetan?«, fragten sie immer wieder und deuteten auf die Wunden an meinem Arm. »War das Ihr Freund?« Konfrontiert mit einer verzweifelten, verletzten jungen Frau im Osten von London vermuteten sie sofort häusliche Gewalt. Als es mir endlich gelang, ihnen zu erklären, dass ich mich selbst verletzt hatte, gingen sie wieder: Sie hatten ihren Job erledigt.

Aber was, wenn ich ein schwarzer Mann gewesen wäre? Hätten die Polizisten mich dann genauso behandelt, oder hätten sie meine Verzweiflung als Bedrohung interpretiert? Eine statistische Auswertung der Aufnahmezahlen von 238 staatlichen und privaten psychiatrischen Kliniken in Großbritannien kam 2010 zu dem Ergebnis, dass der Anteil von Psychiatriepatienten unter einigen Gruppen von People of Color zwei- bis sechsmal so hoch lag wie beim Durchschnitt. Das war vor allem auf die hohe Hospitalisierungsrate von Menschen afrikanischer und karibischer Herkunft zurückzuführen, die durch die Justiz zwangseingewiesen worden waren.[206] Psychiater diskutierten darüber, ob dies ein Beweis für strukturellen Rassismus im psychiatrischen Gesundheitssystem sei. Einer der Einwände dagegen lautete, ob es denn nicht vielmehr gut sei, dass Polizei und Gerichte so viele Menschen in die entsprechenden Einrichtungen überwiesen, damit sie dort die Behandlung erhielten, die sie benötigten.[207] Aber was verrät uns die Tatsache, dass sie überhaupt festgenommen worden waren, über die unterschiedliche Interpretation von Verhalten oder die (oft brutale) Weise, mit der manche Menschen von den Behörden behandelt werden? Wie wir gesehen haben, sind diese Ungleichheiten nicht nur ein Problem der Psychiatrie, sondern durchziehen die gesamte Geschichte der Wissenschaft und Medizin, der Justiz, des Polizeiwesens und der Psychologie. Es ist schwer vorstellbar, wie die Psychiatrie frei von strukturellem Rassismus sein könnte, wenn der Rest der Gesellschaft es nicht ist.

4

Ist mein Sexleben normal?

Wie die meisten jungen Londoner Anfang der Nullerjahre lebte ich in meinen Zwanzigern in einer Wohngemeinschaft. Sex war ein immer wiederkehrendes Gesprächsthema, häufig in Form von Insiderwitzen oder verschlüsselten Bemerkungen. Ein riesiger, protziger Spiegel im Wohnzimmer des Hauses, das wir gemietet hatten, war mit »Ehemännern« (Promis, die wir gut fanden) tapeziert. »Ich mache gerade Tee« löste bei Eingeweihten ein wissendes Lachen aus, denn niemand außerhalb unserer Clique verstand die sexuelle Bedeutung, die darin mitschwang. Wir kicherten über quietschende Betten, über den »behaarten, nackten Kerl«, der jedes Mal vergaß, mit wem er gerade das Zimmer teilte, wenn er morgens früh aufs Klo ging, oder über die merkwürdigen Dinge, die neue Partner während des Orgasmus sagten oder taten. Außerdem schrieben und tauschten wir eine Menge erotischer Fanfiction.

Trotz unseres Gekichers und unserer Ängste hielten wir uns damals alle für mehr oder weniger normal. Unsere Vorstellungen von einem WG-Leben beruhten auf den Serien aus den 1990ern, mit denen wir aufgewachsen waren – *Friends*, *This Life*, vielleicht sogar *Buffy – Im Bann der Dämonen* –, in denen (fast) alle jung, attraktiv, weiß und heterosexuell waren. Vor allem in *Buffy* drehte sich beinahe alles um Sex. Als Buffy ihre Jungfräulichkeit verliert, wechselt ihr Freund buchstäblich auf die Seite des Bösen und versucht, die Welt zu zerstören. Und es gibt eine Stelle in der Musicalfolge – deren Songs wir ständig mitsangen –, die zeigt, wie unterschwellig sexuelle Normen viele dieser Serien durchziehen. Die beiden Freundinnen Willow und Tara verabschieden sich unter einem Vorwand von ihren Freunden und gehen nach Hause, offensichtlich, um dort miteinander zu schlafen. Als Dawn, Buffys jüngere Schwester, das romantisch findet, reagieren Buffy und ihr Freund Xander sofort mit einem entsetzten »Nein, ist es nicht!«. Wieso nicht? Soll das bedeuten, lesbischer Sex sei nicht romantisch? Oder dass die jugendliche Dawn generell vor Sex beschützt werden muss?

Um die Normen im Zusammenhang mit einvernehmlichem Sex besser zu verstehen, müssen wir uns mit ihrer Geschichte befassen.[208] Eine in den 1940er-Jahren durchgeführte Studie kam zu dem Schluss, dass auf sexuellem Gebiet jeder eine sehr persönliche Definition von Normalität hat, die auf vagen Vorstellungen davon basiert, wie sich andere verhalten. Im Wesentlichen gab es laut dieser Studie zwei Aspekte, auf deren Grundlage Menschen sexuelles Verhalten als abnorm einstuften: zum einen die Art des sexuellen Akts selbst und zum anderen die Häufigkeit der sexuellen Aktivitäten. Doch wie Personen zu ihrer Einschätzung darüber gelangten, welche Form oder Häufigkeit von Sex normal sei, war komplex und verwirrend und beruhte auf einem »Konglomerat aus ungeordneten, nur halb aufgenommenen, halb verstandenen, oft auch halb abgelehnten Informationen« aus so unterschiedlichen Quellen wie dem Kino, der Couch eines Psychiaters, der Kanzel, der Arztpraxis, der Straße oder einer Beratungsstelle zur Empfängnisverhütung.[209] »Die Einschätzung von Normalität ist bis zu einem gewissen Grad maßgeblich für die Einschätzung von Moral«, hieß es in dem Bericht weiter. Doch die »Ungewissheit darüber, was andere tun, macht es für den gewöhnlichen Menschen schwieriger als je zuvor zu entscheiden, was normal ist und was nicht«.

Dieses Konzept einer persönlichen Sicht auf Normalität verkennt, in welchem Umfang Gesetze, Medizin und gesellschaftliche Erwartungen die Vorstellung der Menschen davon beeinflussen, wie andere ihr Leben leben. Zwischen 1885 und 1967 verstieß im Vereinigten Königreich ebenso wie in vielen anderen Ländern jede Form von sexuellen Kontakten zwischen Männern gegen das Gesetz. In manchen Teilen der Welt werden Menschen auch heute noch wegen intimer Beziehungen zu einer Person des gleichen Geschlechts eingesperrt oder sogar zum Tode verurteilt. Frauen – vor allem Women of Color – bekamen die gesellschaftlichen und juristischen Folgen von außerehelichem Sex und unehelichen Kindern zu spüren, und in einigen Ländern ist Ehebruch nach wie vor eine strafbare Handlung. Die Geschichte der Sexualität ist also auch eine Geschichte juristischer und medizinischer Kontrolle, eine Geschichte von Zwang, der auf bestimmte Menschen ausgeübt wurde, von Ausgrenzung und Unterdrückung derjenigen, die als sexuell »anders« betrachtet wurden.

Wie eng die Geschichte der Sexualität mit Zwang und Kontrolle verknüpft ist, widerspricht unserer modernen westlichen Auffassung, einvernehmlicher Sex sei etwas, das alle gesunden Menschen genießen sollten. Und Sex bleibt kompliziert. Viele von uns schämen sich noch immer für ihre sexuellen Vorlieben und sind unsicher, wie die anderen darauf reagieren. Ich weiß noch, wie peinlich es mir war, als mich ein neuer Freund zum ersten Mal zu Hause besuchte und beim Anblick der *Enzyklopädie der ungewöhnlichsten Sexpraktiken* auf meinem Nachttisch reichlich verschreckt aussah. »Das brauche ich … äh … für die Uni«, stotterte ich. Nervös wechselte er das Thema. Pornohefte sind nach wie vor von einer Aura des Verstohlenen, Peinlichen umgeben, und Stapel unverfänglicher Bücher kaschieren die Schaufenster der anrüchigen Buchläden in Soho. Natürlich gilt auch weiterhin das Motto »Sex sells«. Hätte das Land 2015 genauso aufgehorcht, wenn es ein anderer Körperteil gewesen wäre, den der damalige Premierminister David Cameron zu Studienzeiten angeblich in die Schnauze eines toten Schweins gesteckt hatte?

Obwohl wir Sexualität als einen normalen Bestandteil unseres alltäglichen Lebens betrachten, assoziieren wir sie mit etwas Schmutzigem, Heimlichem und Verborgenem. Denn wie *können* wir jemals sicher sein, dass unser Sexualleben normal ist, wenn Sex immer noch weitgehend hinter verschlossenen Türen stattfindet?

DIE ERSCHRECKLICHE SÜNDE DER SELBSTBEFLECKUNG

Louis war ein Uhrmacher aus der Schweizer Stadt Lausanne.[210] Bis zum Alter von 17 Jahren, irgendwann in den 1750ern, war er stets guter Dinge, eifrig bei der Arbeit und von guter Gesundheit. Doch in diesem zarten Alter verfiel Louis der gefürchteten Sucht nach Masturbation: einmal, zweimal, sogar dreimal am Tag! Das Jahr war noch nicht zu Ende, als der junge Mann bereits Anzeichen von Schwäche und eine Vielzahl entsetzlicher Symptome aufwies, die ihn nach einer Weile ans Bett fesselten, sodass er seine Arbeit aufgeben musste. Als der Arzt Samuel-Auguste Tissot den Jugendlichen zum ersten Mal besuchte, erblickte er »nicht sowohl ein lebendes Wesen als einen hässlichen Leichnam. Ausgemergelt, blass, unreinlich lag er auf dem Stroh, duftete einen abscheulichen Geruch aus und konnte fast kein Glied bewegen.« Als sei das alles nicht genug, trat dem jungen Mann Schaum aus dem Mund, aus der Nase lief ihm »ein blasses und wässerichtes Blut«, er hatte Durchfall, und »der Same floss ohne Unterlass«. Louis konnte sich nichts mehr merken und hatte das Lesen verlernt. »Seine Gestalt war scheußlich, keinem Menschen mehr ähnlich.« Dafür sei die Selbstbefriedigung verantwortlich, warnte Tissot, und obwohl der Doktor stärkende Mittel verschrieb, starb der junge Mann ein paar Wochen später.[211]

Für die meisten von uns wäre Selbstbefriedigung wahrscheinlich nicht das Erste, was uns auf die Frage nach einer »abnormen« sexuellen Aktivität in den Sinn käme. Doch obwohl Masturbation heute allgemein als ein normales, gesundes Verhalten betrachtet wird, bleibt es ein Tabu, was zeigt, wie vielschichtig unsere Haltung zu Sex nach wie vor ist. Vor ein paar Jahren leitete ich einmal eine Museumsführung für eine Schülergruppe aus einem Abschlussjahrgang. Einer von ihnen fragte mich arglos, worum es sich bei einigen Objekten in den Schaukästen handelte – neben einem viktorianischen Gerät zur Verhinderung von Masturbation lagen ein paar japanische Sextoys. Als ich zu erklären begann, liefen die Köpfe der Jugendlichen knallrot an, und sie kicherten jedes Mal, wenn ich das Wort »Masturbation« in den Mund nahm.

In ihrem Alter wäre mir das wahrscheinlich auch peinlich gewesen. Obwohl Teenie-Magazine in den 1990ern Selbstbefriedigung nachdrücklich als einen Weg empfahlen, seinen eigenen Körper kennenzulernen, blieb dies etwas sehr Persönliches, bei dem man allein herausfinden musste, wie es funktionierte, und das unter keinen Umständen jemals mit anderen besprochen werden sollte. Ich weiß noch, dass ich dachte, sich selbst anzufassen sei irgendwie schmutzig, obwohl ich mich nicht daran erinnere, dass mir das tatsächlich einmal jemand gesagt hätte. Und noch 1994 verlor Surgeon General Joycelyn Elders – die erste Afroamerikanerin, die jemals diesen hohen Posten im amerikanischen Gesundheitsministerium bekleidete – die Unterstützung des von Bill Clinton geführten Weißen Hauses, nachdem sie vorgeschlagen hatte, dass Jugendlichen erklärt werden solle, wie sie sich selbst befriedigen könnten. Sie musste später von ihrem Amt zurücktreten.

Wieso erschien Selbstbefriedigung derart moralisch fragwürdig, dass Bill Clinton, der sich bald darauf in seinen eigenen Sexskandal mit der Praktikantin Monica Lewinsky verstricken sollte, nicht zulassen konnte, dass öffentlich über dieses Thema gesprochen wurde? Mehr als zwei Jahrhunderte lang galt Masturbation als in jeglicher Hinsicht abnorm: aus moralischen, medizinischen, gesellschaftlichen und religiösen Gründen. Selbstbefriedigung war der sexuelle Akt, der über weite Strecken dieses Zeitraums die größten Bedenken – und den größten Abscheu – erregte. Die verwendeten Euphemismen trugen die Warnung bereits in sich: Selbstbefleckung, Selbstmissbrauch oder das einsame Laster. Der Fall des Uhrmachers Louis wurde in Tissots *Abhandlung über die Krankheiten, die von der Selbstbefleckung herrühren* beschrieben, die 1760 auf Französisch erschien. Zu diesem Zeitpunkt war es noch gar nicht so lange her, dass Selbstbefriedigung von einem eher diffusen, unerfreulichen Laster zu einem spezifisch medizinischen Problem geworden war.[212] 1712 veröffentlichte in London ein namenloser Arzt ein Buch mit dem Angst einflößenden Titel: *Onania, oder Die erschreckliche Sünde der Selbst-Befleckung. Mit allen ihren entsetzlichen Folgen, so dieselbe bey Beyderley Ge-*

schlecht nach sich zu ziehen pfleget: Nebst Geist- und Leiblichem Rath Für alle diejenigen, welche sich durch diese abscheuliche Gewohnheit bereits Schaden zugefügt haben.[213]

Zum Glück, beruhigte der Verfasser der *Onania* seine Leser, gebe es ein einfaches Heilmittel gegen die medizinischen Auswirkungen der Selbstbefleckung. Wer unter unwillkommenem Samenfluss, Unfruchtbarkeit, Impotenz oder einer der zahllosen anderen durch Masturbation verursachten Selbstschädigungen leide, brauche lediglich nach dem diskreten Schild mit der Glocke in der Paternoster Row Ausschau zu halten, wo sich rein zufällig auch die Adresse des Verlegers befand. Hier könne man eine wundervolle »stärkende Tinctur« und ein »prolifisches Pulver« zur Wiederherstellung der Gesundheit erwerben, und sollte man sehr in Sorge sein, zudem noch einen »restaurierenden Trank« und eine »Injection«.[214] Im Grunde war die ganze *Onania* nichts anderes als eine sehr umfangreiche Werbebroschüre.

Trotzdem löste *Onania* eine regelrechte Masturbationspanik aus, die die Medizin im 18. und 19. Jahrhundert in ihrem Griff hielt. Der Historiker Thomas Laqueur vermutet, das Buch habe einen Nerv getroffen in einer Zeit, in der Moral zum ersten Mal ausdrücklich mit Selbstbestimmung verknüpft wurde.[215] Da Selbstbeherrschung nun nicht länger durch eine äußere Beziehung zu Gott bestimmt wurde, sondern zu einem persönlichen Faktor geworden war, verkörperte die Selbstliebe zunehmend jene Bedrohung, die das selbstsüchtige, zügellose Individuum für die Gesellschaft bedeuten konnte.

Die Gefahr der einsamen Selbstsucht durchzog die medizinischen Texte des gesamten 19. Jahrhunderts. Und wo *Onania* noch eine rasche Heilung versprochen hatte, sorgten sich die Viktorianer um langfristige Schäden für Individuum und Gesellschaft, für Körper und Geist. Robert P. Ritchie, der Leiter einer psychiatrischen Heilanstalt, behauptete 1861 in einem frühen Versuch, die gefürchteten Auswirkungen der Selbstbefriedigung in Zahlen zu fassen, erstaunliche 119 Fälle von Wahnsinn in seiner Anstalt seien auf einsamen Sex zurückzuführen.[216] Das waren 6,59 Prozent seiner männlichen Patienten aus ärmeren Schichten und 12,52 Prozent der männlichen Privatpatienten: Masturbation war eine Krankheit der Mittel- und Oberschicht, was besonderen Anlass zur Sorge um die soziale Ordnung gab. »Ohne gesellschaftlichen Ablenkungen zu frönen, leben die Patienten dieser Gruppe allein in der Mitte vieler«, schrieb Ritchie. Weder redeten sie mit anderen, noch beteiligten sie sich an Spielen oder sonstigen Vergnügungen. Sie gingen allein umher, saßen allein. »Sie streben weder nach gemeinschaftlichen Freuden, noch äußern sie den Wunsch nach Gesellschaft.« Einsamer Sex war ebenso sehr ein soziales wie ein medizinisches Problem.

Ende des 19. Jahrhunderts hatte sich die Lage ein wenig beruhigt. Selbstbefriedigung blieb zwar unerfreulich, aber die Ärzte gelangten allmählich zu der Überzeugung, dass sie nicht automatisch zu Auszehrung und Tod führte. Allerdings verschärfte diese Erkenntnis ihre Ausdrucksweise nur noch. Der praktische Arzt Sir James Paget beschrieb Masturbation als eine »so abscheuliche Praktik«, als »eine von Gott verbotene Schmutzigkeit« und »von den Menschen verachtete Unmenschlichkeit«, dass er wünschte, er könne behaupten, gelegentliche Selbstbefriedigung sei schädlicher für die Gesundheit, als sie es tatsächlich war.[217] Der in einer Nervenheilanstalt praktizierende Arzt David Yellowlees bezeichnete Masturbation als ein »unheilbares Übel«. Wer masturbierte, mied die Gesellschaft. Er habe keine engen Freunde und wage nicht zu heiraten, ja nicht einmal »anderen ins Gesicht zu sehen, weil er von dem Wissen um ein schmutziges Geheimnis verfolgt wird, das er unausgesetzt verbergen muss und von dem er ständig fürchtet, man könne es entdecken«.[218] Für die späten Viktorianer war Selbstbefriedigung kein simpler sexueller Akt, sondern zog die gesamte Persönlichkeit und das Verhalten eines Menschen in Mitleidenschaft. Diese Verschiebung von abnormer Handlung zu abnormer Person begegnet uns in der Geschichte des Normalen immer wieder.

Viele waren der Überzeugung, dass der umgängliche, normale junge Mann durch Masturbation in einen abnormen, verdrossenen Süchtigen verwandelt wurde. Dass es der Gesundheit nicht schadete und häufig vorzukommen schien, war unerheblich. Nicht dass sich viele damit beschäftigt hätten, das Ausmaß der Verbreitung einer solch lasterhaften Angewohnheit zu ermitteln. Einer der wenigen, die es versuchten, war Clement Dukes, der Schularzt der Rugby School – auch wenn er uns nicht verrät, wie er dabei vorging. 1884 behauptete Dukes, dass kolossale 90 bis 95 Prozent der Internatsschüler masturbierten: Wahrscheinlich, so vermutete er, weil ihre übliche Schlafenszeit kaum eine Stunde nach einem schweren Abendessen lag.[219] Da die Jungen zu diesem Zeitpunkt noch verdauten, konnten sie nicht einschlafen und wandten sich stattdessen dem einsamen Laster zu, das sie ins Land der Träume schickte.

Obwohl die Selbstbefriedigung 1712 in *Onania* als ein Problem geschildert wurde, das beide Geschlechter gleichermaßen betraf, konzentrierte sich die moralische Panik der viktorianischen Zeit auf den männlichen Onanisten. Ab der Jahrhundertwende kehrte die Geschlechtergerechtigkeit allmählich in die »Masturbationsproblematik« zurück, im Wesentlichen dank des britischen Arztes Havelock Ellis, der 1898 den Begriff »Autoerotismus« prägte. Autoerotismus umfasste neben körperlicher Manipulation auch sexuelle Tagträume und Fantasien, und Frauen neigten dazu, Letzteres häufiger zuzugeben als Ersteres, so Ellis. Ferner argumentierte er, dass Autoerotismus weder als unnatürlich noch als pathologisch betrachtet werden solle, da dieses Phänomen nicht nur bei Tieren verbreitet sei, sondern auch »bei allen Völkerrassen, von denen wir irgendeine genauere Kenntnis besitzen«.[220] Selbst Gegenstände aus der Natur schienen darauf hinzudeuten, dass Masturbation für Frauen ganz normal sei, etwa die Banane, denn »sie ist durch ihre Form und Größe wie dazu geschaffen«.[221] Alltägliche Beschäftigungen konnten sexuell erregend sein: Reiten oder Fahrradfahren, Zugfahren und sogar die Arbeit an einer Nähmaschine. Während dies manche Männer zu dem Schluss verleitete, die Freiheit von Frauen solle eingeschränkt werden, bewies es für Ellis vielmehr, dass Sex, Masturbation und Fantasien für Männer wie Frauen unzweifelhaft normal seien. *Nicht* normal hingegen war der Konflikt zwischen Begehren und Anstandsregeln.

Nach Ellis, dessen Thesen er kannte, machte Freud das Konzept des sexuellen Konflikts in der ganzen westlichen Welt berühmt. Im Gegensatz zu Ellis war Freud jedoch der Ansicht, Masturbation sei nur unter bestimmten Umständen normal. Sie sei ein Stadium der sexuellen Entwicklung – die »niedrigste der sexuellen Stufen« –, das jedes Kind durchlaufen müsse.[222] Auf sich selbst gerichtetes sexuelles Verhalten sei bei kleinen Kindern normal, weil ihre ganze Welt um ihre körperlichen Bedürfnisse kreise. Doch eine normale geschlechtliche Entwicklung fordere einen Schritt darüber hinaus, hin zu einem auf andere gerichteten Geschlechtstrieb. Tatsächlich argumentierte Freud sogar, dass Masturbation schaden könne, wenn sie in einem Alter fortgesetzt werde, in dem man sich »normalen« sexuellen Betätigungen – mit anderen Worten: heterosexuellem Verkehr mit Penetration – zugewandt haben sollte.[223]

Es ist also kaum verwunderlich, dass Masturbation für gewöhnliche Menschen noch bis weit ins 20. Jahrhundert hinein ein Grund zur Besorgnis war. Nach der Veröffentlichung von Marie Stopes' Bestseller *Das Liebesleben in der Ehe* (1918) schrieben Tausende Briten der Vorkämpferin für Empfängnisverhütung und baten sie um Rat, wobei sie häufig Befürchtungen zu den körperlichen, geistigen und ehelichen Folgen von Selbstbefriedigung äußerten.[224] Die Historikerin Lesley Hall fand heraus, dass die Männer, die Stopes während des Zweiten Weltkriegs schrieben, ebenso besorgt waren wie diejenigen, die ihr 1918 geschrieben hatten – das Stigma war also nicht schwächer geworden.[225] »Als Folge [der Masturbation] bin ich sehr blass und furchtbar deprimiert«, schrieb ein junger Bahnangestellter 1927 betrübt, »ich bringe für nichts Interesse auf, ich bin nicht in der Lage, meine Arbeit zu verrichten, manchmal bin ich so deprimiert, dass ich wünschte, ich wäre tot.«[226] Heute würden wir die Sorgen des jungen Mannes auf psychische Probleme zurückführen, doch er selbst war davon überzeugt, dass die Symptome, die seine gedrückte Stimmung begleiteten, die Kopfschmerzen, die schmerzenden Augen und das Pochen in seinem Körper, allesamt von seinen sexuellen Gewohnheiten ausgelöst wurden. Tatsächlich erschienen noch nach dem Zweiten Weltkrieg in Zeitungen und »Wochenblättern mit erotischer Ausrichtung« Artikel, in denen vor »sexueller Neurasthenie« und anderen durch Selbstbefriedigung ausgelösten medizinischen Gefahren gewarnt wurde.[227]

Die Ärzteschaft betrachtete Masturbation weiterhin als eine unerfreuliche Phase, aus der junge Leute allmählich herauswachsen sollten. So antwortete Stopes dem Bahnangestellten zwar mitfühlend, trotzdem mahnte sie ihn, dass »diese Gewohnheit natürlich nach und nach gezügelt und letztlich beendet werden muss«.[228] Und auch Dr. Eustace Chesser riet 1949 den heranwachsenden Lesern von *An der Schwelle des Lebens*, sich in dieser Hinsicht zu mäßigen. Selbstbefriedigung möge zwar als »normal« gelten, trotzdem gebe es gute Gründe, sein Bestes zu tun, um es zu unterlassen.[229] Selbstbefriedigung, warnte Chesser, könne einen Jugendlichen für ein »normales Geschlechtsleben« verderben und individuelle Selbstbeherrschung, Ehre und Anstand schmälern – ein charakterlicher Rat, der sich nicht wesentlich von den medizinischen Schriften der Viktorianer unterschied. Masturbation war vielleicht nicht mehr gesundheitsschädlich, aber nach wie vor moralisch und gesellschaftlich problematisch, sie ruinierte Beziehungen und förderte unsoziales Verhalten.

Innerhalb von zwei Jahrhunderten hatte sich der Status der Masturbation verschoben. Von einer unter vielen sexuellen Sünden wurde sie zur schlimmsten von allen, mit potenziell tödlichen Folgen. Selbstliebe konnte Körper und Geist aufzehren, nervöse Erkrankungen hervorrufen und zugleich eine selbstbezogene, verschlossene, unsoziale Haltung fördern. Als sich Psychologen und Sexualwissenschaftler Anfang des 20. Jahrhunderts dieses Themas annahmen, verwarfen sie zwar die Aussage, Masturbation sei schädlich für den Körper, an ihren negativen Auswirkungen auf den Geist hielten sie jedoch fest. Wenn ein gesundes Sexualleben Ehe und heterosexuellen Sex bedeutete, war Masturbation gewissermaßen dessen Antithese. Frauen, die keinen vaginalen Orgasmus erlebten, sondern nur klitoral stimuliert werden konnten, seien frigide, entschieden Psychoanalytiker.[230] Das war zweifellos auch der Grund, weshalb eine Frau in den 1940er-

Jahren so beunruhigt war über ihre gelegentlichen »Entladungen sexueller Energie« mithilfe von Selbstbefriedigung und sie sich bemühte, ihren Widerwillen gegen eine Penetration zu bekämpfen.[231] Sowohl Jugendliche als auch Erwachsene sorgten sich noch in der zweiten Hälfte des 20. Jahrhunderts darum, ob Masturbation normal sei. »Wird man davon blind?«, fragten sie. »Verursacht es Krankheiten? Schrumpft davon der Penis, oder vergrößert sich die Klitoris? Macht es einen impotent, verursacht es Herzbeschwerden, oder wachsen einem davon Haare auf den Handflächen?« Obwohl die wissenschaftliche Antwort auf all diese Fragen ein eindeutiges Nein ist, wurden Kummerkastentanten in den 1970ern und Sexualpädagogen in den 1980ern immer noch häufig mit solchen Sorgen konfrontiert – dem lange nachwirkenden Erbe veralteter medizinischer Standpunkte.[232]

DIE SÜNDE VON SODOM

Am 28. April 1870 wurden im Londoner Strand Theatre zwei junge Damen verhaftet. Mrs Fanny Graham und Miss Stella Boulton hatten die Theaterbesucher mit ihrem Verhalten verwirrt. Sie wirkten wie zwei Damen aus gutem Hause, ihr Kichern, Flirten und Rauchen jedoch verwies eher auf einen niedrigen sozialen Stand, vielleicht sogar darauf, dass es sich bei den Frauen um Prostituierte handelte.[233] Als die beiden zwei Tage später vor das Amtsgericht in der Bow Street geführt wurden, waren sich die Zeitungen uneins, wie sie sie, abgesehen von ihrer Kleidung, beschreiben sollten. Die *Illustrated Police News* schrieb über die 22-jährige Boulton, sie habe »ein kirschrotes Satinkleid mit geradem Ausschnitt [getragen]. Der Nacken war durch die Falten eines weißen Spitzenschals verdeckt.« Die Zeitung legte Wert darauf, das Pronomen zu verwenden, das »während der Anhörung in Bezug auf die festgenommene Person verwendet worden war«, und vermeldete ferner, sie habe einen kleinen Siegelring und eine goldene Perücke getragen, »nach neuester Mode mit einem geflochtenen Chignon im griechischen Stil«.[234] Die *Times* verwendete männliche Pronomen bei ihrer Beschreibung der beiden Personen, die beschuldigt wurden, das Strand Theatre aufgesucht zu haben »mit der Absicht, dort eine Straftat zu begehen«, zeigte jedoch ein vergleichbares Interesse an ihrer Kleidung. Boultons Mitangeklagter, ein 23-jähriger Jurastudent, der unter dem Namen Fanny Graham auftrat, trug ein »dunkelgrünes, tief dekolletiertes Satinkleid, welches mit schwarzer Spitze gesäumt war, dazu ein Schultertuch, ebenfalls aus schwarzer Spitze. Sein Haar war flachsblond und gelockt. Seine Handschuhe bestanden aus weißem Glacéleder.«[235]

Heute würden wir Fanny Graham und Stella Boulton – oder Frederick William Park und Ernest Boulton, wie sie ebenfalls genannt wurden – als transsexuell oder schwul bezeichnen, vielleicht auch einfach als queer. Sie selbst bezeichneten sich dagegen als Mollys oder Mary-Annes, eine besondere Subkultur, die mit den heutigen Vorstellungen von sexueller Identität nicht exakt deckungsgleich war. Boulton und Park trugen häufig Frauenkleider und verwendeten weibliche Pronomen, oft taten sie es aber auch nicht. Tatsächlich wünschten die beiden, die Kleider zu wechseln, die sie bei ihrer Verhaftung getragen hatten, bevor sie zum ersten Mal vor Gericht erschienen, was die Polizei jedoch ablehnte.[236] Manchmal spielten sie mit den Geschlechtergrenzen und trugen männliche Kleidung und dazu Make-up. Beide nutzten sowohl ihre eigenen Vornamen als auch eine Vielzahl weiblicher Pseudonyme. Während ihres Prozesses verwendeten Zeitungen, Zeugen und Vertreter der Justiz in Bezug auf Fanny und Stella sowohl weibliche als auch männliche Pronomen, manchmal wechselten diese sogar mitten im Satz.[237] Niemand, so schien es, war sich wirklich sicher, wie man die beiden einordnen sollte.

Sogenanntes Crossdressing galt im 19. Jahrhundert als besonders subversiv. Wie die Rechtshistorikerin Judith Rowbotham schreibt, wurde die Praxis mit politischen Dissidenten in Verbindung gebracht: Ludditen (Textilarbeiter, die gegen eine Verschlechterung ihrer Lebensbedingungen durch die einsetzende Industrialisierung kämpften), irische Aufständische und Teilnehmer an den »Rebecca Riots« im Südwesten von Wales in den 1830er- und 1840er-Jahren.[238] Die Polizei argwöhnte ebenfalls, dass als Frauen gekleidete Männer »in ihrer Verkleidung« alltäglichere Verbrechen wie Diebstahl oder Betrug begehen könnten: Anfangs hielten sie Fanny und Stella für Mitglieder einer Bande von Taschendieben.[239] Was den Prozess gegen Boulton und Park so bedeutsam macht, ist die Tatsache, dass es im Gegensatz zu früheren Fällen um die sexuellen Präferenzen und Praktiken der Beteiligten ging: Fanny, Stella und ihre sechs Mitangeklagten.

Im Zentrum des Prozesses von 1871 stand der schwerwiegende Vorwurf der Verschwörung zur Sodomie, von dem die beiden, unter anderem aufgrund widersprüchlicher medizinischer Zeugnisse, letztlich freigesprochen wurden. Ein Jahrzehnt zuvor galt Sodomie noch als Kapitalverbrechen, auch wenn die letzte Hinrichtung bereits 1835 vollzogen worden war. Dabei war Sodomie nicht gleichbedeutend mit Homosexualität: Auch ein heterosexuelles Paar, das Analverkehr praktizierte, konnte wegen Sodomie angeklagt werden. Doch in dem Jahrzehnt, das auf den Prozess gegen Boulton und Park folgte, richteten sich juristische, medizinische und gesellschaftliche Vorbehalte zunehmend gegen männliche Homosexuelle als ganz besonders »abnorme« sexuelle Wesen. Vereinfacht ausgedrückt gab es vor dem Prozess gegen Boulton und Park – zumindest in medizinischer und juristischer Sicht – keine homosexuellen Personen, sondern nur homosexuelle Akte.

Erst in den 1880er- und 1890er-Jahren entwickelte sich die Auffassung, dass Homosexuelle eine bestimmte Art von Menschen seien, was häufig in geschlechtsspezifischen Begriffen formuliert wurde. Allerdings verwendeten nur wenige die Bezeichnung »homosexuell«. Der deutsche Jurist Karl Heinrich Ulrichs bezeichnete sich selbst als »Urning« oder »Uranier«, ein Terminus, den er aus der klassischen Mythologie entlehnt hatte. Der Urning war ein Mensch, der mit einem männlichen Körper und einer weiblichen Seele geboren worden war. Dies führte dazu, dass er sich sexuell zu Männern hingezogen fühlte und sich auch in anderen Bereichen als Frau sah. Die englischen Autoren Edward Carpenter und John Addington Symonds übernahmen den Begriff, und obwohl dieser Blick auf gleichgeschlechtliche Beziehungen eher in Dichtung und Literatur verbreitet war als in der Medizin, setzte sich die Vorstellung von einer weiblichen Psyche allmählich durch. In medizinischen Texten hingegen wurde gleichgeschlechtlicher Sex in Abgrenzung zu einer »Norm« heterosexueller Praktiken definiert: Die klinischen Begriffe »sexuelle Inversion«, »sexuelle Perversion« oder »antipathischer sexueller Instinkt« implizierten eine Umkehr oder einen Gegensatz. Aber wozu eigentlich? Das Normale wurde hier einfach als gegeben vorausgesetzt.[240]

Diese neue medizinische Sichtweise einer als pathologisch zu betrachtenden Sexualität hielt die Mary-Annes nicht davon ab, sich in Soho zu versammeln. Genauso wenig, wie sie die fröhlichen Ausschweifungen pornografischer Veröffentlichungen beendete, zu denen auch das höchst unterhaltsame, 1881 erschienene Werk *Die Sünde von Sodom* gehörte – angeblich soll Oscar Wilde 1890 ein Exemplar davon erworben haben.[241] Der Roman beruht auf den vermeintlichen Erinnerungen eines jungen Prostituierten namens Jack Saul und enthält eine Vielzahl amüsanter veralteter Euphemismen. Außerdem wird in dem Buch eine Verbindung zwischen Homosexualität und geschlechtlicher Inversion hervorgehoben (Jack behauptet sogar, Fanny und Stella gekannt zu haben).[242]

Von queeren Personen, die sich nicht als männlich identifizierten, sind kaum Aufzeichnungen erhalten, doch aus den Erinnerungen vieler schwuler Männer wissen wir, dass ihr Leben schwieriger wurde. John Addington Symonds etwa sorgte sich mit einer »leidenschaftlichen Mischung aus Faszination und Abscheu« wegen seiner »flüchtigen Begegnungen« mit anderen Männern.[243] Für George Yves, den Gründer eines geheimen schwulen Männerclubs (der »Orden von Chaeronea«) und selbst ernannten »Sherlock Holmes mit Tausenden kleinen Eigentümlichkeiten«, war London eine Stadt voller Gefahren und Erpressungen.[244] Immerhin wurden in ganz Europa Gesetze gegen »grobe Unzucht« zwischen Männern erlassen, die sich sowohl auf den öffentlichen als auch den privaten Raum erstreckten, etwa der 1885 geänderte, nach dem liberalen Parlamentsmitglied Henry Labouchère benannte englische Strafgesetzparagraf.[245] Von nun an war nicht mehr nur die Sodomie strafbar, sondern jegliche sexuelle Handlung zwischen zwei Männern, selbst wenn sie hinter verschlossenen Türen stattfand.[246]

Die wohl berühmteste sexualwissenschaftliche Abhandlung jener Zeit ist das Opus magnum des deutschen forensischen Psychiaters und Universitätsprofessors Richard von Krafft-Ebing, *Psychopathia Sexualis*. Falls Sie bereits von Krafft-Ebing gehört haben, wissen Sie vielleicht, dass er die Begriffe »Sadismus« und »Masochismus« für den sexuellen Wunsch nach Dominanz oder Unterwerfung prägte, ein weiteres Beispiel dafür, wie »normaler« Sex und pathologisches Verhalten anhand kultureller Erwartungen definiert werden. Masochisten seien fast ausschließlich Männer, behauptete Krafft-Ebing, weil die »passive Rolle« der Frauen in der Gesellschaft dazu führe, dass Sex für sie »regelmäßig« mit »Vorstellungen der Unterwerfung« verbunden sei und Unterordnung »bis zu einem gewissen Grade als normale Erscheinung auftritt«. Nur bei Männern sei ein solches Verhalten abnorm, da es »als eine pathologische Wucherung speziell weiblicher psychischer Elemente« anzusehen sei. Selbst häusliche Gewalt betrachtete Krafft-Ebing als potenziell normal: »Bei allen slavischen Völkern sollen sich die Weiber der niederen Stände unglücklich fühlen, wenn sie von ihren Männern nicht geprügelt werden.«[247]

Der Gedanke, dass Gewalt und Unterwerfung »natürliche« geschlechtsspezifische Züge seien, wirkte noch lange nach. Zum einen stützte die Aufteilung in männliche und weibliche Sexualgewohnheiten ein binäres Geschlechtsmodell, zum anderen hatte sie auch gravierende soziale und rechtliche Konsequenzen. Bis in die 1970er-Jahre und darüber hinaus wurde häusliche Gewalt in vielen Ländern von Polizei und Gerichten bagatellisiert, und erst seit 1991 gilt nicht einvernehmlicher Sex innerhalb der Ehe in Großbritannien rechtlich als Vergewaltigung. Geschlechtsbezogene Gewalt wurde von der Gesellschaft viel zu lange als etwas Normales betrachtet, und dies ist vor allem jener Epoche anzulasten, als in der Medizin erstmals Kategorien sexueller Pathologien aufgestellt wurden.

Doch das Hauptthema in *Psychopathia Sexualis* waren nicht Sadismus und Masochismus, sondern Homosexualität. Als 1887 die zweite Auflage erschien, war Homosexualität für Krafft-Ebing zum Inbegriff der Perversion geworden, und diese Haltung verfestigte sich, als immer mehr Leser sich in seinem Werk wiederzuerkennen begannen und »zahllose Zuschriften« den Autor erreichten.[248] Diese Briefe wurden dem Werk hinzugefügt, sodass *Psychopathia Sexualis* bis zur 1903 erschienen zwölften Auflage von einem schmalen, 110 Seiten und 47 Fallstudien umfassenden Band auf über 600 Seiten mit 238 Fallbeschreibungen angewachsen war.[249] Manche Leser fanden durch Krafft-Ebings Beschreibungen zu einem neuen Verständnis ihrer selbst, andere kritisierten die Aussagen des Psychiaters oder äußerten konträre Ansichten. Während ein Mann aus der Mittelschicht erklärte, ihn quälten Scham und bitterste Reue wegen seines »abnormen Zustandes«,[250] lehnte ein gewisser »Dr. X« den Gedanken an eine Heilung, wie Krafft-Ebing sie vorschlug, ab. So schrieb er, dass »die meisten ›Tanten‹, auch ich, ihre Abnormität keineswegs als Unglück empfinden, sondern bedauern würden, wenn dieser Zustand sich ändern würde«[251].

Obwohl Krafft-Ebing zunehmend Mitgefühl für die unglücklichen Urninge entwickelte, die ihm schrieben, erklärte sein psychiatrisches Modell Homosexualität zu einem pathologischen Befund. Je weiter *Psychopathia Sexualis* anwuchs, umso mehr rückten das Leben und die Persönlichkeit derjenigen in den Fokus, die gleichgeschlechtlichen Sex praktizierten. Und nach Krafft-Ebing und seinen Zeitgenossen oblag es auch in der ersten Hälfte des 20. Jahrhunderts weiterhin der Psychiatrie, eine »normale« Sexualität zu definieren. Ihre Definitionen setzten die Verknüpfung von Sexualität mit geschlechtsspezifischen Merkmalen fort. 1936 entwickelten die Psychologen Catharine Cox Miles und Lewis Terman sogar einen Männlichkeits-/Weiblichkeitstest, der es ermöglichen sollte, »eine quantitative Einschätzung des Grades und der Richtung der Abweichung eines Individuums vom Mittelwert seiner oder ihrer Geschlechtsgenossen abzugeben«.[252] Sie begannen in ihrer Studie zwar die weitverbreitete Annahme infrage zu stellen, dass es immer eine Verbindung zwischen geschlechtsspezifischen Merkmalen und sexueller Orientierung gebe, trotzdem kamen sie zu dem Schluss, dass »männliche Homosexuelle des passiven Typs in der Regel ausgeprägt weibliche Ergebnisse« erzielten.[253]

Solche Stereotype hatten Auswirkungen auf das Leben ganz gewöhnlicher Menschen. Die Reihenuntersuchungen, die während des Zweiten Weltkriegs in den Vereinigten Staaten bei Rekruten durchgeführt wurden, um die Zahl psychischer Ausfälle schon im Vorfeld zu reduzieren, basierten auf der Annahme, Homosexualität sei die Folge einer Neurose. Rekruten konnten ausgemustert werden, wenn sie den Anschein erweckten, sich beim Ausziehen vor anderen unwohl zu fühlen, wenn sie als Friseure arbeiteten oder ihre Gestik als feminin eingeschätzt wurde.[254] Zu den Standardfragen der Ärzte gehörte sogar ein unverblümtes »Mögen Sie Mädchen?«, während offizielle Erhebungen eine normale Entwicklung junger Männer mit dem »Führen befriedigender heterosexueller Beziehungen« gleichsetzten.[255] Zwischen 4000 und 5000 Männer wurden von der US-Army aufgrund von Homosexualität abgelehnt, und weitere 10 000 Soldaten wurden im Laufe des Zweiten Weltkriegs gelegentlicher homosexueller Vergehen für schuldig befunden.[256]

Nach dem Krieg war der Wunsch, zu einer vermeintlichen Normalität zurückzukehren, in den Vereinigten Staaten geprägt von einer zutiefst konservativen Kultur und einer Rückbesinnung auf traditionelle Familienwerte und Geschlechterrollen aus der Vorkriegszeit. In 21 Staaten wurden sogenannte »sex psychopath laws« erlassen, die darauf abzielten, Verhalten, das nicht diesen normativen Standards entsprach, zu kriminalisieren.[257] Personen konnten wegen »nicht gewalttätiger Vergehen« wie einvernehmlicher Sodomie, Erregung öffentlichen Ärgernisses, des Betreibens von Schwulenbars, Berührungen in der Öffentlichkeit oder Crossdressing verurteilt werden.[258] Die Gesetze änderten sich zwar mit der Zeit, aber die Überzeugung, dass Homosexualität eine Form geistiger Erkrankung sei, hielt sich noch weit über die viktorianische Ära hinaus. Erst 1973 beugte sich die American Psychiatric Association dem Druck schwuler Aktivistengruppen und entfernte Homosexualität als pathologische Kategorie aus dem DSM, und es dauerte sogar noch bis 1990, bevor die Weltgesundheitsorganisation sie aus der Internationalen statistischen Klassifikation der Krankheiten und verwandten Gesundheitsprobleme strich.[259] Die damit verknüpfte Vorstellung, sexuelle Orientierung sei mit geschlechtsspezifischen Merkmalen verbunden, behielt ebenfalls ihre Gültigkeit: Schwule Männer galten als feminin, lesbische Frauen als »Mannweiber«. Das förderte ein Entweder/oder-Modell von Sexualität und Geschlecht: Manche Merkmale waren männlich und andere weiblich, so wie manche Menschen homosexuell waren und andere nicht. Aber so einfach konnte es doch nicht sein, oder? Wenn sich andere normale Eigenschaften auf einer Skala verteilten, wieso dann nicht auch die Sexualität?

DIE VERTEILUNG VON SEXUALITÄT

An einem Samstag im Dezember 1891 fand im Standesamt von Paddington eine stille Trauung statt. Der 32-jährige Arzt Henry Havelock Ellis heiratete die 30-jährige Schriftstellerin und Frauenrechtsaktivistin Edith Lees. Die einzigen Gäste waren Ellis' Schwester Louie und Lees' Freundinnen Evelyn und Sybil Brooke. Es gab kein Hochzeitsessen. Edith war zwar allgemein beliebt, doch ihr frischgebackener Ehemann verabscheute größere Gesellschaften und hasste es, in der Öffentlichkeit zu sprechen. Edith erlaubte Havelock »gnädig«, erst später zu der Party zu kommen, die sie am selben Nachmittag für ihre zahlreichen Freunde gab, sodass sein »Unbehagen nur von kurzer Dauer war«.[260] Am nächsten Tag reiste das Ehepaar nach Paris. »Die Ehe brachte keine Ekstase«, schrieb Havelock Ellis später über seine Frau, »aber sie brachte eine gewisse Befreiung.«[261] So viel Befreiung, dass Edith Havelock ungefähr ein Jahr später in einem Brief von ihren Gefühlen für ihre Freundin Claire berichtete. Diese Offenbarung sei schmerzhaft gewesen, erklärte Havelock später, denn zu jener Zeit habe er noch wenig Einblick in die »angeborene sexuelle Inversion des Charakters« gehabt.[262] Trotzdem schrieb er Edith, es freue ihn sehr, »dass du Claire so nahestehst«.[263] Das Paar einigte sich darauf, eine offene Ehe zu führen, und Homosexualität wurde zu einem von Havelocks ersten Forschungsthemen.

Havelock Ellis entwickelte sich zu einer »Autorität in Sachen Sex«, was seine engen weiblichen Freunde »in Anbetracht meiner geringen Erfahrung« in höchstem Maße amüsierte, wie er sich erinnerte.[264] Zwischen 1897 und 1908 veröffentlichte dieser stille, zurückgezogen lebende Arzt, Philosoph, Künstler, Dichter, Musiker, Wissenschaftler und Eugeniker in sechs Bänden *Sexualpsychologische Studien*. Ellis' Interesse am Sexualleben von »verhältnismäßig gesunden und normalen Menschen« war ein riesiger Schritt weg von dem früheren Fokus auf pathologische Zustände und Gesetze.[265] In seinen Arbeiten verwarf er die psychiatrische Sicht auf Homosexualität und hinterfragte zugleich die Vorstellung von einer gleichgeschlechtlichen Anziehung als geschlechtlicher Inversion. »Tatsächlich waren an Edith keine maskulinen Züge zu erkennen«, erinnerte sich Ellis und schloss in leicht gönnerhaftem Ton: »Sie war in keinerlei Hinsicht Mann, sondern immer Frau, Junge und Kind.«[266]

Dank der Beiträge von Edith und ihren Freundinnen steht die weibliche Homosexualität in Ellis' Arbeiten sehr viel stärker im Vordergrund als anderswo. Edith Ellis wurde zu einer der Fallbeschreibungen in *Die Homosexualität*: Fräulein H., eine 30-jährige Frau, die im Alter von vier Jahren zum ersten Mal sexuelles Interesse an anderen Mädchen verspürte.[267] Als Erwachsene fand Fräulein H. sexuelle Befriedigung darin, den Körper der Geliebten zärtlich zu berühren, zu streicheln und zu küssen. Homosexuelle Liebe, erklärte sie, sei moralisch richtig, wenn sie wahrhaftig zur Natur eines Menschen gehöre. Sie sei jedoch keinesfalls akzeptabel als reiner Notbehelf oder Ausdruck von Sinnlichkeit bei normalen Frauen.[268]

Dieses Thema – die moralische Bedeutung der Liebe und die angeborene, wesentliche Natur der Homosexualität – durchzieht Ellis' gesamte Arbeiten und Fallbeschreibungen. Anders als Krafft-Ebings kranke Invertierte erschienen Homosexuelle in *Die Homosexualität* als ideale, zivilisierte Menschen mit starken Moralvorstellungen und einer immensen Selbstbeherrschung. Es war die Gesellschaft, die gleichgeschlechtlichen Begegnungen den

Anschein des Abnormen verlieh und damit Edith Ellis' oder John Addington Symonds' (Ellis' Co-Autor bei *Die Homosexualität*) Bemühungen zunichtemachte, »dauerhafte Bindungen« mit ihren Partnern einzugehen.

Als Havelock Ellis Anfang des 20. Jahrhunderts seine Bücher schrieb, standen die Vorstellungen von einer normalen Sexualität auch unter dem Einfluss von Sigmund Freud. Freud hatte seine Aufmerksamkeit zunächst auf Perversion und pathologische Zustände gerichtet und sexuelle Erfahrungen in der Kindheit (auch Missbrauchserfahrungen) als Erklärung für Neurosen im Erwachsenenalter genutzt. 1899 sprach er erstmals von der Existenz eines normalen kindlichen Sexualtriebs, der Libido, und in seinen 1905 erschienenen Abhandlungen zur Sexualtheorie begann er das, was er zuvor als Abweichung bezeichnet hatte (etwa Homosexualität), als Varianten innerhalb der Natur zu betrachten.[269] Doch wie wir bereits gesehen haben, vertrat Freud ein Entwicklungsmodell. Wie die Selbstbefriedigung war auch die Homosexualität ein Stadium der sexuellen Entwicklung hin zu heterosexuellem vaginalem Sex als dem »normalen« Akt, auf den jede andere Form sexueller Aktivitäten zusteuerte. Bei Kindern mochten homosexuelle Begierden noch normal sein, bei Erwachsenen jedoch waren sie, Freud zufolge, ein Zeichen von Entwicklungshemmung, wodurch Homosexualität zu einer Form von Neurose wurde. Ellis vertrat einen anderen, aber nicht weniger normativen Ansatz: Eine liebevolle, monogame Bindung zwischen zwei Individuen war, zumindest soweit es Sex betraf, das Normale, und alles, was von diesem Ideal abwich, war eine Perversion. Für Freud und Ellis war Sexualität eine absolute, unveränderliche Größe. Erst nach dem Zweiten Weltkrieg revidierte Alfred Kinsey die Vorstellung von normalem Sex erneut.

Es gibt eine interessante Szene in dem Film *Kinsey – Die Wahrheit über Sex* (2004), in der Alfred Kinsey (Liam Neeson) und sein Kollege Clyde Martin (Peter Sarsgaard) sich während einer gemeinsamen Recherchereise, bei der sie Interviews zu den sexuellen Gewohnheiten der Amerikaner führen, in ihrem Hotelzimmer entspannen. Sie diskutieren über Kinseys Skala und die Idee, dass Sexualität ein relatives und fließendes Konzept sei. Die meisten Menschen liegen, Kinsey zufolge, irgendwo zwischen 0 (vollständig heterosexuell) und 6 (vollständig homosexuell). Martin bemerkt, er liege wahrscheinlich irgendwo bei drei. Als er seinen Kollegen fragt, antwortet dieser nachdenklich, bei ihm sei es wohl die meiste Zeit seines Lebens eine Eins oder Zwei gewesen. Auf Martins Drängen, wie es denn jetzt aussehe, antwortet er: »Wahrscheinlich drei«, ehe die beiden beginnen, sich zu küssen. Im wahren Leben filmte Kinsey sich selbst, Kollegen und Freunde beim Sex auf dem Speicher seines Hauses, eine sehr persönliche Herangehensweise an seine Arbeit, die seine Ergebnisse in den Augen mancher etwas zweifelhaft erscheinen lässt. Ungeachtet seiner Motive war Kinseys Skala der erste Versuch, über ein binäres Modell menschlicher Sexualität hinauszugehen – sie umfasste eine solche Bandbreite an Variationen, dass kein Maß an homosexueller oder heterosexueller Erfahrung als eindeutig normal oder abnorm betrachtet werden konnte.

Zwischen 1938 und 1963 sammelten der ehemalige Insektenforscher und seine Kollegen vom Institute for Sex Research unfassbare 18 216 Berichte über das Sexualleben amerikanischer Bürger.[270] Wie schon bei Ellis galt Kinseys Interesse dem »normalen« Sex, allerdings nutzte er dazu nicht qualitative, sondern quantitative Methoden. Anhand Tausender detaillierter Schilderungen wollte Kinsey herausfinden, welche Verhaltensweisen in der amerikanischen Gesellschaft statistisch gesehen – und unabhängig von den Vorgaben sozialer Codes – tatsächlich üblich waren. Daher versuchte er, sich von den in anderen Untersuchungen transportierten Wertestrukturen zu entfernen, bei denen in der Formulierung der Fragen die Missbilligung, beispielsweise von Masturbation oder Homosexualität, bereits mitschwang.[271] So fragten die Interviewer nicht, ob jemand schon einmal masturbiert habe, sondern wie alt er gewesen sei, als er zum ersten Mal masturbierte.[272]

Kinsey und seine Kollegen stießen auf die weitverbreitete Annahme, homosexuelle und heterosexuelle Männer unterschieden sich körperlich, geistig und emotional voneinander. Die Befragten gingen davon aus, dass Schwule eine zartere Haut und eine hohe Stimme hätten, dass sie sich eleganter bewegten, emotional instabil, kunstverständig und im Allgemeinen an Kunst interessiert seien. Doch »die Welt lässt sich nicht in schwarze und weiße Schafe aufteilen«, schrieb Kinsey. »Nur der menschliche Geist führt Kategorien ein und versucht, die Tatsachen in bestimmte Fächer einzuordnen.«[273] Kinseys Daten widerlegten die fast ein Jahrhundert alte These von zwei eindeutig unterscheidbaren, säuberlich voneinander getrennten Populationen: den Heterosexuellen und den Homosexuellen. Tatsächlich wies »ein beachtlicher Teil der Bevölkerung, vielleicht sogar die Mehrheit der männlichen Bevölkerung, homosexuelle Erfahrungen irgendwelcher Art« auf.[274] Kinseys Studie belegte, dass gleichgeschlechtlicher Sex alles andere als abnorm, sondern vielmehr üblich und »ein bedeutsamer Teil der menschlichen Sexualbetätigung« war.[275]

Die Abkehr vom Modell der Homosexualität als einer geschlechtlichen Inversion war ein wichtiger Schritt. Dieses Modell ging davon aus, dass die Bevölkerung in simple binäre Kategorien eingeteilt werden könne: männlich und weiblich, heterosexuell und homosexuell, normal und abnorm. Sogar Havelock Ellis betrachtete Bisexualität mit Argwohn, denn für ihn verkörperte sie jenen »Notbehelf«, den Edith Ellis so nachdrücklich ablehnte: Da Bisexualität nicht in das binäre Modell von sexueller Orientierung und Geschlechtszugehörigkeit passte, ließ sie darauf schließen, dass jemand die Gefühle seiner »wahren« Seele verleugnete oder fleischliche Gelüste über die Liebe stellte.

Kinsey lehnte ein binäres Modell ab und betrachtete Sexualität stattdessen auf einer Skala, die vom Geschlecht unabhängig war. Als Biologe war Variation für ihn grundsätzlich positiv. So etwas wie abnormes sexuelles Verhalten gebe es nicht, lehrte er seine Studierenden an der Indiana University, denn »fast alle der sogenannten sexuellen Perversionen fallen in den Bereich biologischer Normalität«.[276] Doch nicht einmal Kinsey war völlig frei von normativen Werturteilen. Seine Entschlossenheit, die Wahrheit über das »normale« Sexualleben der Amerikaner aufzudecken, bedeutete, dass er sich in seinen Veröffentlichungen auf jene Gruppen konzentrierte, die auch als die normalsten galten: weiße Collegeabsolventen aus der Mittelschicht. Selbst wenn dies zum Teil mit Absicht geschah und Kinsey dadurch jenen Kritikern zuvorkommen wollte, die davon ausgingen, alle »Abweichungen« könnten Angehörigen von Minderheiten zugeordnet werden – dabei waren die sexuellen Erfahrungsmuster bei schwarzen und weißen Männern innerhalb der einzelnen sozialen Schichten vergleichbar –, setzte es doch die unterschwellige Annahme fort, das weiße Amerika bilde den normalen Standard.[277]

Natürlich verglichen sich die Menschen nach wie vor mit bestehenden Normen. »Würden Sie sagen«, lautete eine der Fragen in einer britischen Erhebung aus dem Jahr 1949, »dass Sie, alles in allem, in sexueller Hinsicht normal sind oder eher nicht?« Diese Umfrage des Mass Observation Project, in deren Rahmen die sexuellen Verhaltensweisen und Gewohnheiten der britischen Bevölkerung erfasst werden sollten, erhielt von Forschenden und Lesern den Spitznamen »Kleiner Kinsey«.[278]

Die Antworten wiesen eine enorme Bandbreite auf. Einige der Befragten hielten sich, ungeachtet der sozialen Konventionen, für normal: »Für einen Homosexuellen bin ich normal«, erklärte ein 25-jähriger Mann. Die Mitarbeitenden von Mass Observation, die die Interviews codierten, waren anderer Meinung und ersetzten die 0 für normal auf seinem ausgefüllten Fragebogen durch eine rote 2 für homosexuell. Wie so oft ging es bei der Frage nach »normal« eher um gesellschaftliche Vorstellungen als um individuelle Identität. Zwei Männer, die sich selbst als sexbesessen bezeichneten, wurden beide als nicht normal kategorisiert, obwohl der eine sich als »alles in allem normal« einschätzte, während der andere dies definitiv verneinte. Ein 26-jähriger Laborassistent hielt sich für nicht normal, weil er in seiner Jugend zu wenig Sexualkontakte gehabt habe. Sein Fragebogen wurde überhaupt nicht codiert.[279] Trotz aller Bemühungen der Sozialwissenschaftler, die in den 1940er-Jahren herauszufinden versuchten, ob die Briten in sexueller Hinsicht normal seien, waren ihre Codierungen nicht in der Lage, die gewaltige Vielfalt an Einstellungen und Erfahrungen zu fassen.

Und auch einzelne Probanden hinterfragten das Konzept eines normalen Standards in der Sexualität. Ein 28-jähriger Mann bezeichnete sich selbst als normal, fügte aber hinzu: »Ich muss gestehen, dass ich nicht weiß, wie diese Norm überhaupt aussehen sollte.« Ein anderer Teilnehmer bat: »Können Sie normal definieren?«

Jeder fünfte Befragte beim Kleinen Kinsey berichtete von irgendeiner Form homosexueller Erfahrung.[280] Britische Männer und Frauen lagen in diesem Punkt näher beieinander als ihre amerikanischen Pendants: 21 Prozent der Männer und 19 Prozent der Frauen berichteten von sexuellen Erfahrungen mit Personen des gleichen Geschlechts.[281] Allerdings beruhten die Daten der Frauen auf einer eingeschränkten Grundlage: Weniger als 100 Fragebögen waren von Frauen ausgefüllt worden, bei den Männern waren es über 300. Trotzdem zeigten die Ergebnisse, dass homosexueller Sex, wenngleich nicht in der Mehrheit der Bevölkerung verbreitet, doch keineswegs unüblich war. Auch war er nicht notwendigerweise etwas, das die Menschen für unnormal hielten, obwohl er zu jener Zeit in Großbritannien noch illegal war. Zwei Drittel der Männer und drei Viertel der Frauen, die bereits homosexuelle Erfahrungen gemacht hatten, betrachteten sich selbst in sexueller Hinsicht als normal. Zwar bezeichnete sich ein Viertel der Frauen mit gleichgeschlechtlichen Erfahrungen als nicht normal, doch galt das ebenso für ein Viertel der Frauen, die noch nie homosexuelle Erfahrungen gemacht hatten.

Andere gaben widerwillig eine gewisse Diskrepanz zwischen ihrem eigenen Leben und den gesellschaftlichen Konventionen zu. »Ich nehme an, ich bin nicht normal«, beklagte ein 40-jähriger Beamter. »Üblicherweise wird erwartet, dass man Geschlechtsverkehr nur mit Angehörigen des anderen Geschlechts hat.« Trotzdem wünschte er, seine eigenen Erfahrungen wären »weiter verbreitet«. Wenn die Gesellschaft »Menschen, die so sind wie ich, mehr Verständnis entgegenbringen« würde, dann könnten diese auch »stabilere und dauerhaftere Beziehungen eingehen«, glaubte er. Eine Frau, die sich selbst als homosexuell und unnormal charakterisierte, hatte dagegen überhaupt keine sexuellen Erfahrungen vorzuweisen. »Ich weiß, dass ich sexuell nicht normal bin«, erklärte sie, »weil ich mit 30 Jahren noch nie verliebt war oder mit jemandem geschlafen habe. Ich hatte auch nie die normalen Wünsche nach Sex, Ehe oder Kindern.« Ihre Schüchternheit hinderte sie daran, selbst den ersten Schritt zu einer sexuellen Beziehung mit einem Mann oder einer Frau zu wagen, obwohl sie Radclyffe Halls lesbischen Roman *Quell der Einsamkeit* gelesen hatte und glaubte, sie könne wahrscheinlich mit einer Frau schlafen. »Also sieht es so aus, als würde ich als einsame Jungfer sterben«, schloss sie überraschend schroff, »aber ich lasse mich davon nicht beunruhigen und grüble nicht weiter darüber nach.«[282]

Als 1994 der *British National Survey of Sexual Attitudes and Lifestyles*, die nächste große britische Studie zu sexuellen Gewohnheiten nach dem Kleinen Kinsey, veröffentlicht wurde, war Homosexualität inzwischen legalisiert worden und galt (zumindest offiziell) nicht mehr als krankhafter Zustand. Doch seltsamerweise schienen *weniger* Menschen homosexuelle Erfahrungen zu machen als früher. Nur noch 5,3 Prozent der Männer und 2,8 Prozent der Frauen berichteten von Sex mit Personen des gleichen Geschlechts. Nachdem das Schutzalter für homosexuellen und heterosexuellen Geschlechtsverkehr endlich angeglichen worden war, stieg der Anteil bei der Befragung von 1999–2001 auf 8,4 Prozent bei Männern und 9,7 Prozent bei Frauen, was immer noch weniger als die Hälfte des Wertes war, den der Kleine Kinsey 1949 ermittelt hatte.[283] Abgesehen vom Stigma der AIDS-Epidemie und der hohen Anzahl von Menschen, die es abgelehnt hatten, an der Umfrage teilzunehmen, könnte es noch weitere Gründe für diesen scheinbar signifikanten Rückgang gleichgeschlechtlicher sexueller Erfahrungen geben.[284] Obwohl schwuler Sex nicht mehr als Verbrechen oder psychiatrischer Befund eingestuft wurde, galt er immer noch als moralisch zweifelhaft: Denken Sie nur an die geradezu panische Berichterstattung der Presse über sogenannte »unzüchtige« Begegnungen in Bedürfnisanstalten und Parks, nachdem George Michael 1998 auf einer öffentlichen Toilette festgenommen worden war.[285] Und obwohl die Schwulenbewegung viel Positives erreichte, trug sie gleichzeitig zu einer Essentialisierung von Homosexualität bei. In meiner Teenagerzeit war keine Rede mehr von einer veränderlichen Skala sexueller Präferenzen und Verhaltensweisen, wie sie Alfred Kinsey eingeführt hatte, stattdessen war man viel zu sehr mit der Suche nach dem »Schwulen-Gen« beschäftigt. Schwul oder nicht schwul war einfach etwas, das man *war*, so war man auf die Welt gekommen.

Für jemanden, der mit dieser Essentialisierung aufgewachsen ist, wirken die Umfragen aus den 1940er- und 1950er-Jahren – Kinsey und der Kleine Kinsey – trotz eines Kontextes aus legaler Repression, moralischer Verurteilung und individuellen Schuldgefühlen seltsam befreiend. Vermutlich ist ein Teil von mir davon ausgegangen, dass sich die Menschen in der Vergangenheit ausnahmslos gefangen fühlten, unglücklich über heimliche gleichgeschlechtliche Begegnungen und das Fehlen bedeutungsvoller Beziehungen. Doch von Fanny und Stella bis zum Kleinen Kinsey hatten viele Menschen ein aktives und beglückendes Sexualleben – und führten dauerhafte Beziehungen – mit Partnern des gleichen Geschlechts. Dr. X berichtete Krafft-Ebing in den 1890er-Jahren, dass er allein in dem kleinen 30 000-Einwohner-Städtchen, in dem er lebte, 120 »Tanten« kenne und insgesamt »mit weit über tausend Gleichgearteten in Berührung getreten« sei.[286] Im Ersten Weltkrieg unterhielt Vera »Jack« Holme Liebesbeziehungen mit zahlreichen Frauen. Die Krankenschwestern

Lady Hermione Blackwood und Cathlin du Sautoy, die im selben Krieg zusammenlebten und -arbeiteten, adoptierten zwei französische Waisen und zogen sie gemeinsam in Hampstead groß. Natürlich genossen nicht alle die gleichen Vorteile, eine privilegierte Herkunft bot häufig Schutz. Trotzdem fällt auf, dass die Zahl der unglücklichen, »sexuell abnormen« verheirateten Frauen im Kleinen Kinsey weit höher lag als die der Menschen, die sich Sorgen wegen ihrer gleichgeschlechtlichen Erfahrungen machten. Frauen, so scheint es, wurden nach besonders strengen Maßstäben beurteilt, wenn es um sexuelle Normen ging.

LIKE A VIRGIN

1984 landete die Pop-Ikone Madonna mit dem ironischen, vielsagenden und zugleich seltsam unschuldigen Song »Like a Virgin« einen Riesenerfolg: Er wurde ihr erster Nummer-eins-Hit in den USA. Meine Schwester war gerade erst zwei Jahre alt und ich fünf, deshalb dauerte es noch bis Anfang der 1990er-Jahre, bevor wir beide zu Fans von Madonnas Musik wurden – und von ihrem Leben, das uns Welten von den Vorort-Etagenbetten entfernt zu sein schien, die wir mit ihren Postern tapezierten. Als 1992 *Erotica* herauskam, gab meine Schwester ihr gesamtes Ferientaschengeld für eine Biografie unseres Idols aus. Es war eine wirklich interessante Lektüre. »Mummy sagt, Madonna ist keine nette Frau, weil sie mit so vielen Männern geschlafen hat«, schrieb meine elfjährige Schwester unserer Großmutter offenherzig, »aber ich glaube, sie ist einfach nur großzügig.« Unsere Einschätzung, wie viel Sex zu viel ist, hängt von vielen Faktoren ab. Wie viele verschiedene Partner hatte die Person bisher? Was halten wir generell von dieser Person? Wie fällt der Vergleich zwischen ihrem Verhalten und unserem eigenen Leben und unseren Erfahrungen aus? Und – womöglich der verräterischste Punkt – welches Geschlecht hat die betreffende Person?

Meine Generation ist mit der Vorstellung aufgewachsen: »Männer sind vom Mars, Frauen von der Venus« – auch in sexueller Hinsicht.[287] Männer wollen körperlichen Sex, Frauen eine emotionale Bindung, so lautet zumindest das Klischee. Historisch gesehen ist diese strikte Trennung zwischen Männern und Frauen relativ neu. Im 16. und 17. Jahrhundert wurden Frauen in der Literatur und Medizin als lustvoll, unzüchtig, leidenschaftlich und sexuell aktiv beschrieben, und das, obwohl Keuschheit bei jungen Damen ein hochgeschätztes und streng bewachtes Gut war.[288] Weibliche Lust konnte durchaus positiv sein, wenn sie mit der Fruchtbarkeit einer Frau in Zusammenhang stand. Selbst die weiblichen Geschlechtsorgane galten als nicht wesentlich verschieden von denen des Mannes. Dieses »Ein-Geschlecht-Modell« des Menschen, wie es der Historiker Thomas Laqueur nennt, entsprang der Auffassung, dass die weiblichen Genitalien eine umgekehrte oder nicht herabgesunkene Version der männlichen seien – anders in der Erscheinung, aber nicht in der Art.[289]

Im 19. Jahrhundert wandelte sich der Blick auf den weiblichen Körper und Geist, von da an galten sie als fundamental verschieden von denen des Mannes. Nach der Französischen Revolution 1789 wurde die ideale Frau zunehmend als leidenschaftslos, passiv und rein beschrieben, ungeeignet zu körperlicher oder geistiger Anstrengung – ihr einziger Daseinszweck lag in Schwangerschaft und einem Leben als Mutter.[290] In diese Zeit fällt das Aufkommen der sogenannten »Doppelmoral«, eines doppelten sexuellen Standards, unter dem Frauen seitdem leiden. »Die meisten

Frauen verschwenden (zu ihrem eigenen Glück) nicht viele Gedanken an sexuelle Gefühle gleich welcher Art«, schrieb der viktorianische Arzt William Acton 1865. Zwar dienten Actons Worte vor allem der Beruhigung impotenter Männer, und andere Ärzte waren sich auch nicht ganz so sicher, dass Frauen überhaupt kein Interesse an Sex hätten, doch stimmten die meisten darin überein, dass Frauen nur in sehr begrenztem Umfang sexuelle Lust empfanden.[291] »Was Männer gewohnheitsmäßig sind, sind Frauen nur ausnahmsweise«, lautete Actons Schlussfolgerung, womit er eine Unterscheidung begründete, die bis zum heutigen Tag in der öffentlichen Meinung Bestand hat.[292] Männer denken alle sieben Sekunden an Sex, lautet eine urbane Legende (wobei sich herausgestellt hat, dass sie das in Wirklichkeit nicht tun).[293]

Frauen, die sich nicht in diesen leidenschaftslosen »Standard« fügten, waren Nymphomaninnen, sie wurden von einer abnormen Gier nach Sex getrieben. Dieser Zustand äußerte sich in einer Vielzahl unterschiedlicher Symptome, darunter unzüchtiges Verhalten, Masturbation und Promiskuität, »ehebrecherisches« Flirten, eine Scheidung oder das Verspüren größerer Leidenschaft als der eigene Ehemann.[294] Als in den 1850er-Jahren der Ehemann einer gewissen Mrs B. aus Boston sich nicht mehr in der Lage sah, dem Wunsch seiner Frau nach allnächtlichem Sex nachzukommen, riet ihr Gynäkologe zu einer vorübergehenden Trennung und einer Reihe von Beschränkungen, um ihre Sinneslust einzudämmen. »Wenn sie ihren Neigungen weiterhin wie bisher frönt«, warnte er, »wird es wahrscheinlich irgendwann notwendig sein, sie in eine Nervenheilanstalt zu schicken.«[295] Ein übersteigerter Sexualtrieb war bei jedem problematisch, aber die männliche Form dieses Zustands – Satyromanie – galt als harmloser und weniger verbreitet.[296]

Natürlich waren es nicht nur die Ehemänner, denen die Verstöße ihrer Frauen gegen die gesellschaftlichen Konventionen Sorge bereiteten, auch die Frauen selbst waren beunruhigt. Manche suchten Hilfe bei Ärzten oder wurden von Freunden oder Angehörigen gezwungen, sich Heilkuren gegen ihre sexuellen Begierden zu unterziehen. In den Vereinigten Staaten war die operative Entfernung der Klitoris (Klitoridektomie) bis weit in das 20. Jahrhundert hinein eine anerkannte Behandlungsmethode gegen Masturbation.[297] In Großbritannien geriet diese Praxis in Verruf, nachdem ihr führender Vertreter, der Gynäkologe Isaac Baker Brown, 1867 beschuldigt wurde, Werbung zu betreiben – was unter viktorianischen Ärzten einen Beigeschmack von Quacksalberei hatte. Außerdem habe er es versäumt, die Einwilligung seiner Patientinnen einzuholen, bevor er sie verstümmelte.[298] Obwohl Baker Brown aus dem Gynäkologenverband ausgeschlossen wurde und 1873 starb, bedeutete das noch nicht das endgültige Aus für die Klitoridektomie in Großbritannien.[299]

Auch Frauen, die keine operativen Eingriffe über sich ergehen lassen mussten, kämpften mit der Last der gesellschaftlichen Anforderungen. Nancy Jessie Joy war 21 Jahre alt und arbeitete als Dienstmädchen in einem Haus an der Pall Mall, als sie 1888 in das Bethlem Royal Hospital eingewiesen wurde. Joy, die erst fünf Tage zuvor aus der Heilanstalt entlassen worden war, hatte einen Selbstmordversuch unternommen, nachdem sie »verführt« worden war: ein beliebter viktorianischer Euphemismus für voreheliche Geschlechtsverkehr. Nach ihrer Entlassung war sie immer noch sehr niedergeschlagen gewesen, und sie hatte geglaubt, »wenn sie sich ›ins Verderben stürzte‹, würde dies eine Veränderung ihres geistigen Zustands bewirken«. Nancy wurde »von einem Herrn angesprochen« und »erlaubte ihm, mit ihr zu verkehren«, schrieben die Ärzte, »jetzt glaubt sie, sie komme in die Hölle, und möchte dies beschleunigen«.

Das »Verderben« lastete schwer auf Nancy Joys Gemüt. Sechs Monate später wurde sie entlassen, doch 1891 schrieb sie erneut an die Anstalt. Sie war inzwischen verlobt und wollte ihrem Zukünftigen nichts von ihrer Vergangenheit erzählen. Die unglückliche, verwirrte junge Frau suchte bei ihren früheren Ärzten Hilfe und Rat, schrieb ihnen von ihrer Reue und »den bitteren Tränen, die ich vergieße, wenn ich allein bin«. Obwohl »nicht ein unreiner Gedanke meinen Geist überkommt, wenn ich bei klarem Verstand bin«, sorgte sich Nancy Joy seit Jahren um ihren Zustand und wollte nun eine endgültige Antwort: »Bin ich tatsächlich dem Verderben anheimgefallen?«, fragte sie. »Wenn ich es bin, werde ich nie heiraten, und kein Mann wird mir jemals Vorwürfe machen.« Die arme »dem Verderben anheimgefallene« Nancy heiratete ihren Verlobten nicht: Als sie einige Jahre später nach Bethlem zurückkehrte, war sie immer noch ledig.[300]

Feministinnen kämpften für Frauen wie Nancy Joy, und eine der berühmtesten von ihnen war Josephine Butler, die die Proteste gegen den *Contagious Diseases Act* anführte.[301] Statt zu versuchen, die Männer davon zu überzeugen, Frauen anders zu behandeln, beschloss Butler, diese Frauen selbst ausfindig zu machen und sie zu unterstützen. Ihr Kreuzzug hatte persönliche Gründe. Nach dem unerwarteten Tod ihrer jungen Tochter Eva 1866 stürzte sie sich mit missionarischem Eifer in die Arbeit, »geradezu besessen von dem unwiderstehlichen Drang, hinauszugehen und irgendwo brennenderen Schmerz zu finden als meinen eigenen«.[302] Sie holte Frauen – Marion, Katie, Margaret, Emma und Laura – von der Straße und lud sie ein, ihre letzten Tage in ihrem Haus zu verbringen.[303] Sie alle verband, dass »Männer auf ihnen herumgetrampelt waren, als wären sie Straßendreck«.[304] Butlers Schilderungen der Nöte dieser Frauen waren von zwei Empfindungen geprägt: dem Wunsch, sie als unschuldige, passive Opfer zu rehabilitieren, und dem rachsüchtigen Zorn auf die Männer, die auf ihnen »herumgetrampelt« waren.

Auch Butler und ihre Kolleginnen waren noch der Ansicht, dass biologische Unterschiede zwischen Männern und Frauen für das größere Interesse der Männer an Sex verantwortlich waren, aber es sollte nicht mehr lange dauern, bis diese Vorstellung öffentlich infrage gestellt wurde. Marie Stopes' *Das Liebesleben in der Ehe* (1918), in dem die Autorin betonte, dass das weibliche Begehren ebenso viel Bedeutung habe wie das männliche, war ein Bestseller und verbesserte die sexuellen Beziehungen unzähliger Paare. Als der Anwalt eines Arbeitshauses Stopes einen Brief schrieb, in dem er darauf beharrte, dass »die sexuelle Leidenschaft des normalen Mannes stärker ausgeprägt ist als die der normalen Frau«, wies Stopes diese Annahme zurück. »Ich glaube nicht, dass die sexuellen Bedürfnisse des normalen Mannes stärker ausgeprägt sind als die der normalen Frau«, antwortete sie ihm. »Die des *durchschnittlichen* Mannes sind es aber zweifellos, was an der durch und durch verwerflichen Unterdrückung der weiblichen Bedürfnisse liegt.«[305] Trotz ihrer Begeisterung für den biologischen Rassismus der Eugenik beharrte Stopes darauf, dass die Unterschiede in den sexuellen Begierden von Männern und Frauen gesellschaftlich und nicht biologisch begründet seien.

Kinsey gelangte zu ähnlichen Schlussfolgerungen. Es gebe in sexueller Hinsicht keine fundamentalen Unterschiede zwischen Männern und Frauen, betonte der frühere Insektenforscher, wohl aber auf psychologischer Ebene. Frauen wiesen eine größere sexuelle Bandbreite auf als Männer, aber es war der Variantenreichtum an sich, der sich als »die größte Konstante im menschlichen Verhalten« erwies.[306] Die Unterschiede zwischen einzelnen Individuen waren also größer als die zwischen Männern und Frauen insgesamt: ein weiterer Beleg dafür, dass Sexualität unabhängig war vom jeweiligen Geschlecht. Trotzdem hatte auch Kinseys Sicht auf das Spektrum der Geschlechter ihre Grenzen. Ende der 1940er-Jahre versuchte die Transgender-Aktivistin Louise Lawrence, Kinsey davon zu überzeugen, dass trans Personen »viel häufiger vorkommen, als die meisten von uns, selbst prominente Ärzte, zuzugeben bereit oder in der Lage sind«.[307] Wie die Historikerin Katie Sutton darlegt, führte Kinseys Fokussierung auf die körperlichen Grundlagen der Sexualität beim Orgasmus dazu, dass er Transpersonen zwar grundsätzlich wohlwollend gegenüberstand, Operationen für sie jedoch ablehnte.[308]

Die als Kleiner Kinsey bekannt gewordene britische Studie lässt darauf schließen, dass 1949 viele junge Menschen aus der Mittelschicht vor der Ehe sexuell aktiv waren, doch die Doppelmoral war ungebrochen. Frauen, die ein uneheliches Kind zur Welt brachten, bekamen die Missbilligung ihres Umfelds zu spüren, wurden teilweise sogar in Anstalten eingewiesen, während man an die Väter der Kinder kaum einen Gedanken verschwendete. Weibliche Opfer sexueller Übergriffe konnten zu Ausgestoßenen werden, weil man ihnen die Schuld an dem Vorgefallenen gab – schließlich hatten sie die Aufmerksamkeit des Mannes überhaupt erst erregt.[309] Manche der männlichen Teilnehmer am Kleinen Kinsey machten aus ihrer Doppelmoral keinen Hehl: »Wenn ich ausgehe und Spaß haben will, macht es mir nichts aus, mit einem Mädchen zu schlafen«, berichtete ein 23-jähriger Bauarbeiter einem der Interviewer, »aber wenn ich ein Mädchen hätte, das ich heiraten wollte, dann würde ich es nicht anrühren.«[310] Ins gleiche Horn stieß auch ein 20 Jahre alter Londoner, der zwar selbst bereits mit zehn Mädchen geschlafen hatte, aber erklärte, dass er seine Verlobte nicht mehr heiraten würde, sollte sie auf seine Avancen eingehen.[311] »Ich war fest entschlossen, niemals ein Mädchen zu heiraten, das vorehelichen Geschlechtsverkehr zwischen uns zulassen würde«, stimmte ihm ein 29-jähriger Motorenbauer zu. »Es war sehr schwer für mich, eines zu finden, aber schließlich habe ich es geschafft, und ich habe sie geheiratet.«[312]

Diese Heuchelei dauerte bis in die 1960er-Jahre, jenes widersprüchliche Jahrzehnt, das in Großbritannien mit dem »Obszönitätsprozess« um den Roman *Lady Chatterleys Liebhaber* und der Markteinführung der Antibabypille begann. »Die Pille«, die seitdem als ein entscheidender Schritt zur sexuellen Befreiung der Frau gefeiert wird, war anfangs nur für verheiratete Frauen erhältlich. Als 1964 die ersten britischen Praxen für Empfängnisverhütung eingerichtet wurden, sahen sie sich dem ständigen Vorwurf ausgesetzt, »Promiskuität zu fördern«.[313] Obwohl die weibliche Lust nicht mehr automatisch als Zeichen einer geistigen Erkrankung galt, stand das Ausmaß sexueller Aktivitäten von Frauen weiterhin unter strenger Beobachtung durch Psychiatrie und Reproduktionsmedizin.

Als die 18-jährige Susanna Kaysen 1967 in das McLean Psychiatric Hospital kam, wurde sie als »promiskuitiv« beschrieben. Man habe sie in die Psychiatrie einweisen müssen, notierte der Arzt bei ihrer Aufnahme, denn sie »könnte sich umbringen oder schwanger werden«.[314] Ihren Mitpatientinnen nach zu urteilen, schrieb Kaysen später, schien »zwanghafte Promiskuität« in den 1960er-Jahren eine recht verbreitete Diagnose unter jungen amerikanischen Frauen gewesen zu sein. »Was glauben Sie, wie viele

Mädchen ein 17-jähriger Junge bumsen muss, um sich das Etikett ›zwanghaft promiskuitiv‹ einzuhandeln?«, fragte sie. »Wahrscheinlich irgendwo zwischen 15 und 20, würde ich schätzen – wenn sie dieses Etikett jemals für Jungen verwenden, woran ich mich nicht erinnere.« Dann schließt sie mit einer Frage, die unbeantwortet bleibt: »Und wie viele Jungen braucht ein 17-jähriges Mädchen dazu?«[315] Die Definition von »zu viel Sex« war in hohem Maße abhängig von geschlechtsspezifischen Normen.

»Promiskuitiv« blieb für Frauen auch im weiteren Verlauf des 20. Jahrhunderts ein gefährliches Etikett. So berichteten in den 1980er-Jahren Zeitungen und Zeitschriften weltweit über eine schwedische Studie, die promiskuitives Verhalten bei Frauen mit einem erhöhten Risiko für Gebärmutterhalskrebs in Verbindung brachte. Wobei das in dieser Studie überhaupt nicht so stand. Die Verfasser wiesen lediglich darauf hin, dass in männlichem Samen ein bakterieller Krebserreger entdeckt worden sei (der später als das humane Papillomavirus, HPV, identifiziert wurde). Doch statt daraus zu folgern, dass die Männer, die diese Bakterien verbreiteten, behandelt werden sollten, oder zur Verwendung von Kondomen zu raten, sah man in den meisten Zeitungsartikeln das entscheidende Problem in der weiblichen Promiskuität.[316] Women of Color hatten neben diesen geschlechtsspezifischen Stereotypen mit einer zusätzlichen Dimension von rassistischen Klischees zu kämpfen. Eine Kollegin erzählte mir einmal, dass sie als Teenager furchtbare Angst davor gehabt habe, an Gebärmutterhalskrebs zu erkranken, weil man ihr gesagt hatte, schwarze Mädchen wären einem erhöhten Risiko ausgesetzt. Erst Jahre später fand sie heraus, dass es sich bei diesem »erhöhten Risiko« lediglich um die Annahme des medizinischen Establishments handelte, Women of Color seien grundsätzlich promiskuitiver als weiße – ein rassistisches Stereotyp, das sich mindestens bis in das 17. Jahrhundert zurückverfolgen lässt.[317]

In den 1990er-Jahren, meiner Teenagerzeit, war normaler Sex für junge Frauen ein heikler Balanceakt. Wurde man beim Gedanken an Sex nervös, war man frigide, wusste man zu viel darüber, war man eine Nutte oder Schlampe. Zu früh die Pille zu nehmen, war suspekt, eine unbeabsichtigte Schwangerschaft bedeutete moralisches Versagen.

»Dieses Land wäre ein besserer Ort, wenn Frauen einfach ihre Beine geschlossen hielten!«, erklärte ein Mädchen aus meiner Klasse, als ich erwähnte, dass meine 16-jährige Cousine ein Baby bekommen hatte, und wiederholte damit die Worte ihres Tory-Vaters. Wieso nur Frauen dafür verantwortlich sein sollten, dieses Land zu einem besseren Ort zu machen, hinterfragte sie nicht. Alleinerziehende Mütter hatten im Thatcher-Staat die ledigen Mütter als Parias der Gesellschaft abgelöst, was die Schwierigkeiten, mit denen sie im alltäglichen Leben zu kämpfen hatten, noch vergrößerte.

In den 1990er- und Nullerjahren war Sexualität ein großes Thema in den Mädchenzeitschriften. Doch während in den Artikeln das »selbstbestimmte Streben junger Frauen nach sexuellen Erfahrungen« unterstützt und sexuelle Experimente als »normal« bezeichnet wurden, riet man den Leserinnen in den Antworten auf ihre Zuschriften, ihre sexuellen Begierden zu unterdrücken, weil sie angeblich noch nicht bereit seien für Sex.[318]

Eine andere Form des Wartens wurde den Mädchen empfohlen, deren Wünsche nicht heterosexuellen Erwartungen entsprachen: »Hüte dich davor, dir jetzt schon ein bestimmtes Etikett zuzulegen«, lautete die Warnung an diejenigen, die eine Vorliebe für das gleiche Geschlecht offenbarten.[319]

2016 führte die Seitensprung-Datingseite IllicitEncounters. com unter ihren Mitgliedern eine Umfrage zu deren Erwartungen an einen neuen Partner durch. Dabei stellte sich heraus, dass sowohl Männer als auch Frauen die ideale Zahl früherer Partner ihres künftigen Dates auf eine hübsche glatte Zehn bezifferten, obwohl heterosexuelle Männer Frauen mit mehr Sexualpartnern immer noch mit einem gewissen Misstrauen begegneten. »Vor zehn Jahren hätten die Männer von ihren potenziellen Partnerinnen noch erwartet, mit sehr viel weniger Männern geschlafen zu haben«, behauptete ein Sprecher der Seite.[320] War das tatsächlich so? Hatte sich die Doppelmoral sogar bei Menschen, die Sex außerhalb von festen Beziehungen grundsätzlich offener gegenüberstanden, so lange gehalten? Möglicherweise. In vielen Ländern – wenn auch nicht in allen – wird inzwischen erwartet, Sex zu genießen, ob nun in der Ehe oder unverheiratet, unabhängig von sexuellen Präferenzen oder Geschlechtsidentität. Doch sobald man an der Oberfläche kratzt, kommen darunter die alten geschlechtsspezifischen Erwartungen zum Vorschein. Es sind immer noch Frauen, nicht Männer, die für die Größe ihrer Familie oder ihren Status als Alleinerziehende kritisiert werden. Und wie Frauen sich beim Ausgehen kleiden oder verhalten, wird in den Medien und vor Gerichten in der gesamten westlichen Welt nach wie vor als Verteidigung gegen den Vorwurf sexueller Übergriffe angeführt. Vergewaltigungsopfer – die überproportional weiblich sind – sind einem »einzigartig hohen Risiko« ausgesetzt, für die Tat, deren Opfer sie wurden, selbst verantwortlich gemacht zu werden, erklärten drei Psychologinnen 2019, ein Phänomen, das in dieser Form bei keinem anderen direkten Verbrechen zu beobachten ist.[321] Es ist uns also bis heute nicht gelungen, die Verknüpfung zwischen »normalem«

Sexualverhalten und Geschlecht sowie die daraus resultierende Doppelmoral endlich aufzulösen.

WAS IST ÜBERHAUPT (NORMALER) SEX?

Vor einigen Jahren wurde unsere gesamte betriebliche Organisation umstrukturiert. Als Juniormanagerin sollte ich einen kurzen Text darüber lesen, wie man ein Team am besten durch diese Veränderungsphase begleitet. Aus unerfindlichen Gründen wurde das Thema anhand von Pinguinen erläutert. Diese Pinguine verfügten über unterschiedliche Kenntnisse und Fähigkeiten und sollten als Gruppe zusammenarbeiten, um sich von ihrer schmelzenden Eiskappe in Sicherheit zu bringen. Außerdem wiesen die Pinguine eine Vielzahl menschlicher Eigenschaften auf. Sie hatten Jobs, Werkzeuge und konnten sprechen. Sie befanden sich auch ausnahmslos in monogamen heterosexuellen Beziehungen oder Kernfamilien und zeigten oft geschlechtsstereotype Verhaltensweisen (obwohl die Autoren darauf geachtet hatten, dass einige der Pinguinmädchen auch Vorgesetzte oder Ingenieurinnen waren). Für die Botschaft des Textes war das nicht weiter relevant, aber es irritierte mich dennoch. Als ich mich bei einer Freundin darüber beschwerte, verzog sie das Gesicht. »Oh nein«, stöhnte sie mitleidig, »nicht auch noch *heteronormative* Pinguine!«

Unter dem 1991 von Michael Warner geprägten Begriff »heteronormativ«[322] werden eine Reihe von Normen zusammengefasst, die in der Gesellschaft in Bezug auf Geschlecht und Sexualität dominieren.[323] Er richtet den Fokus darauf, dass Heterosexualität seit jeher privilegiert wird und dies häufig von geschlechtsspezifischen Vorurteilen und Ausgrenzung begleitet ist. Es gab nicht den geringsten Grund für die Verfasser des Managementleitfadens, alle ihre Pinguine in heterosexuellen Kernfamilien leben zu lassen. Dieses Detail war für die Flucht der Gruppe von der schmelzenden Eiskappe vollkommen unerheblich, und es stimmt nicht einmal, dass alle Pinguine heterosexuell und monogam leben.

Der Vorfall mag trivial erscheinen, aber diese heteronormativen Pinguine sind nur eines von unzähligen teils alltäglichen, teils finstereren Beispielen aus Geschichte und Kultur, bei denen eine bestimmte Form der sexuellen Präferenz wiederholt als Norm definiert wird, indem man alle anderen ganz einfach außer Acht lässt. Wir erleben das in Büchern, in Filmen, in der Zeitung oder beim Fernsehen. Heterosexualität ist undefiniert, ja seltsam unsichtbar, obwohl sie überall präsent ist. Nur fiktionale Charaktere, die nicht in diese vermeintliche Norm passen, werden durch ihre sexuelle Präferenz oder ihre Geschlechtsidentität definiert. Und so ist es seit 150 Jahren: Eine bestimmte Form der Sexualität, verbunden mit einem binären Geschlechtermodell, gilt als normal, und alles andere wird im Verhältnis dazu definiert. Unterschiede werden ausgelöscht, was bei denen, die in die geltenden Schablonen passen, zu dem verzerrten Eindruck führt, alle Menschen seien gleich. Zugleich werden all diejenigen, die sich in den Lebensentwürfen einer Schar heteronormativer Pinguine nicht wiederfinden, marginalisiert. Doch wie der Kinsey-Report beweist, war es nicht einmal in den 1940er-Jahren allgemein üblich, ausschließlich heterosexuell zu sein.

Wie sich die Bewertung sexueller Präferenzen im Laufe der Jahre verschoben hat, führt uns die zentrale Bedeutung kultureller Erwartungen bei der Definition sexueller Normen vor Augen. Und es erinnert uns daran, wie viele Menschen eingesperrt, ausgestoßen und erpresst wurden oder noch Schlimmeres erleiden mussten, weil sie nicht in diese Normen passten. Viele von uns würden Masturbation heute als üblich und natürlich bezeichnen, doch über Jahrhunderte hinweg galt die Selbstliebe als der abnormste Akt überhaupt. Selbst nachdem ihre vermeintlich gesundheitsschädigenden Auswirkungen als Mythos entlarvt worden waren, blieb das Stigma bestehen. Homosexualität wurde dagegen erst im späten 19. Jahrhundert durch Mediziner als abnorme Verhaltensweise eingestuft. Und gerade wegen des steigenden Interesses an diesem pathologischen Befund entwickelte sich heterosexueller Sex zur Norm. Der Begriff »heterosexuell« wurde in der Schwulenliteratur eingeführt, als in den medizinischen Texten des 19. und 20. Jahrhunderts vaginaler Verkehr zum Gradmesser für die relative Normalität anderer sexueller Akte wurde.

Und dieser Maßstab besteht bis zu einem gewissen Grad noch heute. Wenn ich Sie fragte, wie viele Sexualpartner Sie hatten, wie würden Sie dann rechnen? Würden Sie »jede Form von sexueller Aktivität« einbeziehen, wie es der Kleine Kinsey 1949 formulierte? Oder würden Sie nur die Male zählen, die einer penetrativen Norm am nächsten kommen? Einige der Befragten äußerten sich verärgert über diese starren Vorgaben. Eine 55-jährige Frau protestierte energisch gegen die Frage: »Haben Sie jemals mit einem sexuellen Vorspiel begonnen und kurz vor dem eigentlichen Verkehr aufgehört?« »Diese Frage sollte meiner Meinung nach erweitert werden«, merkte sie schriftlich an. »Ich hatte oft sexuelle Begegnungen, die nicht zum Verkehr führten, aber es war keine besondere Taktik, kurz vorher aufzuhören.«[324] Mit sechs früheren Partnern (fünf Männern und einer Frau) mangelte es ihr nicht an Erfahrung. Das Vorspiel, beharrte sie, sei doch nicht bloß eine Vorbereitung auf den eigentlichen Verkehr. Sex sei keine biologische Angelegenheit, sondern jeder erlebe ihn auf seine ganz eigene Weise. Er erfordere Verhandlungen und Kompromisse, Kommunikation und Geschick.

Die Frage lautet also nicht nur, was normaler Sex ist, sondern: Was ist überhaupt Sex?

5

Ist es normal, wie ich mich fühle?

Es war ein glühend heißer Sommertag 1986. Vielleicht war es auch gar nicht so heiß. In meiner Erinnerung verschwimmt jeder Sommer meiner Kindheit zu einer langen, flirrenden Zeit gleißenden Sonnenscheins. An jedem einzelnen Tag – abgesehen von den gelegentlichen plötzlichen Regengüssen, wenn unsere Familie grillen wollte. Es gab ein Bewässerungsverbot, und das Gras rings um den geteerten Schulhof verdorrte. Ich weiß noch, wie fasziniert ich von der trockenen, nackten Erde war, davon, wie sie aufsprang und sich die Risse zu Sechsecken formten, und ich fragte mich, ob so wohl die Wüste aussah. Natürlich muss es viele Tage gegeben haben, die nicht diesem Muster entsprachen, aber da sie für eine Siebenjährige nichts Bemerkenswertes zu bieten hatten, sind sie längst aus meiner Erinnerung verschwunden.

Auch dieser Tag gegen Ende der Ferien schien anfangs wie immer zu sein. Mum sagte, sie müsse kurz weg, und schickte mich und meine jüngere Schwester nach nebenan, um mit den Nachbarsjungen zu spielen. Es war nicht ungewöhnlich, dass wir den halben Tag dort verbrachten. Dad hatte sogar ein Tor zwischen unseren Gärten gebaut, damit wir leichter hin und her laufen konnten, wenn wir Fußball, Spione oder Fünf Freunde spielten – was auch immer gerade unsere große Leidenschaft war. Meine Schwester und ich dachten uns nicht einmal etwas dabei, als Matthew mich, ohne zu lächeln, ansah. »Ich glaube, eine von deinen Freundinnen ist gerade gestorben«, sagte er mit all der Ernsthaftigkeit, die ein Sechsjähriger aufbringen konnte. »Aber das ist nicht schlimm, du hast ja immer noch mich und deine ganzen anderen Freunde.«

Ich war älter und reifer als Matthew. Ich dachte, er hätte sich das ausgedacht oder etwas missverstanden, was er irgendwo aufgeschnappt hatte. Also kann ich mich nicht daran erinnern, sonderlich beunruhigt gewesen zu sein, als Mum kurz darauf zurückkam und uns hineinrief – in ein Haus, das nach dem sonnigen Garten kühl und dunkel wirkte.

Es stellte sich heraus, dass Matthew recht gehabt hatte. Er hatte gehört, wie meine Mutter seiner Mutter erzählt hatte, dass meine beste Freundin Katie auf dem Fahrrad von einem LKW erfasst worden war. Sie war auf der Stelle tot. Meine Mutter hatte es nicht glauben können, als sie den Anruf erhielt, und war schockiert zu Katies Eltern geeilt, um sich Gewissheit zu verschaffen.

Als meine Mutter uns davon erzählte, begannen meine Schwester und ich zu lachen. Wir waren selbst überrascht, es war eine verwirrende Reaktion auf eine Nachricht, von der selbst die vierjährige Alison wusste, dass sie traurig war. Verwirrend, aber vollkommen normal, tröstete uns meine Mutter, nachdem sie uns Kekse und Limonade gegeben hatte und wir schließlich doch noch weinten. Sie erzählte uns, dass sie als Kind gelacht hatte, als der Familienhund gestorben war, und sich deswegen schrecklich gefühlt habe. Das sei der Schock, sagte sie. Wenn man unerwartet eine schlechte Nachricht höre, reagiere man automatisch so. Es bedeute nicht, dass es einem egal wäre oder man nicht traurig sei.

Gerade für kleine Kinder können Emotionen sehr verwirrend sein. Was bedeuten unsere Gefühle, wie drücken wir sie aus oder erklären sie anderen? Als ich fünf war, las Miss Taylor uns im Kindergarten einmal eine Geschichte von einem kleinen Mädchen vor, das seiner Schwester Pralinen gestohlen hatte. Ich hörte überhaupt nicht mehr auf zu weinen, aber als die Erzieherin mich fragte, was los sei, wusste ich nicht, wie ich es ihr erklären sollte. Schließlich sagte ich nur, ich sei hungrig. Ich wusste, dass das nicht die richtige Beschreibung für das war, was ich fühlte, aber es fühlte sich ein bisschen so an wie hungrig sein, also musste diese Erklärung reichen.

Nicht nur Kindern fällt es schwer, ihre Emotionen in Worte zu fassen. Psychologen und Psychiater – und vor ihnen Philosophen und Theologen – versuchen seit Langem, Gefühle zu definieren. 1884 veröffentlichte der amerikanische Psychologe William James seine berühmt gewordene These, Emotionen seien biologische Reaktionen auf ein bestimmtes Ereignis. James zufolge weinen wir nicht, weil wir traurig sind, sondern sind traurig, weil wir weinen. Unsere Reaktion erfolgt ohne Verzögerung, impulsiv und unbewusst. Erst im Nachhinein ordnen wir sie einem Gefühl zu.[325] Seit James' Zeiten hat sich unsere Sicht auf Emotionen und die Art und Weise, wie wir über sie reden, weiter gewandelt. Psychoanalytiker waren der Auffassung, dass unsere Gefühle interpretiert werden müssten, Verhaltensforscher hielten sie für einen Ausdruck unbewusster Konditionierung.

In jüngerer Zeit haben Neurobiologen versucht, bestimmte Emotionen in verschiedenen Bereichen unseres Gehirns zu lokalisieren. Das bekannteste Beispiel ist die Verortung von »Angst« in der Amygdala, einer winzig kleinen mandelförmigen Zellansammlung, die etwas oberhalb der Hirnbasis liegt. Die Amygdala löst den bekannten »Kampf oder Flucht«-Reflex als Reaktion auf eine bedrohliche Situation aus. Doch selbst in diesem neurologischen Modell bleiben eine ganze Reihe kulturell oder individuell bedingter Fragen offen. Was empfinden wir eigentlich als Bedrohung? Wie erleben wir Angst? Wie erklären wir sie anderen oder uns selbst? Und wie reagieren wir tatsächlich darauf? Die Antworten auf diese Fragen verändern sich je nach historischem Kontext, Kultur oder individuellen Umständen: Sie haben vielleicht panische Angst vor Spinnen, während ich in ihnen anrührend verletzliche Wesen mit langen, spindeldürren Beinchen sehe (das tue ich wirklich, seit meinem ersten Pfadfinderlager bin ich die offizielle Spinnenbeseitigerin in sämtlichen Freundeskreisen).

Trotz dieser Ungewissheiten gehen die meisten Forschenden davon aus, dass Emotionen existieren und ein universeller Bestandteil des menschlichen Lebens sind. Aber würde es Sie überraschen zu erfahren, dass es in der tibetischen Sprache bis vor Kurzem nicht einmal ein Wort für »Gefühl« gab? Schließlich wurden Tibetischlehrer so oft nach einer Übersetzung gefragt, dass ein Wort dafür erfunden wurde – mit dem die Tibeter selbst allerdings erst einmal lange nichts anzufangen wussten. Das bedeutet nicht, dass die Menschen in Tibet nichts empfinden oder dass es für die einzelnen Empfindungen keine Begriffe gab. Man hatte sie nur nie in ein übergreifendes Konzept zusammengefasst: Emotionen.[326]

Auch historisch gesehen ist das der Fall. Vor 1830 verwendeten englische Autoren, die sich mit dem menschlichen Geist befassten, eine Vielzahl von Begriffen, die häufig der religiösen Sprache entlehnt waren: Passionen, Affekte und Gemütsregungen. Zwischen diesen Kategorien gab es erhebliche Unterschiede. Passionen waren impulsiv und instinktiv, Gemütsregungen entwickelten sich erst mit zunehmender Erfahrung und Bildung. Wie Louis Antoine de Saint-Just, einer der Architekten der Terrorherrschaft während der Französischen Revolution, es formulierte: »Wir dürfen die Regungen der Seele nicht mit den Passionen verwechseln. Erstere sind eine Gabe der Natur und das Prinzip des sozialen Lebens. Letztere sind die Frucht von Usurpation und das Prinzip des wilden Lebens.«[327]

Wie der Historiker Thomas Dixon darlegt, hatten sich »Emotionen« bis 1850 zur beliebtesten wissenschaftlichen Kategorie entwickelt, in die von der schlichten rasenden Wut bis hin zum komplexen Empfinden von Mitgefühl die unterschiedlichsten Gefühle einsortiert wurden.[328] Natürlich wurden auch weiterhin andere Begriffe für menschliche Gefühle verwendet. Doch indem die viktorianischen Autoren ein breites Spektrum an inneren Regungen unter dem Sammelbegriff »Emotionen« zusammenfassten, setzten sie voraus, dass Wut und Liebe, Angst und Mitleid sowohl körperlich als auch geistig in ähnlicher Weise funktionierten, und das war ein völlig neuer Ansatz.

Dass unsere Gefühle fortan als Emotionen betrachtet wurden, führte dazu, dass der Ausgewogenheit dieser Impulse mehr Bedeutung beigemessen wurde. Im Laufe des 19. Jahrhunderts versuchten Psychologen, Psychiater und andere Wissenschaftler, die menschlichen Emotionen zu messen. Sie begannen sich zu fragen, was ein normales Maß an Empfindung sei und wie man es definieren solle. Was bedeutete es, wenn jemand zu viel fühlte? Müssen wir uns Sorgen machen, wenn wir zu wenig fühlen? Gibt es gewisse Gefühle, die wir empfinden oder nicht empfinden sollten? Und wie sollen wir diesen Gefühlen Ausdruck verleihen? Die Leitlinien zum Umgang mit Gefühlen sind noch komplexer als die, mit denen wir den normalen Körper oder Geist kontrollieren, denn bis zum heutigen Tag konnte man sich noch nicht einmal darauf einigen, was Emotionen eigentlich sind.

GEBROCHENE HERZEN

Nachdem Katie gestorben war, prägte Trauer meine Kindheit, und lange hatte ich wegen ihres Todes Albträume. 2013 rückte dieses Gefühl ins Zentrum der modernen Beschäftigung mit normalen Empfindungen, denn in der Presse erschienen Berichte, denen zufolge im DSM – dem amerikanischen Handbuch psychiatrischer Diagnosen – behauptet wurde, nach dem Tod eines geliebten Menschen mehr als zwei Wochen zu trauern, sei ein Zeichen für eine psychische Erkrankung.[329] Jeder, der schon einmal einen nahestehenden Menschen verloren hat, wird Ihnen sagen, dass Trauer ein sehr langer und komplexer Prozess sein kann. Als Siebenjährige ging mein Leben weiter. Ich ging zur Schule. Ich spielte weiterhin Fußball mit den Jungs von nebenan. Ich fand neue Freunde. Ich war bestimmt nicht die ganze Zeit oder auch nur die meiste Zeit über traurig. Aber ich brach bei der geringsten Kränkung in Tränen aus und misstraute der Dauerhaftigkeit von Gefühlen, die andere für mich hegten. »Ich habe keine beste Freundin«, erzählte ich allen, als ich auf die weiterführende Schule kam. »Beste Freundinnen sterben oder verlassen einen.« War das »normal«? Ist das überhaupt eine sinnvolle Frage? Wir haben ein Recht darauf, dass andere unsere Trauer akzeptieren, aber genauso haben wir natürlich das Recht zu versuchen, den Schmerz durch medizinische, spirituelle oder andere Hilfsmittel zu lindern.

Trauer gilt seit Langem als ungesund, auch wenn sie in vergangenen Jahrhunderten häufiger als Gefahr für die körperliche Gesundheit betrachtet wurde. Am 26. März 1667 notierte der 34-jährige Londoner Beamte Samuel Pepys in seinem berühmten Tagebuch: »Am Morgen war ich voller Trauer wegen meiner

Mutter, denn ich bin sicher, dass ich in der nächsten Post von ihrem Tod erfahren werde, und womöglich auch vom Tod meines Vaters, der ebenfalls krank ist und ihren Tod vielleicht nicht verwinden wird.«[330] Am nächsten Tag erhielt Pepys tatsächlich die Nachricht vom Tod seiner Mutter, und er und seine Frau weinten bitterlich. Pepys' Vater hingegen überlebte trotz seiner heftigen Gefühle seine Frau um mehr als ein Jahrzehnt. Doch die Sorge seines Sohnes, der Kummer könnte für seinen Vater tödliche Folgen haben, war nachvollziehbar. In Pepys' Zeiten wurden in London wöchentliche Sterbelisten veröffentlicht, in denen sämtliche Todesursachen der Bürger der Stadt verzeichnet waren. Trauer war diesen Listen zufolge die tödlichste aller Emotionen: Bei über 350 Personen lautete zwischen 1629 und 1660 die Todesursache Trauer (was erheblich mehr war als die mickrigen 30, die an Schreck verstorben waren).[331]

Heute mögen wir diese Verbindung zwischen Körper und Gefühlen als metaphorisch auffassen. Aber im 17. und 18. Jahrhundert glaubte man tatsächlich, dass das Herz unter dem Einfluss übermäßiger Gefühle brechen, sich ausdehnen oder sich zusammenziehen könne. Emotionale und körperliche Gesundheit waren eng miteinander verknüpft.[332] Diese Überzeugung hielt sich bis ins viktorianische Zeitalter, als alle Emotionen zu pathologischen Zuständen erklärt wurden. Heftige Emotionen könnten einen Blutsturz oder Herzinfarkt auslösen, schrieb der französische Psychologe Charles Féré 1892. Angst könne das Blut »umkehren«, während intensiver Kummer zu Fettleibigkeit und Verdauungsstörungen führe und das Risiko einer Infektion steigere.[333] Und dem britischen Psychiater Daniel Hack Tuke zufolge hatten Emotionen mehr schädliche Auswirkungen auf den Körper als alle anderen geistigen Impulse zusammen.[334]

Es bestehen auch jüngere Verbindungen zwischen Emotionen und unserer Biologie. Während die Wissenschaft in manchen Fällen Emotionen als Auslöser körperlicher Beschwerden ausschließen konnte – etwa durch die 1984 erfolgte Identifizierung des Bakteriums, das vermeintlich stressbedingte Magengeschwüre verursacht –, stellte sich in anderen Fällen das Gegenteil heraus, wodurch die jahrhundertealten Sorgen über eine Beziehung zwischen körperlicher Gesundheit und abnormen emotionalen Zuständen fortgesetzt wurden. So haben Kardiologen beispielsweise gesteigerte Erregung mit einem plötzlichen Absacken des Herzrhythmus in Verbindung gebracht, was unter Umständen sogar tödlich enden kann.[335] Und wir alle hören die ständigen Warnungen über den Zusammenhang zwischen emotionalem Stress und hohem Blutdruck – allerdings sagt uns niemand, wie wir in unserem hektischen Alltag damit umgehen sollen.

Das bedeutet jedoch nicht, dass starke Gefühle immer als ungesund oder nicht normal betrachtet wurden. Im 18. Jahrhundert galten intensive Empfindungen als Zeichen von edlem Charakter und guter Erziehung. Reiche, belesene Europäer wollten der »Mann von Gefühl« sein, den der schottische Romancier Henry Mackenzie 1771 beschrieben hatte, und dazu gehörte unabdingbar auch die Fähigkeit, tiefe Trauer auszudrücken. Keine gefühlvolle Erzählung wurde in jener Zeit höher gepriesen – und von späteren Generationen schlimmer verunglimpft – als Johann Wolfgang von Goethes 1774 erschienenes Werk *Die Leiden des jungen Werthers*. Die Erzählung schildert die leidenschaftliche Liebe des jungen Werther zur schönen, klugen, liebevollen Lotte in dem fiktiven Dorf Wahlheim. Die extremen Ausmaße von Werthers Leidenschaft und seiner unerwiderten Liebe treiben ihn schließlich zum Selbstmord. Goethes Erzähler übernimmt die Rolle des

Herausgebers von Werthers Briefen, was es dem Autor ermöglicht, über die Emotionen seiner literarischen Schöpfung nachzusinnen. »Ihr könnt seinem Geist und seinem Charakter eure Bewunderung und Liebe [...] nicht versagen«, schreibt er, und wer von seinen Lesern Werthers Schmerz teile, der »schöpfe Trost aus seinem Leiden«.[336] Veröffentlicht auf dem Höhepunkt der Epoche der Empfindsamkeit, wurde das Buch zu einem europäischen Bestseller. Späteren Autoren zufolge wurde es zum Auslöser einer wahren Selbstmordepidemie.[337]

In den Jahrzehnten nach dem Erscheinen der *Leiden des jungen Werthers* wandelte sich diese Sicht auf tragische Gefühle und Suizid spürbar. 1829 begegnete man übersteigerter Emotionalität mit zunehmendem Misstrauen: Sie galt als ein Zeichen der Instabilität. Das Zeitalter der Empfindsamkeit, behauptete man nun, habe zur Französischen Revolution geführt. Der amerikanische Philosoph und Mathematiker Charles Sanders Peirce, eigentlich ein Verteidiger der Empfindsamkeit, erklärte unverblümt, sie habe »die Schreckensherrschaft ausgelöst«, jene Phase der Französischen Revolution, in der mehr als 15 000 Menschen zum Tode verurteilt worden waren.[338] Starke Emotionen galten nun nicht mehr nur körperlich, sondern auch politisch als verdächtig. Für heutige Leser mag diese Erklärung unerwartet, ja geradezu irrational klingen. Aber im 19. Jahrhundert wurde die Verbindung zwischen Empfindungen und gewaltsamer revolutionärer Politik häufig hergestellt.

Während Werthers Selbstmord ursprünglich als Zeichen verfeinerten Gefühls gesehen wurde, brachten Mediziner des 19. Jahrhunderts Selbstmord – ja jede intensivere Emotion – entschiedener und unmissverständlicher mit geistiger Erkrankung in Verbindung als in allen Jahrhunderten zuvor. Das 1840 erschienene Buch *Anatomy of Suicide* des Psychiaters Forbes Winslow enthielt eine Reihe scheinbar willkürlich ausgewählter Beispiele für Selbstmord aus Reue, enttäuschter Liebe, Eifersucht, verletzter Eitelkeit, Stolz, Ehrgeiz oder Verzweiflung. Statt jemanden als »Mann von Gefühl« auszuweisen, diente Suizid nun als Beweis dafür, dass Emotionen an sich unnormal waren.

Und wieder einmal wurde die Definition dessen, was »normal« war, durch handfeste Politik bestimmt. Winslows spezieller Zorn richtete sich gegen die »Sekte moderner Ungläubiger, die sich selbst zu Unrecht *Sozialisten* nennen«. Robert Owen und seine Anhänger seien für einen Anstieg der Selbstmordrate in Großbritannien verantwortlich, behauptete er, denn der Sozialismus greife an »die Wurzel jeder Ordnung, jeder gesellschaftlichen und öffentlichen Tugend«. Sozialisten »reißen alle Schranken von Gesetz und Zurückhaltung ein, machen die Leidenschaften zum einzigen Gradmesser von Richtig und Falsch – die tierischen Begierden zum einzigen Prüfstein von Tugend und Laster«.[339] Sich von Emotionen leiten zu lassen, sei sowohl für das Individuum als auch für die Gesellschaft abnorm, so der eiserne Konservative Winslow. Seine medizinischen Schlussfolgerungen, die aus dem neuen, seit der Französischen Revolution verbreiteten Blick auf Emotionen schöpften, bereiteten den Weg für seine politischen Ansichten. Ab 1789 entwickelten sich Vernunft und Gefühl zu diametralen Gegensätzen, und emotionale Zurückhaltung wurde zum entscheidenden Merkmal sogenannter normaler Menschen. Menschen, die praktischerweise den politischen Status quo stützten.[340]

DIE »STEIFE OBERLIPPE«

»Sind Sie ein ›normaler‹ Mensch?«, fragte der amerikanische Psychologe (und Miturheber der Comicfigur Wonder Woman) William Moulton Marston die Leser seines Buchs *Emotions of Normal People* 1928. Die meisten Menschen, fuhr Marston fort, hielten sich für normal, wenn sie keine häufigen emotionalen Extreme zeigten. In den 1920er-Jahren war diese Sichtweise in Psychologie und Öffentlichkeit weitverbreitet. Während im 18. und frühen 19. Jahrhundert Richter noch unverhohlen im Gerichtssaal weinten oder Männer und Frauen öffentlich Zorn oder Verachtung äußerten, ohne deswegen als verwirrt zu gelten, änderte sich dies bis zum Beginn der viktorianischen Ära.[341] 1850 lehrte man emotionale Selbstbeherrschung, vor allem an britischen Privatschulen, wo ein strenges, auf Zucht beruhendes Regime Körper und Geist der Jungen zu größerem Durchhaltevermögen erziehen sollte.[342] Selbstbeherrschung und Selbstdisziplin wurden zu den Attributen zivilisierter Männlichkeit, die Jungen von frühester Kindheit an eingeimpft werden mussten.

Da Kinder Emotionen verspürten, »lange bevor der Intellekt weit genug entwickelt oder aufgeklärt ist, um sie zu lenken oder zu kontrollieren«, warnte der schottische Arzt Andrew Combe in seinem 1840 erschienenen Erziehungsratgeber, »liegt es auf der Hand, dass, sollte ihre Anleitung durch ihre Eltern übermäßig hinausgezögert werden, weil diese das Erwachen des Verstandes abwarten, Charakter und Wohlbefinden des Kindes in der Zwischenzeit zwangsläufig der Gnade oder Ungnade des Zufalls ausgeliefert bleiben«.[343] Mit anderen Worten, wenn Eltern die Emotionen ihrer Kinder nicht im Zaum hielten, würden diese später darunter leiden. Bei amerikanischen Autoren finden sich ähnliche Ratschläge. Kinder würden ihre Kräfte schnell erschöpfen, wenn sie unkontrolliert Tränen vergössen oder ihre Wut äußerten, schrieb Henry Clay Trumbull 1891. Wieder sollten Eltern Tränen und Wutanfälle im Keim ersticken, um die Entwicklung der Selbstbeherrschung zu fördern. Sobald das Kind alt genug sei zu verstehen, solle man es »durch stete Übung dazu bringen, den Drang, zu weinen und sich zu krümmen, zu unterdrücken« und schließlich »das Äußern aufgewühlter Empfindungen insgesamt zu mäßigen«.[344]

Um die Jahrhundertwende habe die emotionale Selbstbeherrschung ihre endgültige Ausprägung in der Fähigkeit gefunden, stets eine ungerührte Miene zu wahren und seine tieferen Gefühle zu verstecken, schreibt Thomas Dixon.[345] Im Ersten Weltkrieg übertrug die Propaganda dieses neue Ideal auf die britischen Soldaten (und Krankenschwestern), und es dauerte nicht lange, bis die britische *stiff upper lip*, die steife Oberlippe, weltberühmt wurde. In den 1930er- und 1940er-Jahren griff sie durch die knappe, korrekte Ausdrucksweise und das sachliche Auftreten von Filmstars wie Trevor Howard, Laurence Olivier und James Mason auch auf das Kino über. Natürlich brachten deren Filme die Zuschauer immer noch zum Weinen, doch sie bemühten sich inzwischen, ihre Tränen zu verbergen. »Ich bin ein sehr emotionaler Mensch«, erklärte Mrs H., eine Hausfrau mittleren Alters, dem Befrager von Mass Observation 1950, als sie die vielen Filme aufzählte, bei denen sie geweint hatte. Und obwohl sie behauptete, sich ihrer Gefühle nicht zu schämen, bemühe sie sich, »jeglichen Ausdruck von Emotionen in der Öffentlichkeit zu vermeiden, abgesehen von Lachen. Öffentlich zu weinen käme mir vor, als würde ich mich ausziehen.«[346] Normale Gefühle waren jetzt privat und wurden versteckt.

Während die Briten sich bemühten, ihre Tränen zu verbergen, waren die Amerikaner damit beschäftigt, ihre Wut zu unterdrücken. In Ratgebern und psychologischen Texten des späten 19. Jahrhunderts wurde auf die Notwendigkeit hingewiesen, insbesondere diese Emotion zu kontrollieren. Als Marston 1928 die Emotionen »normaler Menschen« beschrieb, tat er dies in vernichtenden Worten: »Was die Emotionen betrifft, so betrachte ich Sie nicht als ›normalen Menschen‹«, warnte er, »wenn Sie unter Angst, Wut, Schmerz, Schock, dem Wunsch zu täuschen oder gleich welchem anderen emotionalen Zustand leiden, der mit Aufruhr und Konflikt verbunden ist.«[347] Wobei Marstons Privatleben seine ideale Vorstellung von normalen Emotionen nicht unbedingt widerspiegelte. Seine Sprunghaftigkeit und Eifersüchteleien waren seinen polyamourösen Partnerinnen, seiner Ehefrau Elizabeth Holloway und der Doktorandin Olive Byrne, wohlbekannt.[348] Trotzdem nutzte der Psychologe Emotionen, um seine feministischen Ideale unters Volk zu bringen. Marston habe die Comicfigur Wonder Woman erfunden, so die ursprüngliche Pressemitteilung, »um der Vorstellung entgegenzutreten, Frauen seien Männern unterlegen, um Mädchen Selbstbewusstsein zu vermitteln und sie zu ermutigen, Leistungen in Sportarten, Berufen und akademischen Tätigkeiten zu erbringen, die bislang ausschließlich von Männern besetzt werden«. So endet auch *Emotions of Normal People* mit einem Appell an die Frauen, zu »liebevollen Anführerinnen« der Zukunft zu werden, die »gierige« Führung der Männer zu überwinden und eine allgemeine Neuerziehung des Gefühls anzustoßen.[349] Trotz solcher Sätze fand er natürlich nichts dabei, die Anerkennung für die Ideen und die Arbeit seiner beiden Partnerinnen selbst einzuheimsen und den Haushalt mit seinen »fürchterlichen Wutanfällen« in Angst und

Schrecken zu versetzen.[350] Was wieder einmal zeigt, dass man einen Feministen nicht unbedingt auf den ersten Blick erkennt.

Obwohl Marston in seinem Wunsch nach »biologisch effizienten« Emotionen, die Wohlbefinden und gesellschaftliche Harmonie erzeugten, weiter ging als die meisten, warnten auch andere amerikanische Psychologen vor Wut als einem Ausdruck der angeborenen Zerstörungskraft des Menschen, wie Karl Menninger es 1938 in *Selbstzerstörung. Psychoanalyse des Selbstmords* formulierte. Für den Psychoanalytiker und beliebten Zeitschriftenkolumnisten Dr. Karl bezog sich dies vor allem auf die gegen sich selbst gerichtete Wut, eine Version von Freuds »Todestrieb«.[351] Könnte diese Ablehnung der Wut eine Reaktion auf die Kriege der ersten Hälfte des Jahrhunderts gewesen sein, fragte sich die in Maryland praktizierende Psychoanalytikerin Frieda Fromm-Reichmann 1950. Für die jüdische Emigrantin schienen Gefühle wie Feindseligkeit, Widerspruch und Missgunst zwischen zwei Menschen in der westlichen Kultur auf größere Missbilligung zu stoßen und damit stärker unterdrückt zu werden als jede andere Form inakzeptablen menschlichen Verhaltens.[352] Wut schien Sex als den menschlichen Trieb abgelöst zu haben, der die größte Verlegenheit und Ablehnung hervorrief.

Lehrfilme aus den 1940er- und 1950er-Jahren führten jungen Amerikanern vor Augen, wie wichtig es sei, ihre Frustration zu zügeln und »emotionalen Kontrollverlust« zu vermeiden. Sie betonten, dass »schwerer emotionaler Stress häufig die Leistungsfähigkeit beeinträchtigt«, und verwandelten emotionale Zurückhaltung in einen entscheidenden Faktor für individuellen Erfolg und familiäre Harmonie.[353] Lloyd Warner nennt in seinem Buch *American Life: Dream and Reality* (1953) den Umgang mit Wut – neben Sex – als eines der beiden fundamentalen Dilemmata von

Mittelschichtfamilien bei der Erziehung ihrer Kinder.[354] Genau wie in Großbritannien war diese Sicht auf Emotionen eng mit gesellschaftlichem Klassendenken verknüpft. In der amerikanischen Unterschicht werde »Zorn frei geäußert«, glaubte Warner. Als Anthropologe beabsichtigte er wahrscheinlich, unterschiedliche Lebensstile unvoreingenommen darzustellen. Trotzdem stellte er sich in die viktorianische Tradition, Emotionen als Gegenpol zu Vernunft und Intellekt zu positionieren, indem er die »Faustkämpfe« der Jugendlichen aus der Arbeiterklasse mit »dem Unternehmungsgeist, dem Ehrgeiz, der verbalen Gewandtheit und den wirtschaftlichen Fertigkeiten« ihrer Pendants aus der Mittelschicht kontrastierte.[355]

Wut blieb eine zweischneidige Angelegenheit. Während sie in der heimischen Sphäre beanstandet wurde, tauchte sie auf dem Bildschirm immer häufiger auf. In dem Film *Network* (1976) bekommt der Nachrichtensprecher Howard Beale vor laufender Kamera einen Wutanfall und beginnt, unkontrolliert zu schimpfen, woraufhin er beim Publikum beliebter wird als je zuvor. Der Film scheint auf die Unsicherheit und Emotionalität des modernen Medienzeitalters zu verweisen. Beale schreit seine Wut und Frustration hinaus auf die Straße und fordert gewöhnliche Amerikaner auf, ihre Fenster zu öffnen und es ihm gleichzutun. Doch in der Zeit, als *Network* entstand, bewerteten gewöhnliche Amerikaner das Unterdrücken von Wut noch als eine der wichtigsten persönlichen Eigenschaften eines Menschen.[356] Das hindert uns natürlich nicht daran, voreilige Schlüsse über das heutige »Zeitalter des Zorns« zu ziehen – auch wenn sich im Nachhinein herausgestellt hat, dass die Wähler, die bei Donald Trumps Wahl zum amerikanischen Präsidenten die entscheidenden Stimmen lieferten, sich selbst als »unzufrieden, aber nicht wütend« beschrieben.[357]

Heute scheinen übersteigerte Emotionen allgegenwärtig zu sein, von beleidigenden Twitter-Trollen bis zum letzten Bewohner des Weißen Hauses. Aber wir denken nur selten darüber nach, wie unsere Vorstellung von einem Übermaß an Wut durch 150 Jahre Glorifizierung emotionaler Selbstbeherrschung geprägt wurde. Genauso wenig, wie wir uns darüber Gedanken machen, dass bestimmte Emotionen in unterschiedlichen Kulturen mehr oder weniger unnormal erscheinen können. Seit einem Jahrhundert predigt man britischen Kindern, ihre Tränen zu verstecken, Amerikanern, ihre Wut im Zaum zu halten. Doch andere Kulturen kennen andere »Regeln«. Als die amerikanische Anthropologin Jean Briggs Anfang der 1960er-Jahre über ein Jahr bei den Utku,[358] einer Inuit-Gruppe im Nordwesten Kanadas, verbrachte, kennzeichneten ihre sprunghaften Emotionen sie als die weiße Außenseiterin. Sie nannte ihren Bericht über diese Zeit *Never in Anger [Niemals wütend]*, ein Kommentar zu dem, was sie als die extreme Zurückhaltung der Menschen empfand, mit denen sie dort zusammenlebte. Den Utku hingegen erschien Briggs in ihren emotionalen Reaktionen kindisch und schlecht sozialisiert. Wenn wir heute versuchen, ein normales Maß an Gefühlen zu definieren, bewegen wir uns zwischen diesen beiden Polen: kulturelle Besonderheiten und eine historische Tradition, die geprägt ist von unserer Einstellung zu Klasse, ethnischer Herkunft und Geschlecht.

PRIMITIVE LEIDENSCHAFTEN

An einem Freitag des Jahres 1868 begann die 18-jährige belgische Näherin Louise Lateau plötzlich an Händen und Füßen zu bluten. Auf die Stigmata folgten bald ekstatische Trancezustände, und wie üblich schickte die katholische Kirche eine Kommission, um herauszufinden, ob es sich bei Lateaus Blutungen tatsächlich um ein Wunder handelte. Zu dieser Kommission gehörte auch Ferdinand Lefebvre, ein Psychiater aus der Nervenheilanstalt in Löwen. Obwohl Lefebvre zu Beginn davon ausging, Lateau habe sich ihre Wunden selbst zugefügt, kam er letztlich zu dem Schluss, dass die Wissenschaft ihren ungewöhnlichen Zustand nicht erklären könne.[359] Andere Ärzte, die sie in den darauffolgenden zehn Jahren untersuchten, widersprachen seiner Ansicht. Sie führten Louises Stigmata auf die Macht der Leidenschaften über ihren Körper zurück. Starke Gefühle, so ihre Überzeugung, stellten eine besondere Gefahr für jene Menschen dar, die am wenigsten fähig seien, ihre Emotionen zu kontrollieren: »ungebildete Personen« oder solche von schwacher Konstitution.[360] Und wieder waren damit Frauen und die Arbeiterschicht gemeint.

Der New Yorker Arzt Meredith Clymer schrieb, die Ekstasen, die Lateau erlebte, seien »eine emotionale Störung, die gekennzeichnet ist durch das plötzliche Aussetzen von Bewusstsein und Willenskraft«.[361] Solche Störungen würden häufig durch religiösen Überschwang ausgelöst, fuhr er fort und machte Louise Lateaus Stigmata damit zu einem sichtbaren Zeichen ihrer gestörten Emotionen. In früheren Jahrhunderten galten derart starke religiöse Empfindungen noch als ein Zeichen von Frömmigkeit. Jetzt aber führten amerikanische und europäische Ärzte Lateaus Wunden weder auf ein Wunder noch auf Betrug zurück, sondern machten ihre »lebhafte Vorstellungskraft«, eine »schwache Konstitution« und ein »leicht erregbares Temperament« dafür verantwortlich. Als junge Frau aus der Arbeiterklasse war Louise Lateau ihrer Ansicht nach besonders gefährdet, emotionalen Störungen anheimzufallen.

Ähnlich erging es auch den »Hallelujah Lasses«, weiblichen Offizieren der Heilsarmee, einer neuen christlichen Mission, die William Booth 1865 in Großbritannien gegründet hatte. Zwar verrichteten Frauen aus der Mittelschicht auch in anderen religiösen Bereichen wohltätige Werke und Missionsarbeit, doch nur in der Heilsarmee durften Frauen predigen und die Kommunion austeilen – und Frauen aus der Arbeiterklasse noch dazu.[362] Die äußere Erscheinung und das emotionale Auftreten dieser Frauen standen in unvorteilhaftem Widerspruch zu den steifen, schicklichen Vertreterinnen der Mittelschicht. Um die Menschen zu einem Treffen der Heilsarmee zu locken, marschierte Eliza Haynes, ein Mädchen »aus der derbsten Fabrikarbeiterklasse«, durch die Straßen von Nottingham, »mit flatternden Bändern im Haar und an der Jacke. Über ihrem Rücken hing ein Schild mit der Aufschrift: ›Ich bin die Glückliche Eliza.‹« Zwar zeigten sich manche schockiert von Elizas Verhalten, doch beim nächsten Treffen der Heilsarmee war der Saal brechend voll. Die Werbeaktion der Glücklichen Eliza war offensichtlich erfolgreich gewesen![363]

Für die Viktorianer waren Emotionen in hohem Maß eine Frage der Klassenzugehörigkeit. Die Mittelschicht verfügte über Selbstbeherrschung – zumindest glaubte sie das –, die Massen dagegen waren emotional und ungehemmt. Der in aller Öffentlichkeit gezeigte Enthusiasmus der Heilsarmee »entwürdigte« den »nationalen Sinn für Anstand« durch einen religiösen Eifer, »wie ihn nur die dümmsten Vertreter der Menschheit empfinden«, wetterte die *Saturday Review*.[364] Der Vorwurf abnormer Emotionen wurde damit zur Waffe. Jegliche Gefühlsäußerung konnte von nun an dazu benutzt werden, die Ansichten eines Menschen als irrational zu diskreditieren, während die Tatsache, dass gerade Frauen und Angehörigen der Arbeiterklasse exzessive Emotionalität zugeschrieben wurde, weiter zu deren sozialer und politischer Unterdrückung beitrug. Lord Curzon, der Präsident der Nationalen Liga gegen das Frauenwahlrecht, nannte den weiblichen Mangel an »gemäßigtem Temperament« und »ausgeglichenem Geist« als einen von »fünfzehn guten Gründen« dafür, ihnen das Wahlrecht zu verweigern.[365] »Die Beteiligung von Frauen an Wahlen ist aufgrund des weiblichen Temperaments und des Verhältnisses der Geschlechter nicht wünschenswert«, warnte auch der amerikanische Professor Edward Raymond Turner 1913.[366] Es wäre unverantwortlich, versicherte sich die rationale Elite selbst, emotional instabilen Menschen das Wahlrecht zu erteilen.

Die These, starke Emotionen seien »primitiv«, wurde auch zur Untermauerung rassistischer Ansichten herangezogen. Genau wie man Frauen aufgrund ihrer vermeintlichen emotionalen Instabilität das Wahlrecht verweigern konnte, rechtfertigten westliche Wissenschaftler den Kolonialismus mit einem vorgeblichen Mangel an rationalen Herrschern. »Die plötzlichen Gefühlsausbrüche der Angehörigen minderer Arten«, wie der Evolutionspsychologe Herbert Spencer sich ausdrückte, »sind ebenso übermäßig in ihrer Heftigkeit wie kurz von Dauer.« Einige Rassen seien von sehr »explosiver« Natur – wie etwa die »Buschmänner« (indigene Völker im südlichen Afrika) – und daher »für den gesellschaftlichen Zusammenhalt ungeeignet«, erklärte Spencer.[367] Diese Diskreditierung von Menschen durch haltlose Behauptungen über ihre emotionale Verfassung – häufig vorgebracht von westlichen Wissenschaftlern, die nie auch nur einen Fuß an jene Orte gesetzt hatten, über die sie schrieben – diente dazu, ihre Unterdrückung zu legitimieren.

Wie bei vielen anderen Bestrebungen zur Festlegung eines normalen Standards handelte es sich auch hier um einen Zirkelschluss. Nachdem der Reiseschriftsteller William Winwood Reade in den 1860er-Jahren eine ausgedehnte Reise durch Süd- und Westafrika unternommen hatte, schrieb er, die Männer dieses Kontinents verfügten wie die westlichen Frauen über glatte Gesichter und anmutige Gliedmaßen. »Im Gegensatz zu ihren dummen, übellaunigen und phlegmatischen Frauen sind die Männer lebhaft, schüchtern, wissbegierig und über alle Maßen geschwätzig«, verallgemeinerte er fröhlich. Afrikanische Männer, so Reade, besäßen »jenes zarte Taktgefühl, jene scharfe Intuition, jene nervöse Vorstellungskraft, jene schnelle Auffassungsgabe, die zu den sprichwörtlichen Charaktereigenschaften kultivierter Frauen geworden sind«. Diese emotionale Ähnlichkeit mit Frauen mache sie zu »hervorragenden Hausangestellten«.[368] Die vermeintlichen emotionalen Unterschiede zwischen weißen und schwarzen Männern benutzte Reade, um die koloniale Hierarchie zu bestätigen. Wenn schwarze Männer Frauen oder Kindern ähnelten, war dies der »Beweis« dafür, dass sie für eine untergeordnete Rolle bestimmt waren. Dieses Narrativ »primitiver« emotionaler Verfassungen wurde zu einem wichtigen Bestandteil der kolonialen Maschinerie, indem es eine westlich dominierte Machtstruktur gleichzeitig erschuf *und* rechtfertigte.

Reade selbst war nicht gerade ein Paradebeispiel für das rationale westliche Ideal. Nachdem er in Angola von einheimischen Hängemattenträgern gegen einen Felsen gestoßen worden war, ging er auf sie los und prügelte sie zu »unterwürfigen Verbeugungen und ehrerbietigem Lächeln«.[369] Und als man ihm bei anderer Gelegenheit ein verdorbenes Ei servierte, warf er es nach dem Dorfoberhaupt.[370] Trotzdem sah er sich während dieser ganzen Zeit als Vertreter der weißen europäischen »Norm«, an der jede andere »Rasse« gemessen wurde. Außerdem war er der Überzeugung, er erweise der afrikanischen Bevölkerung einen großen Gefallen. Immerhin schimpfte er in seinen Büchern über den Sklavenhandel und war entschlossen, »die Herzen des angelsächsischen Volkes zu bilden, das zu Stolz auf seine Hautfarbe und Vorurteilen gegenüber anderen Rassen neigt«.[371] Dies zeigt, dass auch Männer mit progressiven politischen Ansichten nicht immun waren gegen die in den westlichen Normen verankerten Vorurteile.

Die meisten europäischen Anthropologen und Psychologen kamen zu ähnlichen Schlussfolgerungen, wenn sie fremde »Rassen« mit weißen europäischen Männern verglichen – immer wieder wurde Andersartigkeit als Abnormität gewertet. Wie Reade gingen sie von ihren eigenen Erwartungen an »normale« männliche Emotionen aus, Erwartungen, die darauf beruhten, wie Gefühle in der europäischen Mittelschicht ausgedrückt wurden. In seinem Beitrag zum Thema »Emotionen« in *Notes and Queries on Anthropology [Anmerkungen und Fragen zur Anthropologie]* – einem Handbuch, das unerfahrenen Reisenden dabei helfen sollte, fremde Länder zu erforschen – listete Charles Darwin lediglich auf, was er im Westen zu finden erwartete, und forderte seine Leser auf, Vergleiche anzustellen. »Wird extreme Angst allgemein in der gleichen Weise zum Ausdruck gebracht wie bei Europäern?«, fragte Darwin, als wäre diese Art und Weise universell und unverkennbar.[372] »Abgesehen von der Art des Fühlens«, schrieb Spencer, unterschieden sich die Varietäten der Menschheit »im Ausmaß des Fühlens«.[373] Schwarze Menschen seien – wie Frauen und die arbeitenden Schichten – impulsiv und überemotional, glaubte er ebenso wie seine Zeitgenossen. Die medizinische Zeitschrift *The Lancet* schrieb, die »halb hysterischen Bewunderer« der stigmatisierten Louise Lateau schienen »in den abscheulichen Freiheiten, die sie sich in ihrer Person herausnehmen, mit den Wilden der Südsee zu wetteifern«.[374]

Diese Verknüpfung von ethnischer Herkunft, Geschlecht und impulsiver Emotionalität prägte den uneingestandenen wissenschaftlichen Rassismus über Jahrzehnte, wenn nicht Jahrhunderte. Und wir sehen das Erbe der viktorianischen Haltung in den offiziellen Reaktionen auf leidenschaftliche politische Ausbrüche in Großbritannien, Europa und Nordamerika: vom Kampf für das Frauenwahlrecht im frühen 20. Jahrhundert bis zu den Märschen der schwarzen Bürgerrechtsbewegung in den 1960er-Jahren. Diese Proteste waren für ihre Gegner kein Ausdruck tatsächlicher Frustration, sondern einer gefährlichen, unbeherrschten und unvernünftigen Wut, die hervorgerufen wurde durch die emotionale Sprunghaftigkeit eines bestimmten Geschlechts oder einer »Rasse«. Der Bakteriologe Sir Almroth Wright etwa schrieb 1912 einen wütenden Leserbrief an die *Times*, in dem er gegen die »militante Hysterie« der Suffragetten wetterte.[375] »Suffragetten wurden von Kabinettsministern und in Leitartikeln verschiedentlich als ›Mänaden‹, ›hysterische junge Mädchen‹, ›jämmerliche Frauen‹ und dergleichen beschrieben«, beschwerte sich Dr. Ethel Smyth darauf. »Dabei war ich noch nie in so wunderbarer Gesellschaft wie mit diesen klugen, resoluten, unbezähmbaren, zutiefst normalen und menschlichen Frauen.«[376]

Der Vorwurf »militanter Hysterie« wird auch heute noch gelegentlich gegen junge Leute erhoben, wenngleich sich die verwendete Sprache geändert hat. Donald Trump, selbst nicht gerade für sein ausgeglichenes Naturell berühmt, riet der Klimaaktivistin Greta Thunberg bekanntermaßen, sie solle »an ihrem Aggressionsbewältigungsproblem« arbeiten, ein Vorschlag, den Thunberg erwiderte, als der ehemalige Präsident 2020 seine Wahlniederlage anzufechten versuchte. Und Trump war nicht der Einzige, der Thunbergs Alter und Geschlecht zu nutzen versuchte, um Argumente zu diskreditieren, die er nicht hören wollte. In Großbritannien nannte der rechte Kolumnist Piers Morgan Thunberg »überemotional«[377]. Ähnliche Reaktionen erzeugte während der »Black Lives Matter«-Proteste 2020 auch der Sturz von Denkmälern, die mit Sklavenhandel und dem kolonialen Erbe europäischer Länder in Verbindung standen. Es seien gerade diese jungen, »emotionalen« Protestierenden, die eine friedliche, vernunftgeleitete Entfernung der Statuen verhinderten, behaupteten Kritiker. Dabei war auf die friedliche Entfernung einiger dieser Denkmäler, etwa der Statue des Sklavenhändlers Edward Colston in Bristol, schon seit Jahrzehnten vergeblich gedrängt worden. Würde Colston ohne die Aktionen der Protestierenden heute noch im Hafen von Bristol stehen? Höchstwahrscheinlich schon. Es ist leicht, gelassen und »rational« zu bleiben, wenn man alle Macht in Händen hält (es sei denn, man ist Donald Trump), und das ist ein weiterer Grund dafür, dass emotionale Selbstbeherrschung zu einem ausgrenzenden Werkzeug der Elite wurde.

DIE SEELENMASCHINE

Obwohl emotionale Zurückhaltung im Lauf des 19. Jahrhunderts in der westlichen Welt zunehmend als wichtige Charaktereigenschaft betrachtet wurde, gehörte sie nicht zu den Dingen, die gemessen werden konnten. Wie die meisten Normen war auch dieses angestrebte Ideal unsichtbar. Die Einschätzung von »normalem« und »abnormem« Empfinden hatte unterdessen Auswirkungen auf die europäische und nordamerikanische Strafjustiz. Dabei ist die westliche Besessenheit von Absicht und Reue eher ungewöhnlich. Westliche Richter können Milde walten lassen, wenn der Angeklagte überzeugend Reue erkennen lässt, in vielen anderen Kulturen hingegen liegt der Fokus auf dem, was die Menschen getan haben, nicht auf den Gedanken und Gefühlen, die sie zu diesen Taten motiviert haben oder die später darauf folgen. Ob beispielsweise jemand die Wasserversorgung eines Dorfs absichtlich oder unabsichtlich vergiftet hat, spielt bei der Bewertung seines Verbrechens keine Rolle.[378] Die Erfindung des »Lügendetektors« entsprang dem westlichen Interesse am Verbrechen und der emotionalen Reaktion darauf, und sie verwandelte Gefühle in etwas, das gemessen und in einer Kurve dargestellt werden konnte.

Luther Trant, der brillante, aber hitzköpfige junge Assistent eines Psychologieprofessors, war ein früher Befürworter solcher Technologien. Nach dem überraschenden Tod eines Kollegen betätigte sich Trant als Detektiv und wurde zum Sherlock Holmes der experimentellen Psychologie. Fest entschlossen, den Namen eines älteren Professors reinzuwaschen, unterzog Trant die Verdächtigen einer Reihe von psychologischen Tests. Nachdem er erfolgreich den wahren Mörder gefunden hatte, ließ er sich von der Universität freistellen, um »sich erneut an der wissenschaftlichen Psychologie zu versuchen«, und überführte zu Beginn des 20. Jahrhunderts in den windigen Straßen Chicagos einen Mörder nach dem anderen.[379] Das Geheimnis von Luther Trants Erfolg lag in der Messung von Emotionen. Es stünde »außer Frage«, versicherte der Detektiv spielende Psychologe, dass der Widerstand, den der menschliche Körper einem schwachen elektrischen Impuls entgegensetzt, sich verändere, sobald jemand Emotionen verspüre.[380] Trant verwendete ein breites Spektrum an Hilfsmitteln, um Emotionen aufzuzeichnen, darunter auch die sogenannte »Seelenmaschine«: das »empfindlichste und effizienteste Instrument überhaupt, um menschliche Emotionen wie Sorge, Angst und Schuldgefühle aufzuspüren und zu registrieren«.[381]

Luther Trant war kein echter Detektiv, sondern eine literarische Figur, die der Fantasie von Edwin Balmer und seinem Schwager William MacHarg, zwei Chicagoer Journalisten, entsprungen war. Aber die Methoden, die Trant nutzte, um den Grad normalen menschlichen Empfindens zu messen, bildeten – abgesehen von der tatsächlich rein fiktiven »Seelenmaschine« – ein zentrales Element des Studiums der Emotionen im 20. Jahrhundert. Die quantitative Erfassung von Emotionen war keine leichte Aufgabe. 50 Jahre vor Trant schrieb der utilitaristische Ökonom William Stanley Jevons 1858 seiner Schwester, er wolle, inspiriert durch die Lektüre von Quetelets Buch über die Statistik, die Mathematik nutzen, um die Gesellschaft zu studieren.[382] Doch Emotionen stellten ihn vor eine Herausforderung. Jevons musste zugeben, dass es schwierig sei, sich eine Maßeinheit für Vergnügen oder Schmerz vorzustellen, die beiden wichtigsten Motive des menschlichen Verhaltens in der utilitaristischen Ethik. Das ließ ihn daran zweifeln, dass die Menschheit jemals über die Mittel verfügen werde, die unmittelbaren Regungen des menschlichen

Herzens zu messen.[383] Stattdessen riet Jevons dazu, Gefühle anhand von Handlungen zu bemessen.

Ein anderer viktorianischer Statistiker, Francis Ysidro Edgeworth, ging 1881 einen Schritt weiter und regte die Entwicklung eines »Hedonimeters« an. Diese »psychophysikalische Maschine« würde kontinuierlich »den Pegel des von einem Individuum erlebten Wohlbefindens« aufzeichnen. In poetischen Worten beschrieb Edgeworth, wie »der zarte Strich bald im Aufruhr der Leidenschaften zuckt, bald in geistiger Tätigkeit zur Ruhe kommt, wie er stundenlang nahe null verharrt oder flüchtig aufwärts springt, der Unendlichkeit entgegen«.[384] Wie Trants Seelenmaschine hat auch Edgeworths Hedonimeter nie wirklich existiert. Aber seine Beschreibung verrät uns einiges darüber, wie viktorianische Wissenschaftler Leidenschaft oder Emotion verstanden: ständig schwankend, dem Verstand entgegengesetzt, doch potenziell von diesem kontrolliert, oft kaum vorhanden, aber mit gelegentlichen extremen Ausschlägen.

In Ermangelung eines Hedonimeters maßen die Viktorianer Gefühle anhand von Verhalten und Ausdruck, etwa dem Erröten – »die eigentümlichste und menschlichste aller Ausdrucksformen«, wie Darwin es formulierte.[385] Verbrecher, so glaubte man, erröteten nicht, was ein Beweis für ihre abnorme Verfassung sei. Cesare Lombroso, der italienische Vater der Kriminologie, testete 59 junge männliche Verbrecher und fand heraus, dass beinahe die Hälfte von ihnen im Gegensatz zu normalen Menschen infolge »der Vorwürfe und der Erinnerung an ihr Verbrechen oder auch dass man sie scharf ins Auge fasste«, nicht erröteten. Bei den Frauen, die Lambroso untersuchte, unterblieb das Erröten sogar in 81 Prozent der Fälle, obwohl sie rot wurden, als man sie zu Menstruationsstörungen befragte.[386] Für Lombroso war dies der Beweis für das Fehlen edlerer Gefühle bei reuelosen Verbrechern.

Im 20. Jahrhundert wurde aus dem fiktiven Hedonimeter ein realer »Emotiograph«, eine Idee, die aus Europa nach Amerika importiert wurde. Um die Jahrhundertwende entstanden Apparate zur klinischen Diagnostik, der britische Herzchirurg Dr. James Mackenzie erfand 1906 beispielsweise eine Maschine, die einen unregelmäßigen Herzschlag erkannte. Danach dauerte es nicht mehr lange, bis behauptet wurde, solche Maschinen könnten nicht nur physiologische, sondern auch emotionale Veränderungen messen. William Moulton Marston war einer von vielen Psychologen, die zur kriminologischen Verwendung einen »Lügendetektor« entwickelten – den Vorläufer des heutigen Polygraphen. Marstons Polygraph maß Atmung, Blutdruck und die elektrische Leitfähigkeit der Haut. Veränderungen in diesen physiologischen Prozessen sollten auf gesteigerte Emotionen hinweisen. Für Trant, Marston und andere Psychologen jener Zeit waren Emotionen mit einem Schlag zu einem Beweis für Schuld geworden. Das war natürlich das komplette Gegenteil jenes *Mangels* an Gefühlen, den Lombrosos phlegmatische Verbrecher gezeigt hatten.

Trotz dieser nie erklärten Verschiebung setzte sich die Verwendung des Polygraphen durch, und 1935 war er im amerikanischen Justizsystem weitverbreitet. Dabei hatte niemand jemals nachgewiesen, dass er tatsächlich Emotionen messen konnte oder auf welche Weise ein bestimmtes Maß an Emotionen mit Schuld verbunden beziehungsweise überhaupt in irgendeiner Form normal oder nicht normal sei. Begleitet von diesen Ungewissheiten veränderte sich auch die Terminologie. In den 1930er-Jahren war das Gerät allgemein unter dem Namen »Lügendetektor« bekannt und sollte nicht mehr nur Emotionen messen, sondern die Wahrheit erkennen. Die Weigerung, sich einem solchen Test zu unterziehen, ließ auf die Schuld eines Verdächtigen schließen, während verurteilte Kriminelle nach einem erfolgreich bestandenen Lügendetektortest sogar auf eine Aufhebung ihrer Verurteilung hoffen konnten.[387] Nach dem Überfall auf eine Kneipe in Wisconsin führten Spürhunde die Ermittler 1935 rasch zu einem Verdächtigen. Der Mann unterzog sich einem Test mit dem Polygraphen und bestand, was als Beweis für seine Unschuld gewertet wurde. Die Spürhunde seien die »wahren« Lügner, entschied man, und der Verdächtige wurde freigelassen.[388]

Das Schöne an diesen vermeintlich wissenschaftlichen Methoden zur Bestimmung und Messung von Emotionen war, dass sie universell zu sein schienen. Dabei basierte der Polygraph auf bereits existierenden Vorstellungen von »normalen« emotionalen Reaktionen. Während ein Test durchaus den individuellen Reaktionsgrad eines Menschen abbilden konnte, ging man bei der Interpretation der Ergebnisse von mehreren Annahmen aus: dass gewisse physiologische Reaktionen mit heftigen Emotionen verbunden seien und dass eine Veränderung in der Intensität dieser Emotionen einen Täuschungsversuch oder Schuld verriet. Allerdings hat eine Studie mit amerikanischen und jordanischen Studenten gezeigt, dass wir uns leicht dazu verleiten lassen, kulturelle Unterschiede als »unnormales« Verhalten zu interpretieren, wenn wir im Alltag zu erkennen versuchen, ob jemand lügt.[389] Trotzdem wurde bisher wenig Mühe auf eine gründlichere Klärung der Beziehung zwischen Emotion und Reaktion oder weitergehende Untersuchungen zu kulturellen und erziehungsbedingten Unterschieden verwandt, und wenn doch, dann diente es lediglich der Schaffung kulturspezifischer »Lügendetektoren«.[390]

Die bei den Testpersonen gemessene Erregung kann auch durch den Polygraphen selbst ausgelöst werden. Christine Blasey Ford willigte 2018 in einen Test ein, um ihre Anschuldigungen wegen sexueller Belästigung gegen Brett Kavanaugh zu untermauern, der als Richter am Obersten Gerichtshof nominiert war. Im Nachhinein schilderte sie die Untersuchung als »extrem stressig« und erwähnte, dass sie während des Tests geweint habe. Mittlerweile konnte man in einen Polygraphentest hineinlesen, was einem gerade passte. Blasey Fords Unterstützer argumentierten, die Ergebnisse seien der Beweis für ihre Glaubwürdigkeit. Ihre Gegner hingegen behaupteten, die Psychologieprofessorin wisse, wie man die Maschine »überlistet«. Die Messung unserer Emotionen bleibt hoch umstritten. Es besteht die Gefahr, dass die Tests lediglich beweisen, was wir ohnehin bereits zu wissen glauben – eine bedenkliche Situation angesichts der Tatsache, dass diese Annahmen auf kulturellen Erwartungen beruhen und durch ungewisse Voraussetzungen beeinflusst werden, die in den Tests selbst verankert sind. Doch trotz all dieser ungeklärten Fragen sind Polygraphen bis heute eines der bekanntesten Mittel, um nicht normale Emotionen zu messen, und Tausende Amerikaner unterziehen sich jedes Jahr einem solchen Test.[391]

EMOTIONSLOSE ANDROIDEN

Beim Polygraphen werden gesteigerte Emotionen mit Schuld gleichgesetzt, aber auch das Fehlen von Emotionen hat seinen Platz in der Geschichte der Kriminologie. 1879 wurde der 36-jährige W. B. – nennen wir ihn William, damals ein beliebter Vorname – nach zehn Jahren aus dem Gefängnis in Kingston, Ontario, entlassen. Auf dem Heimweg, nicht mehr weit vom Haus seines Vaters entfernt, entdeckte der ehemalige Sträfling auf einer Wiese ein grasendes Pferd. William kletterte über den Zaun, band das Pferd an einen Telegrafenmast und verstümmelte es schwer. Zeugen hatten Mühe, Williams seltsames Verhalten zu erklären, das ihn nicht einmal einen Tag nach seiner Entlassung geradewegs wieder vor den Richter führte.

William war im walisischen Swansea geboren worden. Als er zehn Jahre alt war, emigrierte er mit seiner Familie nach Kanada. Seiner Stiefmutter zufolge war der kleine William B. ein mürrisches Kind – »unkommunikativ, faul, verschlagen und hinterhältig« –, das dazu neigte, Tiere zu quälen und seine jüngeren Geschwister zu misshandeln. Kein Pferd in der Nachbarschaft war vor ihm sicher, häufig fand man Wunden an ihrem Hals, die er ihnen mit einem Messer zugefügt hatte. 1869 wurde der junge Mann nach einem sexuellen Übergriff auf ein zehnjähriges Mädchen zu einer lebenslangen Freiheitsstrafe verurteilt, aus ungeklärten Gründen jedoch begnadigt und freigelassen, was uns wieder zu jenem Tag zurückbringt, als er auf dem Heimweg ein Pferd verstümmelte.

Williams Verhalten war so rätselhaft, dass der Richter ihn für geisteskrank hielt. Er wurde freigesprochen und in die Irrenanstalt von Kingston eingewiesen. Dort befand er sich auch 1884 noch, als der britische Psychiater Daniel Hack Tuke Ontario besuchte. Tuke war von William so fasziniert, dass er einen ganzen Tag damit verbrachte, seine Fallunterlagen zu lesen, und später einen Artikel für eine psychiatrische Fachzeitschrift in Großbritannien schrieb. Tukes Ansicht nach war William ein klassisches Beispiel für »moralischen Wahnsinn«, jedoch mit einer Besonderheit: Er leide an *mania sanguinis*, dem obsessiven Drang nach Blut.[392]

Die Diagnose »moralischer Wahnsinn« wurde 1835 von dem Psychiater und Anthropologen James Cowles Prichard eingeführt. Prichard nutzte sie, um Menschen zu beschreiben, die ohne erkennbare intellektuelle Beeinträchtigung oder nachvollziehbaren Grund außerhalb der Grenzen von Konventionen agierten. Moralisch bedeutete in diesem Fall psychologisch oder emotional und umfasste nicht zwangsläufig die ethischen Konnotationen, die wir heute mit dem Begriff verbinden. Wer an moralischem Wahnsinn litt, verfügte über ein vermindertes »moralisches Empfinden«, einen Mangel an sozialem Einfühlungsvermögen. Das bedeutete nicht, dass diese Menschen überhaupt keine Emotionen kannten. Tatsächlich konnte ihr Mangel an sozialem Empfinden zu impulsiven Ausbrüchen führen.

Wenn die Viktorianer von einem Mangel an Gefühl sprachen, meinten sie also im Allgemeinen das Fehlen einer bestimmten Art von Gefühlen. Wenn ein Mensch gegen die gesellschaftlichen Konventionen verstieß, musste er unzivilisiert sein. Tuke kam zu dem Schluss, dass sich in William ein »alter wilder Typus« verkörpere und er »durch Zufall im falschen Jahrhundert geboren« worden sei. Wie so vieles im wissenschaftlichen Denken der Viktorianer war auch diese Vermutung geprägt von rassistischen Vorurteilen. William, schrieb Tuke, »hätte genügend Raum für seine blutrünstigen Neigungen und wäre im Einklang mit seiner Umgebung, wenn er in einem barbarischen Zeitalter oder in heutigen Zeiten in gewissen Teilen Afrikas zur Welt gekommen wäre, aber jetzt und hier kann er nicht als ein Mitglied der zivilisierten Gesellschaft geduldet werden«.[393] Als die edelsten Gefühle galten Mitgefühl und Selbstlosigkeit, und praktischerweise waren diese Empfindungen, den damaligen Wissenschaftlern zufolge, bei weißen westlichen Männern stärker ausgeprägt als bei allen anderen.

Tuke hätte sicherlich nicht den Begriff Psychopath für ihn verwendet, nicht zuletzt, weil er unter Psychopathie eine Form der Behandlung verstand, analog zu Osteopathie oder Homöopathie.[394] Heute würden wir jedoch Psychopathie für eine treffende Beschreibung von Williams unerklärlich grausamen Taten halten. Obwohl er zeitweise ruhig war und sich nützlich machte, konnte man ihm nicht trauen, und es war »höchst fraglich, ob er für irgendjemanden eine gewisse Zuneigung empfand«.[395] Aber was war mit einer eifersüchtigen jungen Dame oder zwei anstrengenden Fünfjährigen, die ebenfalls moralisch irre waren? Oder der gelangweilten Adligen Miss M., die einem jungen Bekannten seltsame Briefe voller angedeuteter Drohungen und gelegentlich ungeschickte Zeichnungen von einem Sarg schickte? Oder Mr C., einem Bauingenieur und »einfallsreichen Genie«, der mit dem Zug fuhr, ohne eine Fahrkarte zu kaufen?[396] Bei ihnen allen wurde moralischer Wahnsinn diagnostiziert, aber würden Sie sie auch für Psychopathen halten?

Erst im 21. Jahrhundert fand der Begriff Psychopath Eingang in die wissenschaftliche Terminologie, und damals bedeutete er etwas völlig anderes als heute. Der britische Arzt Albert Wilson veröffentlichte 1910 als einer der Ersten eine wissenschaftliche Analyse des »Psychopathen oder entarteten Menschen« – ein bestimmter Typus des Verbrechers. Zwar hatten viele spätviktorianische Autoren die kriminelle Psychologie erforscht, doch Wilson beschrieb eine besondere Form des »unvollendeten Menschen«. Wilsons Psychopath war nicht der Professor Moriarty oder Lex Luthor der populären Literatur: Intelligente Meisterverbrecher fielen nicht in seinen Zuständigkeitsbereich.[397] Stattdessen situierte er den Psychopathen »in jener weitläufigen Region, in der wir diejenigen antreffen, die nicht als normale Menschen eingestuft werden können«, weit unterhalb des »breiten Durchschnitts von Intellekt und Moral, in dem wir alle uns wiederzufinden hoffen«.[398] Diese »subnormalen« Menschen verfügten über einen schwach ausgeprägten Willen, ein schlechtes Gedächtnis und keine Selbstbeherrschung. Ihre »Gehirnarchitektur« sei unvollendet, so Wilson, was bedeutete, dass sie nicht darauf hoffen durften, jemals normal zu werden. Sie waren keine echten »Idioten oder Schwachsinnige« – die seiner Ansicht nach »von Geburt an geschädigt« waren –, sondern eine neue Gruppe, »jenen verwandt, die die Königliche Kommission und die Ärztekammer als geistesschwach bezeichnen«.[399]

Drei Jahre später goss der Mental Deficiency Act von 1913 diese neue Kategorie der »Geistesschwachen« in ein Gesetz, das Menschen mit Lernschwierigkeiten, ledigen Müttern, Kleinkriminellen, Mittellosen und anderen, die als gesellschaftlich unerwünscht galten, Einschränkungen in ihrer Lebensführung auferlegte. Sie waren die ersten »Psychopathen«. Wieder spielte Rassismus bei der Definition von Geistesschwäche eine erhebliche Rolle. Wilson kam auf der Grundlage von »Hirnstudien« zu dem Schluss, dass seine sogenannten Psychopathen eine Rückwendung zu »Negroiden und primitiven Rassen« seien.[400] Natürlich waren diese Hirnstudien, wie der Biologe Stephen Jay Gould beschreibt, von weißen, westlichen Wissenschaftlern durchgeführt worden, die ihre Daten oft auf bestürzende Weise manipulierten, um ihre Thesen beweisen zu können: Weiße Männer besaßen die größten – und daher auch besten – Gehirne.[401]

Trotz der offensichtlichen Unterschiede zwischen den beiden Gruppen wiesen die moralisch Wahnsinnigen der viktorianischen Epoche und die Psychopathen des beginnenden 20. Jahrhunderts zwei Gemeinsamkeiten auf. Beide galten als Beleg für »rassische Entartung«, und beide Begriffe wurden auf ein breites

Spektrum von Menschen angewandt, die gegen die Konventionen verstießen. Diese Menschen hatten nicht das Geringste mit dem zu tun, was wir heute unter einem Psychopathen verstehen: ein rücksichtsloses, gefühlskaltes Individuum. Uns kommt bei diesem Wort ein Serienkiller oder ein despotisches Staatsoberhaupt in den Sinn. Doch bis etwa 1940 bezeichnete »Psychopath« eine Vielzahl unterschiedlicher Dinge. Manchmal wurde damit eine Neigung zu gewalttätigem oder kriminellem Verhalten beschrieben. Manchmal war es ein Synonym für Lernschwäche. Und manchmal konnte es auch als anderer Ausdruck für ungewöhnliche psychologische Zustände, etwa eine Psychose, verwendet werden. Der Begriff war, wie die Historikerin Susanna Shapland es formuliert, eine Art »Abfalleimer« für all diejenigen, die als geistig nicht ganz normal galten.[402]

Nach dem Zweiten Weltkrieg wurde die Definition des Psychopathen präziser gefasst, einen Psychopathen zu erkennen wurde jedoch erstaunlicherweise schwerer. Nehmen wir zum Beispiel Andrew, den »Psychopathen« in einem Film des britischen Gesundheitsministeriums, der 1960 zum besseren Verständnis von Aggressionen gedreht wurde. Obwohl Andrew kein besonders umgänglicher Mensch ist, schafft er es meistens zu bekommen, was er will. »Zu Andrews Verhaltensrepertoire gehört sein Charme, den er an- und ausknipsen kann, wie es ihm gerade passt«, beklagt sich sein Pfleger Henry, als Andrew während eines Cricketspiels im Krankenhaus mit einer Schwester flirtet. Anders als die verwahrloste, verwirrte Patientin in diesem Film, deren Aggression das Pflegepersonal als verständliche Reaktion auf ihre Furcht einflößenden Halluzinationen wertet, ist Andrew jung, gut gekleidet und attraktiv. Er wirkt, in Ermangelung eines besseren Worts, *normal*.[403]

Andrew, erfahren wir, war schon als Baby ungeliebt und unerwünscht. Mit fünf Jahren wurde »die Fähigkeit zu lieben in diesem ungeliebten kleinen Jungen für immer zerstört«. Die Figur des Andrew Lewis spiegelt den nach dem Zweiten Weltkrieg verbreiteten sozialen Blick auf Gesundheit wider, als der neue britische Wohlfahrtsstaat soziale Unterstützung über persönlichen Gewinn stellte. Wem es schwerfiel, normale Emotionen zu zeigen, der verdiente Mitleid und Hilfe, keine Diffamierung. Psychopathen seien »eine Gruppe von kämpfenden Menschen, soziale Außenseiter, wenn Sie so wollen, die dringend Hilfe benötigen«, schrieb der Psychiater David Henderson.[404] Er betonte den Einfluss negativer Kindheitserfahrungen, die den Psychopathen emotional abstumpfen ließen. Doch auch er bediente sich für seine Erkenntnisse an rassistischen Evolutionshierarchien. Der Psychopath, fuhr er fort, verharre auf der emotionalen Ebene eines »primitiven Wilden«, eine viktorianische Metapher, die auch 1939 noch Bestand hatte.[405]

Hervey Cleckley, der führende amerikanische Experte auf dem Gebiet der Psychopathie, sah die Sache kritischer. Er war der Ansicht, alle Schuld den Eltern oder der Gesellschaft zuzuschieben, entlasse diejenigen, die sich schlecht benahmen, allzu leichtfertig aus der Verantwortung. Außerdem gebe es viel zu viele Psychopathen, als dass diese Erklärung zutreffen könne. Bisher habe er sie überall angetroffen, behauptete der Psychopathen-Spürhund General Cleckley 1941 – in Krankenhäusern, ambulanten Kliniken und in seiner Beratungspraxis. Außerdem war er anderen dabei behilflich, die Psychopathen in ihrer Umgebung zu erkennen, indem er eine praktische Liste psychopathischer Merkmale zusammenstellte. Cleckleys Auflistung umfasste 16 Punkte und hatte tiefgreifende Auswirkungen auf die spätere Beurteilung von

Psychopathie. Psychopathen, erklärte Cleckley, seien oberfläch-
lich charmant und intelligent, unzuverlässig und unaufrichtig,
und sie litten unter »emotionaler Verarmung«: einem vollständi-
gen Mangel an »reifem, von Herzen kommendem Zorn, aufrich-
tiger oder beständiger Empörung, ehrlicher, solider Trauer, be-
stärkendem Stolz, tiefer Freude und echter Verzweiflung«.[406] Sie
spürten zwar Freude, Zorn, Verzweiflung und dergleichen, aber
nicht auf dieselbe bestärkende, reife, echte Weise wie »normale«
Menschen. Für jemanden, der nicht ganz so versiert ist, Psychopathen zu erkennen wie Cleckley, scheint es beinahe unmöglich,
sie richtig einzuschätzen.

Wie Kevin Khatchadourian in dem Film *We Need to Talk About Kevin* von Lionel Shriver (2003) werden Psychopathen in der
öffentlichen Wahrnehmung heutzutage meist mit extremen Ge-
walttaten in Verbindung gebracht und gelten als weitgehend un-
therapierbar. Doch während die Psychopathen in Büchern und
Filmen fast ausnahmslos Serienkiller sind, vertreten einige Psychologen wie Robert Hare die Ansicht, dass diese »emotionslosen
Androiden« mitten unter uns leben.[407] Auf nicht nachvollzieh-
bare Weise gelang es ihm auszurechnen, dass es in Nordamerika
zwei bis drei Millionen Psychopathen geben müsse. Und viele von
ihnen wissen nicht einmal, dass sie Psychopathen sind. So hielt
sich der Neurowissenschaftler James Fallon während der ersten
58 Jahre seines Lebens für einen »ganz normalen Kerl«. Doch als
er 2005 die Hirnscans von Psychopathen untersuchte, erkannte
er verblüfft, dass sein eigener Scan, den er zu Vergleichszwecken
herangezogen hatte, erstaunliche Ähnlichkeiten mit denen von
Mördern aufwies. Fallons gesamte Lebensphilosophie – und sein
Verständnis der Neurowissenschaften – wurde durch diese Entdeckung auf den Kopf gestellt. Bis dahin hatte er geglaubt, solche

Scans seien eine gute Möglichkeit, um die menschliche Natur zu verstehen, weil unser Gehirn und unsere Biologie zu 80 Prozent für unser Wesen verantwortlich seien. An diesem Tag wurde Fallon zum lebenden Beweis gegen seine eigene Theorie, dass in unserem Gehirn vorprogrammiert sei, wer wir sind.[408]

Fallons Entdeckung führte jedoch auch dazu, dass die Kategorie des »Psychopathen« weniger klar umrissen und messbar bleibt, als wir es uns wünschen. Kann ein Hirnscan tatsächlich »beweisen«, dass jemand ein Psychopath ist? Sind sie überhaupt echte Psychopathen, wenn sie nie ein Verbrechen begehen? Stehen wirklich kalte, gefühllose Monster an der Spitze der meisten unserer Konzerne, Banken und Regierungen, wie Bob Hare behaupten würde? Wenn man es so formuliert, klingt das Ganze allmählich wie eine Verschwörungstheorie: die Invasion der psychopathischen Körperfresser. Je mehr wir über Psychopathen erfahren, umso mehr von ihnen sehen wir um uns herum. So erging es auch Jon Ronson, während er *Die Psychopathen sind unter uns* verfasste.[409] Aber vielleicht ist es ja genau umgekehrt. Wir hören, dass jemand etwas Furchtbares getan hat, und suchen in seinem Verhalten und seiner Ausdrucksweise nach Erklärungen. Fühlen sie auf die gleiche Weise wie wir? Oder gehören sie zu den Androiden, die Hare beschrieben hat: unfähig nachzuvollziehen, was »echte Menschen« erleben?

Science-Fiction hat den Androidenvergleich populär gemacht. Ein Beispiel dafür ist Lieutenant Commander Data, der 1987 in *Raumschiff Enterprise – Das nächste Jahrhundert* auftauchte und fünfzehn Jahre lang über die menschliche Gefühlswelt grübelte. Und in Philip K. Dicks *Blade Runner – Träumen Androiden von elektrischen Schafen?* wurden Empathietests genutzt, um nichtmenschliche Replikanten zu entdecken. Aber auch die Menschen in Dicks 1968 erschienenem Roman manipulieren ihre Emotionen und programmieren sich selbst mit einer »Stimmungsorgel« – von intensiverer Wut, um einen Streit zu gewinnen, bis zu »sechs Stunden selbstquälerische[r] Depression«.[410] Wer kann da noch sagen, was echter ist? Die konstruierten Replikanten oder die programmierten Menschen?

Zu Hares großem Verdruss neigen wir nach wie vor dazu, mangelnde Emotionen mit bestimmten Handlungen und Verbrechen in Verbindung zu bringen. Vielleicht fühlen wir uns dadurch sicherer – wer braucht schon einen teuren Kurs bei Bob Hare, wenn wir einen Killer an seinen kalten, toten Augen erkennen können? Aber wie oft lassen wir uns von unseren Vorurteilen in die Irre führen? 2012 eröffnete der ehemalige Student der Neurowissenschaften James Holmes in einem Kino in einem Vorort von Denver das Feuer und ermordete zwölf Menschen während einer Vorstellung von *Batman – The Dark Knight Rises*. Als im Fernsehen Videoaufnahmen der Anklageerhebung gezeigt wurden, machte eine meiner Freundinnen eine Bemerkung über seine kalte, ausdruckslose Miene. Für sie sah er aus wie ein psychopathischer Killer. Ich dagegen fand, er sah aus wie jemand, der unter dem Einfluss starker Medikamente stand.

Das erinnert uns daran, dass es nicht immer leicht ist, Emotionen zu zeigen. Eine Kollegin erzählte mir einmal von den Erfahrungen ihres Bruders, nachdem bei ihm Schizophrenie diagnostiziert wurde. Meist kam er mit seiner Medikation gut zurecht, sagte sie, obwohl er oft darüber klagte, dass er wie betäubt sei und nichts fühle. Als ihre Mutter starb, setzte er für eine Woche seine Neuroleptika ab. Es wäre falsch, zur Beerdigung der eigenen Mutter zu gehen und nicht weinen zu können, erklärte er seiner Schwester. Sie konnte das nachvollziehen. Wie wir die

Emotionen anderer Menschen auffassen, hängt ebenso sehr von unserer Interpretation einer bestimmten Situation ab wie von kulturellen Unterschieden und individuellen Eigenheiten. Und manchmal kommen erschwerend noch Medikamente oder Alkohol hinzu. Wir lassen uns zu überstürzten Urteilen hinreißen oder haben Schwierigkeiten damit, auf emotionale Anzeichen zu reagieren. Das mag für neurodivergente Menschen schwieriger sein, aber es würde mich überraschen, wenn jemand noch nie in seinem Leben die Gefühle eines anderen falsch gedeutet hätte. Ob es nun um die Erwartungen der anderen geht oder um unsere eigenen Vorstellungen von Richtig und Falsch, Normal und nicht Normal, oft ist es doch gerade die chaotische Ungewissheit unserer Emotionen, die dazu führt, dass wir uns menschlich fühlen.

LEBEN MIT GEFÜHL

Kurz vor meinem 30. Geburtstag fand ich eine Stelle in einem historischen Museum. Ich war begeistert von meiner neuen Aufgabe. Wenn ich morgens zur Arbeit kam, zog ich den Schlüssel zu dem georgianischen Stadthaus aus der Tasche und schloss auf, als wohnte ich dort. Ich liebte die schiefen Treppen und den Geruch von poliertem Holz in den dunklen Räumen. Eines Tages führte ich eine Amerikanerin mittleren Alters herum, die die Räumlichkeiten des Museums eventuell für eine Firmenveranstaltung mieten wollte. Fröhlich über die Geschichte des Gebäudes plaudernd gingen wir von Raum zu Raum, während ich sie an meiner Liebe zu diesem Haus und seiner Vergangenheit teilhaben ließ. Als wir im obersten Stock ankamen und ich kurz innehielt, um Luft zu holen, musterte sie mich streng. »Sie sind ja wirklich *sehr* enthusiastisch«, sagte sie düster.

Ich habe nie erfahren, was genau diese Fremde an meiner Begeisterung so übertrieben fand. Aber viele von uns hegen Vorbehalte gegen eine übersteigerte Emotionalität, vor allem bei Fremden. In Polen gilt es als unnormal, Fremde anzulächeln – das lernte ich auf die harte Tour während eines Besuchs in Krakau, wo mein reflexhaftes Grinsen bei den mürrischen Verkäuferinnen auf Verwirrung stieß. Emotionen werden streng gehütet und nur wenigen Auserwählten gegenüber offenbart. Doch manchmal bereitet die Unaufrichtigkeit den Briten ebenso großes Unbehagen, etwa der hohle Klang eines beiläufigen »Ich wünsche Ihnen noch einen großartigen Tag!«. Als Nation leben wir immer noch mit den emotionalen Folgen der traditionellen *stiff upper lip* – auch wenn emotionale Aufrichtigkeit oder Ehrlichkeit gegenüber sich selbst in den letzten Jahren immer stärker thematisiert werden.

Was bedeutet das für uns? Was sind die Gefühle normaler Menschen? Sollten wir alle negativen Empfindungen zurückweisen und mit Liebe und Verständnis zur Wonder Woman der Zukunft werden? Oder ist es gefährlich, Trauer und Wut zu unterdrücken, wie Sigmund Freud und sein Kreis glaubten? In letzter Zeit gewinnt das Konzept der »emotionalen Intelligenz«, das der Psychologe Daniel Goleman 1995 einer breiteren Öffentlichkeit zugänglich machte, zunehmend an Bedeutung. In diesem Modell, das auch als EQ (Emotionalquotient) bezeichnet wird, werden Emotionen nicht als innere Triebe betrachtet, die von einem Menschen entweder kontrolliert oder zum Ausdruck gebracht werden, sondern vielmehr als die »Fähigkeit«, mit anderen in Beziehung zu treten. Doch Romane, Fernsehserien und Filme betonen nach wie vor die Herausforderungen, vor die diese komplexe

Vergangenheit uns stellt. Emotionale Aufrichtigkeit erscheint entweder als unmögliches Ideal, als Anlass zu Spott oder wird als Gier nach Aufmerksamkeit interpretiert, so etwa bei der problembehafteten Tanya McQuoid in der HBO-Satire *The White Lotus* (2021).

Ein Jahrhundert der Emotiographen und Seelenmaschinen hat uns letztlich der quantitativen Erfassung unserer Gefühle keinen Schritt näher gebracht; wir finden nicht einmal einen universellen Weg zur Beschreibung oder zum Verständnis von Emotionen. 1971 schlug der Psychologe Paul Ekman eine Gruppe grundlegender emotionaler Ausdrucksweisen und sogenannter »Primäraffekte« vor, die in allen Kulturen verbreitet seien. Der weitreichende Einfluss von Ekmans Modell war noch in dem 2015 erschienenen Disney/Pixar-Film *Alles steht Kopf* zu erkennen. Die Zahl der in Ekmans Modell enthaltenen Emotionen hat sich im Laufe der Zeit verändert, doch üblicherweise beinhaltet es Wut, Ekel, Angst, Freude, Traurigkeit und Überraschung (wobei Letzteres für die Zeichentrickwelt vielleicht zu unspezifisch ist und deshalb von Disney kurzerhand gestrichen wurde). Dabei sind diese »Primäraffekte« und ihre Ausdrucksformen gar nicht so allgemeingültig, wie Ekman anfangs glaubte. Im Rahmen einer Studie fand man heraus, dass die Bewohner abgelegener Inseln in Papua-Neuguinea den westlichen »ängstlichen« Gesichtsausdruck als wütend und bedrohlich interpretieren.[411] Und wie oft reagieren wir im alltäglichen Leben mit einfachen, deutlich voneinander getrennten Gefühlen? 2021 zeigte eine Studie, bei der der Gefühlsausdruck professioneller Schauspieler untersucht worden war, dass »Mimik und die Wahrnehmung von Emotionen situationsbedingt sind und über die Stereotype des emotionalen Ausdrucks hinausgehen«.[412]

Erfolgt die Definition normaler Emotionen bereits mit dem Bild einer bestimmten Gruppe vor Augen, kann sie zu einer selbsterfüllenden Prophezeiung werden. Die emotionale Zurückhaltung oder spezifische Ausdrucksweisen dieser Gruppe werden dann zum Maßstab, an dem alle anderen gemessen und beurteilt werden. In den vergangenen zwei Jahrhunderten wurde dies oft als Argument zur Bewahrung des Status quo genutzt. In einer elitären, rassistischen Wissenschaft der Emotionen ging man davon aus, dass die Menschen mit der größten politischen und wirtschaftlichen Macht auch diejenigen mit den ausgeprägtesten sozialen Empfindungen seien – und damit am besten zur Führung geeignet. Dass sie andere durch Kolonialismus, Sexismus oder Klassismus unterdrückten, wurde als gönnerhafter Akt wohlwollender Eltern dargestellt, die genau wissen, was für das emotionale und körperliche Wohlbefinden des Kindes am besten ist. Einige der mit dieser Haltung verbundenen negativen Stereotype wirken bis heute in der Öffentlichkeit nach, von wütenden jungen People of Color bis zur emotional manipulativen Frau. Wir gehen zwar davon aus, dass unsere Emotionen in der menschlichen Natur verankert sind und einen fundamentalen Bestandteil unseres Wesens bilden. Doch ihre Geschichte zeigt, dass auch diese Normen konstruiert wurden – und sie verrät uns, zu wessen Nutzen und zu wessen Nachteil dies geschah.

6

Sind meine Kinder normal?

Als ich drei Jahre alt war, erzählte ich den Erzieherinnen in der Spielgruppe, dass meine Spielsachen nachts lebendig würden. Zusammen mit meinen Teddys flog ich zum Otford Palace in Kent, wo wir mit meinem besten Freund, König Heinrich VIII., zu Abend aßen. Als Beweis malte ich für sie ein Bild. Ohne mit der Wimper zu zucken, akzeptierten die Erwachsenen meine nächtlichen Besuche bei einem längst verstorbenen Tudor-König. Doch nur ein paar Kilometer entfernt machte meine Freundin Sophie in einer anderen Gruppe eine ganz andere Erfahrung, als sie ihren Erzieherinnen erzählte, sie sei eine kleine Katze. »Spiel nicht mit der Schere, Sophie«, sagten sie, woraufhin sie ihnen einen vernichtenden Blick zuwarf. »Katzen verstehen kein Englisch!«, erwiderte sie verächtlich. Aus Sorge, Sophies Verhalten könne nicht normal sein, riefen die Erzieherinnen ihre Eltern an. »Glauben Sie, sie sollte zu einem Psychiater?«, fragten sie. »Vielleicht denkt sie ja *wirklich*, sie sei eine Katze!« Das tat sie nicht.

Wie Kinder aufwachsen und sich entwickeln, wie sie sich verhalten und welche Dinge sie tun, gehörte in den vergangenen zwei Jahrhunderten zu den emotionalsten und umstrittensten Bereichen, wenn es um die Festlegung der Grenzen des Normalen ging. Wir machen uns Sorgen über das normale Gewicht und die normale Entwicklung von Säuglingen, darüber, ob unsere Kinder richtig lernen und sich sozialisieren und ob ihr Verhalten und ihre Emotionen möglicherweise problematisch sein könnten. Die Viktorianer machten sich mehr Gedanken über eine normale Kindheit als ihre Vorfahren: Kinder und Jugendliche wurden nicht länger als kleine Erwachsene betrachtet, sondern hatten eigene Bedürfnisse, denen es zu entsprechen galt, damit sie zu idealen Bürgern heranwuchsen. Die Einführung der Schulpflicht, Gesetze zur Eindämmung der Kinderarbeit und die Anhebung des gesetzlichen Schutzalters waren Teil eines neuen Wunschs, das Kind zu schützen und zu formen, ein Impuls, der auch im 20. Jahrhundert anhielt und in den letzten 50 Jahren noch einmal verstärkt auftrat.

Diese Ängste verrieten ebenso viel über Erwachsene wie über Kinder: »Mum und Dad versauen dich«, heißt es bei Philip Larkin.[413] Zwar lautet der abschließende Rat des misanthropischen Dichters, man solle lieber keine Kinder in die Welt setzen, doch viele von uns ignorieren seine Warnung. Was wir uns jedoch zu Herzen nehmen, sind Larkins Befürchtungen, wir könnten unsere seltsamen Eigenheiten an unsere Kinder weitergeben. Den Viktorianern bereitete die »Tyrannei der Organisation« Sorge, was bedeutet, sie glaubten, die Kinder neurotischer Eltern seien dazu verdammt, denselben Weg einzuschlagen. Henry Maudsley, der Psychiater, der diese Formulierung prägte, hatte gewiss keine eigenen Kinder. An der Wende zum 20. Jahrhundert rückte die Kindererziehung verstärkt in den Fokus des Interesses. Sich um Kinder zu kümmern, war nicht mehr etwas Instinktives, Natürliches, sondern eine Fertigkeit, die erlernt werden musste: In den ersten Jahrzehnten lag der Schwerpunkt dabei auf der körperlichen Gesundheit des Säuglings, später dann, zur Zeit des Zweiten Weltkriegs, verschob er sich hin zu den emotionalen Bedürfnissen des Kindes. Damals bestand die größte Sorge nicht mehr darin, dass ein Elternteil dem Kind seine instabilen Gene vermacht, sondern dass die Eltern ihrem Nachwuchs in irgendeiner Phase seiner Entwicklung nicht gerecht werden könnten.

Meine eigenen Eltern haben sich zweifellos die gleichen Gedanken gemacht. Als ich ein Teenager war, entschuldigte sich meine Mutter bei mir: »Dein Vater und ich sind beide nicht besonders gut darin, mit anderen Menschen umzugehen«, gestand sie. »Ich glaube, das haben wir an dich weitergegeben. Es tut mir leid.« Für sie bedeutete es womöglich das Eingeständnis, versagt zu haben, aber für mich als unbeholfener, verwirrter Teenager war das sehr wichtig. Ich fühlte mich weniger allein. Und obwohl ihre Worte in mir einen gewissen Fatalismus hätten auslösen können – »Wenn meine Eltern so sind, werde ich mich nie ändern können« –, war dem nicht so. Stattdessen wollte ich lernen, mit bestimmten sozialen Situationen besser zurechtzukommen. Ich fühlte mich im Kontakt mit anderen Menschen höchst unwohl, daher übte ich, Umarmungen über mich ergehen zu lassen. Es hat Jahre gedauert, aber heute kann ich meine Freunde nicht nur umarmen, ohne gleich zurückzuzucken, sondern ich tue es auch, ohne überhaupt einen Gedanken daran zu verschwenden. Für andere mag das keine große Sache sein, aber für mich war es ein enormer Schritt.

Die kindliche Entwicklung ist nicht in Stein gemeißelt. Kinder verblüffen und berühren uns immer wieder mit ihren Ideen und Einsichten. Wir sind überrascht, wie sehr sich ihre Gefühle und ihr Verhalten von unserem eigenen unterscheidet. Sie beeindrucken und interessieren uns, wenn wir sie mit Gleichaltrigen vergleichen oder einer Kategorie, in die sie angeblich gehören. Wie sollen wir in dieser kaum überschaubaren Fülle an Unterschieden eine normale kindliche Entwicklung erkennen und definieren? Und wann hilft oder schadet es einem Kind, wenn ihm das Etikett »nicht normal« angeheftet wird? Von ihren ersten Schritten bis zu ihren ersten Dates bewerten wir das Leben unserer Kinder anhand einer Reihe von Standards – aus Sorge, nicht nur die Kinder, sondern auch wir als Eltern könnten als unzureichend eingestuft werden.

DAS RUNDE, GESUNDE BABY

Meine erste Nichte wurde 2017 geboren. Sie war ein gesundes, glückliches Baby, das gut schlief, ausreichend trank und von seinen begeisterten Verwandten vergöttert wurde. Außerdem war sie relativ klein. Wenn sie gewogen wurde, landete sie auf der Gewichtskurve immer zwischen der 50. und der 25. Perzentile (das heißt, dass 50 bis 75 Prozent der Babys schwerer waren als sie). »Alle schwärmten immer von pummeligen Babys«, erinnert sich meine Schwester. »Sie sagten: ›Oh, die Milch deiner Mami muss aber gut sein!‹ Die Leute meinen es nicht böse, aber es sorgt dafür, dass man sich schlecht fühlt, wenn das eigene Baby kleiner ist als der Durchschnitt. Dabei liegt doch per Definition die Hälfte der Babys unter 50 Prozent.« Sie weiß noch, wie ihr neu geborenes Baby einmal gewogen wurde und die Frau von der Gesundheitsfürsorge die Stirn runzelte. »Hmm«, sagte sie, »sie liegt auf der 30-Prozent-Linie. Kommen Sie nächste Woche noch einmal her, damit wir sie im Auge behalten können.« Meine Schwester wurde nervös und war fest entschlossen, ihr Baby mehr zu füttern, damit es zunahm. Aber als sie in der darauffolgenden Woche wieder zum Wiegen kam, traf sie auf eine andere Gesundheitspflegerin, die eine völlig andere Ansicht vertrat: »28. Perzentile, super! Ihr Gewicht liegt von Anfang an perfekt auf einer Linie. Das sieht großartig aus!« Die Zahl hatte sich kaum verändert, sie war nur anders interpretiert worden. Seufzend schüttelt meine Schwester den Kopf. »Ich hatte mir also eine Woche lang völlig umsonst Sorgen gemacht, nur wegen dieser Kurve.« Es dauerte eine Weile, bis sie sich mit der Größe ihres Babys abgefunden hatte, und noch länger, bis sie davon überzeugt war, dass auch alle anderen um sie herum glaubten, der Kleinen gehe es gut.

Einer der ersten Parameter, die wir bei unseren Kindern messen, ist das Wachstum. Wachsen sie richtig, bekommen sie genug zu essen? Obwohl wir permanent mit der Botschaft bombardiert werden, dass Stillen für die Gesundheit von Babys das Allerwichtigste sei, haben die meisten Mütter Probleme damit. Im Rahmen einer amerikanischen Studie wurden 418 junge Mütter befragt, und 92 Prozent von ihnen berichteten über Schwierigkeiten beim Stillen in den ersten Tagen nach der Geburt. Manche hatten Mühe, das Baby zum Anlegen zu bewegen, andere hatten zu wenig Milch oder zu große Schmerzen. Nicht alle diese Probleme ließen sich lösen, und nach zwei Monaten hatte fast ein Viertel der befragten Frauen das Stillen ganz aufgegeben.[414] Solche Fälle sind natürlich nicht neu. Als die Schriftstellerin Vera Brittain 1927 ihr erstes Kind bekam, scheiterte sie beim Versuch, es zu stillen. Genau wie einige der Frauen heute gab auch sie der mangelnden Unterstützung durch Fachleute die Schuld.[415]

In Vera Brittains Zeit wurden Mütter noch strenger anhand der Größe ihrer Babys beurteilt. 1906 erklärte George Newman, der Londoner Gesundheitsinspektor für den Bezirk Finsbury, Kindersterblichkeit sei »ein soziales Problem«. Seit 1881 fiel die Geburtenrate in England und Wales, die Kindersterblichkeit war jedoch nicht in gleichem Maße zurückgegangen. 1899 starben 163 von 1000 Kindern vor ihrem ersten Geburtstag, ein Wert, der über dem Durchschnitt des vergangenen Jahrzehnts lag.[416] In ärmeren Bezirken, wie Newmans Londoner Zuständigkeitsbereich, lag die Sterblichkeitsrate höher als anderswo. Trotzdem kam er nicht zu dem Schluss, dass eine erhöhte Säuglingssterblichkeit durch Armut hervorgerufen werden könnte. Stattdessen bezeichnete er sie als »ein Anzeichen für schlechte Bedingungen in den Haushalten« und schrieb, sie sei »in gewisser Weise eng verbunden mit dem sozialen Leben« des Landes.[417] Newman zufolge sagte die Säuglingssterblichkeit mehr über die Mütter aus als über die Babys, denn, »offen gestanden, sind Unwissenheit und Nachlässigkeit der Mütter unmittelbar für einen großen Teil der Säuglingssterblichkeit verantwortlich«.[418]

Für Newman und seine Kollegen lagen die entscheidenden Gründe darin, dass die Mütter ihre Kinder nicht stillten, sondern stattdessen verdünnte Dosenmilch verwendeten. Damit umgingen sie bequemerweise das eigentliche Problem, dass nämlich viele der Frauen selbst zu unterernährt waren, um ausreichend Milch für ihre Babys zu haben, und richtige Milch für die meisten Arbeiterfamilien viel zu teuer war.[419] Die Bedeutung, die richtiger Ernährung beigemessen wurde, machte Wachstum zu einem weitverbreiteten Maßstab für die Gesundheit eines Säuglings. Das routinemäßige Wiegen von Babys wurde 1878 in Deutschland eingeführt.[420] In den 1890er-Jahren war diese Vorgehensweise bei Ärzten in ganz Europa und Nordamerika anerkannt. Aber es war die Gesundheitsfürsorge, die das Wiegen Anfang des 20. Jahrhunderts in die britischen Haushalte brachte. 1905 beschäftigten 50 Städte in England und Wales angestellte Fürsorgeschwestern, und 1907 wurde gesetzlich festgelegt, dass alle Geburten innerhalb von sechs Wochen gemeldet werden mussten, damit eine Fürsorgeschwester den Säugling betreuen konnte.[421]

Die Mitarbeiter der Gesundheitsfürsorge sollten die Mütter aus der Arbeiterschicht beraten und den Zustand der Kinder, die sie besuchten, beurteilen. In ihrem Leitfaden nannte Greta Allen 1905 zwei Möglichkeiten, ein normales, gesundes Baby zu erkennen: anhand seines Gewichts und anhand der Farbe und der Konsistenz seines Stuhls (»geschlagene Eier« waren in Ordnung, »gehackter Spinat« ein Anlass zu Sorge).[422] Da das regelmäßige Wiegen seit einigen Jahrzehnten Teil der ärztlichen Routine war, konnte ein »normales« Gewicht anhand von Durchschnittswerten bestimmt werden. So veröffentlichte Allen eine praktische Gewichtstabelle, in der das normale Gewicht und die normale Größe eines Kindes von der Geburt bis zum Alter von 15 Jahren verzeichnet waren. Diese Tabelle konnten Fürsorgeschwestern zum Vergleich heranziehen. Die Herkunft der darin angeführten Werte, die Allen aus dem Buch eines New Yorker Arztes übernommen hatte, war jedoch unklar. Es waren Durchschnittswerte »aus Originalquellen stammend und auf der Grundlage von etwa 500 Fällen ermittelt«.[423] Waren diese 500 mysteriösen Säuglinge und Kleinkinder gesund und wohlgenährt? Die Antwort darauf bleibt sie uns schuldig, trotzdem wird das Durchschnittsgewicht dieser Babys, ungeachtet des Kontextes, zu einem präzisen Gradmesser normaler Säuglingsgesundheit.

Wenn der Gesundheitszustand von Babys anhand von Gewichtstabellen definiert wird, gerät leicht in Vergessenheit, dass nach der Logik des Durchschnitts einige Babys zwangsläufig leichter sein werden als andere. In den Praxen der Säuglingsfürsorge musste Anfang des 20. Jahrhunderts für jedes behandelte Kind eine Gewichtstabelle ausgefüllt werden.[424] In diesen Praxen wurden auch genaue Vergleichswerte für eine normale, altersgerechte Entwicklung verwendet, die üblicherweise auf einem Durchschnitt beruhten, was es für reale Babys beinahe unmöglich machte, ihnen zu entsprechen. Es war leicht, Ratschläge zu erteilen, aber schwieriger, sie zu befolgen. Eine jugendliche Mutter brach in der 1907 eröffneten St. Pancras School for Mothers in Tränen aus, als sie erfuhr, dass ihr Baby abgenommen hatte, obwohl sie sich »trotz aller Widrigkeiten bemüht hatte, die ihr gegebenen Anweisungen aufs Genaueste zu befolgen«.[425]

Vielbeschäftigte Mütter – egal, ob arm oder reich – wurden zur Zielscheibe der Ärzteschaft. Eine Mutter aus der Mittelschicht wurde von ihrem Arzt getadelt: Sie renne »wahrscheinlich zu viel durch die Gegend, wirbele dabei [ihre] Mich auf und entziehe ihr dadurch alle guten Eigenschaften«.[426] Arbeitende Mütter seien dagegen der Grund dafür, dass ihre Kinder von Ungeziefer befallen würden, warnte Enid Eve, leitende Fürsorgeschwester und Gesundheitsinspektorin im Zentrum Londons.[427] Die Fürsorgeschwester solle »alles in ihrer Macht Stehende tun, um Krippen überflüssig zu machen, indem sie die Mütter dazu überredet, zu Hause bei ihren Kindern zu bleiben«, betonte Eve.[428] Das wurde zu einem Leitmotiv der Kinderfürsorge weit über den Zweiten Weltkrieg hinaus. Die Londoner Gesundheitsinspektoren befürchteten insbesondere Unterernährung, wenn »die Mutter zur Arbeit geht und nicht in der Lage ist, ihren Kindern ein ordentliches Mittagessen zuzubereiten«, obwohl dreimal mehr Kinder aufgrund von Armut unterernährt waren als solche, bei denen Vernachlässigung durch ihre Eltern gemeldet wurde.[429]

Einige Reformer wiesen nachdrücklicher auf die Folgen von Armut und Lebensumständen für die Entwicklung von Kindern hin. Unter der Leitung der australischen Sozialistin und Feministin Maud Pember Reeves befragte eine Frauengruppe der Fabian Society 42 einkommensschwache Familien in Lambeth, einem Stadtteil im Süden Londons. Die Ergebnisse veröffentlichten sie unter dem Titel *Round About a Pound a Week [Etwa ein Pfund pro Woche]* – der Durchschnittslohn der Teilnehmer an ihrer Studie. Einige der Politiker, die der Ansicht waren, Armut – und somit auch die Unterernährung der Kinder – sei lediglich auf einen leichtfertigen Umgang mit Geld zurückzuführen, behaupteten, jede Familie könne von einem Pfund pro Woche leben. Die Familien, die Reeves befragte, mussten mit diesem Geld jedoch sehr sorgfältig haushalten. Jede Einsparung konnte sich auf die Gesundheit der Familie auswirken. Reeves fand heraus, dass ein ordentliches, gut durchlüftetes Zimmer im Obergeschoss eines Hauses genauso viel Miete kostete wie mehrere feuchte Kellerräume, sodass die Familien beengte gegen unhygienische Lebensbedingungen abwägen mussten. Die Kindersterblichkeit stieg, je weniger Miete gezahlt wurde.[430]

»Es besteht kein Zweifel daran«, erklärte Reeves feierlich, »dass der gesunde Säugling mit drei Monaten weniger gesund ist als bei der Geburt, mit einem Jahr noch weniger gesund, und bevor er alt genug ist, um zur Schule zu gehen, hat er Rachitis oder Lungenbeschwerden entwickelt, und das alles aufgrund vollkommen vermeidbarer Ursachen.«[431] Einige dieser Kinder beschrieb sie in bewegenden Details. Emma, zehn Jahre alt und »137 Zentimeter groß in ihren Strümpfen«, sei »ein seltsames kleines Geschöpf, das älteste von sechs Geschwistern und immer mit einem Baby auf dem Arm«. Dorothy, ein zwei Jahre altes »Ex-Baby«, wünschte sich »nichts sehnlicher, als mit ihren älteren Geschwistern zur Schule zu gehen«, und zappelte ruhelos und ängstlich in ihrem Hochstuhl, während ihre Mutter sich um einen neuen Säugling kümmerte. Benny war zwölf, klein für sein Alter und »sehr, sehr ernst«. Während sein Vater bei der Arbeit war, bot Benny dem örtlichen Milchmann an, vor und nach der Schule zwei Stunden für ihn zu arbeiten, ohne seinen Eltern etwas davon zu erzählen.[432] Trotz ihrer ärmlichen Unterkünfte und der unzureichenden Ernährung, notierte Reeves, seien die Kinder »gut erzogen, was Manieren, Sauberkeit und Verhalten angeht«, und von ihren Müttern würden sie »freundlich und mit Geduld behandelt«. Doch je älter die Kinder wurden, desto deutlicher trat ihr auffälligstes Merkmal zutage: »mangelnde Lebensfreude«. Wie ihre Mütter lernten die Kleinen, die ihnen auferlegten Beschränkungen zu akzeptieren. »Diese Kinder rebellieren nie gegen Enttäuschungen«, schloss Reeves. »Es ist ihr Schicksal. Sie rechnen mehr oder weniger damit.«[433]

Die Frauengruppe der Fabian Society riet zu einem Mindestlohn, Kindergeld, kostenlosem Schulessen und Schulkrankenschwestern, um die gesunde körperliche Entwicklung von Kindern zu fördern. Es sollte noch lange dauern, bis diese Maßnahmen umgesetzt wurden. Nach dem Ersten Weltkrieg blieb die Armut weitverbreitet, verschlimmert noch durch Arbeitslosigkeit und die Weltwirtschaftskrise in den 1930er-Jahren. Veränderungen gab es hingegen in der wissenschaftlichen Sicht auf die Gesundheit von Kindern. Vitamine wurden als Schlüssel zu einer guten und gesunden Entwicklung des Kindes gepriesen. Säuglingsmilch wurde mit Fruchtsaft und Virol (einem Nahrungsergänzungsmittel aus Malzextrakt und Knochenmark) angereichert, um Skorbut und Rachitis vorzubeugen, und 1928 begann der Pharmahersteller Glaxo, seiner Säuglingsmilch Vitamin D beizumischen.[434]

Das Wissen um Vitamine – das Neueste, »von dem jeder schon einmal gehört hat« – schien eine verheißungsvolle Ära in der

Kindergesundheit zu eröffnen.[435] Durch Rachitis hervorgerufene Knochendeformationen etwa waren seit Langem ein gewohnter Anblick bei den Kindern im Zentrum Londons. 1925 meldete der Gesundheitsinspektor für Walthamstow (heute ein Bezirk im Nordosten Londons), dass Vitamine bereits einen spürbaren Einfluss auf die Gesundheit von Schulkindern gezeigt hätten.[436] Das war etwas verfrüht. Das Wissen um die Wirkung von Vitaminen bedeutete noch lange nicht, dass sie auch allen zur Verfügung standen. 1943 wurde im Rahmen einer Oxforder Studie der körperliche Zustand von Kindern in drei Regionen, darunter auch Walthamstow, mit Blick auf Gesundheit und Ernährung untersucht. In den städtischen Bezirken von Birmingham, Walthamstow und Oxfordshire lagen die Vitamin-C-Werte »weit unter dem anerkannten Optimum«, nur in den Dörfern von Oxfordshire, wo frisches Obst und Gemüse angebaut wurde, lagen sie »im normalen Bereich«. Über 40 Prozent der Kinder waren in einem schlechten gesundheitlichen Zustand, obwohl diejenigen, die ein unterdurchschnittliches Gewicht aufwiesen, »aber ansonsten bei gutem Befinden waren«, als gesund eingestuft wurden.[437]

Nach dem Zweiten Weltkrieg begannen Ärzte verstärkt auf die riesigen Unterschiede zwischen gesunden Kindern hinzuweisen. »Jeder Arzt mag in der Lage sein, das Durchschnittsgewicht und die Durchschnittsgröße für Kinder eines bestimmten Alters und Geschlechts zu benennen«, schrieb der Professor für Kinderheilkunde Ronald Illingworth 1953, »aber was normal ist, kann niemand sagen, denn das Normale lässt sich unmöglich definieren.«[438] Und selbst wenn man es definieren könnte, war das durchschnittliche Kind nicht mehr das gleiche wie in den Jahrzehnten zuvor. 1959 berichtete das Gesundheitsministerium, dass die Normgewichtstabellen aus den 1920er-Jahren niedrigere

Werte aufwiesen als die Durchschnittswerte, die im Rahmen von Säuglings- und Kinderstudien in den 1940er- und 1950er-Jahren ermittelt worden waren. Daher wurde angeregt, die Normen zu aktualisieren, um der Tatsache Rechnung zu tragen, dass Säuglinge und Kinder »schwerer und größer« geworden waren.[439] Gesundheitsinspektoren der 1950er-Jahre sahen diese Entwicklung durchaus positiv, denn für sie war eine Steigerung der durchschnittlichen Größe ein Zeichen für »bessere Ernährung und eine bessere allgemeine Versorgung«.[440]

Es gab jedoch auch anderslautende Stimmen. Einige Gesundheitsinspektoren begannen die Ansicht zu vertreten, dass »Überernährung« und Fettleibigkeit das Leben verkürzten.[441] Mitte der 1960er-Jahre tauchte erstmals der heute so vertraute Begriff der »Fettleibigkeit bei Kindern« auf, die bereits als eine Epidemie gefährlichen Ausmaßes geschildert wurde. 1962 berichtete die *Times*, dass die örtlichen Schulbehörden in Cambridgeshire als Reaktion auf die Gewichtszunahme der Kinder süße Brötchen und Doughnuts aus den Schulläden verbannt hatten – und sie stattdessen durch nicht minder fettige Kartoffelchips und gesalzene Erdnüsse ersetzten.[442] Im selben Jahr erklärte die Zeitung das »hübsche, runde Baby« zu einem Irrglauben. Übergewicht bei Kindern sei ein derart ernstes Problem, dass Mütter durch Plakataktionen in Kinderpraxen vor dieser Gefahr gewarnt werden sollten.[443]

Der Anstieg von Übergewicht hänge mit dem höheren Lebensstandard und den veränderten Ernährungsgewohnheiten zusammen, so die Schulärztin Phyllis Gibbons. 5 bis 15 Prozent der Schulkinder lägen inzwischen »mindestens zehn Prozent über dem mittleren Gewicht für ihr Alter, ihre Größe und ihren Körperbau«.[444] Möglicherweise war dies in einer Normalverteilung des Gewichts schon immer der Fall gewesen. Doch in der Nachkriegszeit betrachtete man es erstmals als ein Problem. Gibbons beschrieb zwei Diätexperimente, die 1965 mit kleinen Gruppen weiblicher Teenager in Croydon durchgeführt worden waren; vier Jahre später war dieser Versuch zu einem »bezirksweiten Angebot zur medizinischen Gewichtskontrolle und -reduktion in Schulen« ausgeweitet worden.[445] Nachdem 1967 das erste Treffen der Weight Watchers in Großbritannien stattgefunden hatte, führten andere Londoner Stadtbezirke bis zum Ende des Jahrzehnts Weight-Watchers-Programme ein, die sich an »übergewichtige« Teenager, vorwiegend Mädchen, richteten. Anders als die Diäten der 1930er-Jahre konzentrierten sich diese Programme nun auf Kinder und Jugendliche.[446]

30 Jahre später hatte die Angst vor einer »Adipositas-Epidemie« auf Regierungen und Gesundheitsaktivisten in der gesamten westlichen Welt übergegriffen. Die *Times*, die offensichtlich vergessen hatte, dass sie schon 1962 von einer Krise gesprochen hatte, verwies 2001 auf einen »alarmierenden Anstieg von Übergewicht bei Kindern«. In dem Artikel wurde über eine im *British Medical Journal* veröffentlichte Studie berichtet, der zufolge die Zahl der als übergewichtig eingestuften Kinder zwischen 1984 und 1994 um 50 Prozent gestiegen sei.[447] Die Aussagen unterschieden sich nicht wesentlich von den Befürchtungen, die schon in den späten 1960er-Jahren geäußert worden waren, allenfalls wurde etwas weniger auf das breite Spektrum der Varianten eingegangen. Dennoch scheint die Studie einen Nerv getroffen zu haben, denn 2004 kam es zu einer »Flut von Konferenzen und Berichten, die sich mit dem Thema Übergewicht, auch bei Kindern, beschäftigten«, und sie alle zeichneten eine dystopische Zukunft.[448] Übergewicht wandelte sich vom »Problem des Einzelnen

zu einem Problem von Gesellschaft und Nation«, so wie es auch bei den unterernährten Säuglingen Anfang des 20. Jahrhunderts der Fall gewesen war.[449]

Das scheint das verbindende Element zu sein, soweit es um die Größe des normalen Kindes geht. Seit einem Jahrhundert oder mehr steht das normale Kind – und mit ihm die normale Mutter – im Fokus politischer und kultureller Befürchtungen um die Zukunft der Nation. Vom untergewichtigen, vernachlässigten Säugling, dessen berufstätige Mutter Anfang des 20. Jahrhunderts ihre Pflichten gegenüber ihrem Land versäumte, bis zum fetten, trägen Millennial spiegeln sich im normalen Kind die Ängste um die Zukunft der Gesellschaft. Statt tatsächlich Erhellendes zur Normalität eines individuellen Kinds beizutragen, bündeln sich in Themen wie Mangelernährung oder Fettleibigkeit der Kinder vielmehr die Sorgen um ihre Eltern, um Armut, Geschlecht und Klasse. Betrachtet man ein Kind im Kontext seiner Lebensumstände, liegt es wahrscheinlich weit weniger außerhalb irgendeiner Norm, als allgemeine Standards vermuten lassen. Und wenn Kinder innerhalb einer Gemeinschaft als unnormal beurteilt werden, dann liegt das üblicherweise an einem »grundlegenden Mangel in der Gemeinschaft selbst«, wie der Kinderarzt Jan van Eys 1979 schrieb.[450] Die Geschichte des normalen Kindes bestätigt diese Aussage zweifellos.

DAS GENIE AUS DER ANSTALT

James Henry Pullen war 15 Jahre alt, als er in das Royal Earlswood Asylum eingewiesen wurde – die nationale Anstalt für Schwachsinnige, wie sie damals genannt wurde. Die auf dem Gelände von

Earlswood Common in Redhill, Surrey, gelegene Einrichtung war die erste ihrer Art für »schwachsinnige Kinder« in England und Wales. Pullen kam 1850 nach Earlswood, zusammen mit einigen seiner Mitschüler aus Essex Hall in Colchester, einer der sehr wenigen Schulen für Kinder mit besonderen Lernbedürfnissen. Wie diesen anderen »idiotischen und geistesschwachen Kindern« – so lautete die harsche medizinische Bezeichnung der viktorianischen Ära – war Pullen das Lernen in einem traditionellen schulischen Umfeld schwergefallen. Er entwickelte sich langsam, sprach erst mit sieben Jahren sein erstes Wort. Keine Schule war bereit, ihn aufzunehmen, und so blieb der junge Pullen zu Hause, bis er im Alter von zwölf Jahren nach Essex Hall geschickt wurde. Hier lernte James Henry Pullen unter den wachsamen Augen der Schulleiterin Sarah Pearce sein erstes Wort zu buchstabieren: *man* – »Mann«.

Earlswood sollte für den jugendlichen Pullen zur dauerhaften Heimat werden. Welch ein Unterschied zu dem komfortablen dreistöckigen Haus in Dalston, in dem er aufgewachsen war. In dem riesigen, imposanten Gebäude waren 400 Schüler untergebracht, die zum Zeitpunkt ihrer Aufnahme alle zwischen 8 und 18 Jahren alt waren. Diese Kinder mussten als geeignet angesehen werden, von der Einrichtung zu profitieren, und bei ihren Familien musste es sich um »respektable« arbeitende Männer und Frauen handeln, die noch nie Armenunterstützung erhalten hatten.[451] Die Heilanstalt für »Schwachsinnige« war ein Pendant zu den staatlichen Irrenanstalten, die in England und Wales in den 1840er- und 1850er-Jahren wie Pilze aus dem Boden schossen, jede einzelne von ihnen eine prächtige architektonische Zurschaustellung viktorianischer Philanthropie.

Natürlich hat sich die Einstellung zu solchen Institutionen seit Pullens Zeiten erheblich gewandelt. Viele waren erleichtert, als

Earlswood 1997 endlich geschlossen wurde, denn sie verbanden das Leben in einem Heim mit Vernachlässigung, Missbrauch und Vorurteilen gegenüber Menschen mit Lernbehinderung. Doch 1850 galt die Einrichtung als der Start in ein besseres Zeitalter. Diese Kinder würden nun nicht mehr länger in ihren Familien gequält und vernachlässigt werden (obwohl dies, dem Historiker Simon Jarrett zufolge, auch vor der Einführung der Anstalten nicht allgemein üblich gewesen war).[452] In der Anstalt bekämen sie genug zu essen und wären gut untergebracht. Sie würden lernen, nützliche Mitglieder der Gesellschaft zu werden, sie würden Kenntnisse in Haushaltstätigkeiten und Werkstattarbeit erwerben, und man würde ihnen beibringen, mit anderen zu interagieren.

Das bedeutet nicht, dass die Kinder, die in Earlswood aufgenommen wurden, freiwillig dort waren oder zwangsläufig gut betreut wurden. Wie Pullen hatten sie keine andere Wahl, was ihr neues Zuhause anging. Diese von Eltern und Ärzten als geistig abnorm eingestuften jungen Menschen wurden von Angehörigen nach Earlswood geschickt, die nicht in der Lage oder willens waren, sich selbst um sie zu kümmern. Der zehnjährige Robert Campbell, protokollierte der Arzt, der ihn untersuchte, zeige eine »geistesabwesende Gleichgültigkeit gegenüber den Dingen, die Kinder üblicherweise anziehen, und sein allgemeines Verhalten weicht von dem anderer Kinder ab«.[453] William Greens Mutter beklagte, dass er nicht lesen könne, obwohl sie beträchtliche Zeit darauf verwendet habe, es ihm beizubringen.[454]

Während seiner Jugend in Earlswood hatte Pullen weiterhin große Probleme mit dem klassischen Lernen. Er beherrschte nur wenige Wörter und lernte weder lesen noch schreiben. Trotzdem wurde er zu einem von Earlswoods berühmtesten Bewohnern: dem »Genie aus dem Earlswood Asylum«, wie er in der Presse bejubelt wurde. Seit frühester Jugend bewies Pullen großes Geschick beim Zeichnen und Bauen von Modellschiffen. In Earlswood bekam er handwerklichen Unterricht und erwies sich rasch als hervorragender Schüler. Mit 20 Jahren richtete man ihm eine eigene Werkstatt ein und beschäftigte ihn für einen geringen Lohn als Schreiner. Er fertigte Möbel für die Einrichtung an und widmete sich nebenbei seinen eigenen Projekten: von einem beeindruckenden maßstabsgetreuen Modell von Isambard Brunels SS *Great Eastern* bis hin zu einem mechanischen Riesen, der draußen vor seiner Werkstatt stand. Die Gründe für James Henry Pullens Kombination aus Lernbehinderung und brillanten mechanischen Fähigkeiten sind bis heute umstritten. In Pullens Zeit jedoch galten Lernschwierigkeiten als erblich, möglicherweise ein weiteres Zeichen der Degeneration.

Wie in anderen viktorianischen Klassifikationssystemen basierten auch die Annahmen über Vererbung auf rassistischen Kategorien, in die Menschen anhand ihrer körperlichen Merkmale eingeteilt wurden. Als Pullens Arzt, der Psychiater John Langdon Down, zum ersten Mal das Syndrom beschrieb, für das er später berühmt werden sollte, war es Teil einer »ethnischen Einteilung von Idioten«, wie er es nannte.[455] Viele der Bewohner von Earlswood, so Down, ließen sich »einer der großen Einteilungen der menschlichen Familie zuordnen, die von jener Art abweichen, der sie entstammen«. Obwohl sie alle von weißer, europäischer Abstammung seien, habe er in ihren Gesichtszügen unter anderem »Vertreter weißer Neger«, »Beispiele für jene Familie, die die Inseln der Südsee bevölkert« und den sogenannten »mongoloiden Typus der Idiotie« entdeckt. Letzteres war die erste Beschreibung des Syndroms, das nach ihm benannt werden sollte:

das Down-Syndrom.[456] Die »rassischen« Merkmale, die Down erkannt haben wollte, waren ihm zufolge ein Zeichen für Atavismus: den Rückfall in einen primitiven Zustand. Darüber hinaus sind sie ein weiterer Beleg dafür, dass »abnorm« für viele weiße Viktorianer stets »nicht westlich« bedeutete; Downs Klassifizierung diskriminierte sowohl People of Color als auch Menschen mit Lernbehinderung.

Nicht nur die wissenschaftliche Klassifizierung veränderte den Blick auf bestimmte Kinder, sondern auch die Ausweitung des formellen Schulunterrichts.[457] Vereinfacht ausgedrückt: Je höher der Anteil der Menschen wurde, die lesen und schreiben konnten, umso sichtbarer wurden diejenigen, die – wie William Green und James Henry Pullen – Schwierigkeiten damit hatten. Und das in einem immer früheren Alter. Es waren die Klassenzimmer, in denen die präziseste Vorstellung von einer normalen Intelligenz definiert wurde. 1880 wurde in England und Wales die Schulpflicht eingeführt.[458] Gleichzeitig gewann Lesen und Schreiben sowohl bei Männern als auch bei Frauen zunehmend an Prestige, selbst unter denjenigen, die diese Fähigkeiten nicht in ihrer täglichen Arbeit nutzten.[459] 1840 konnten zwei Drittel der Männer und die Hälfte der Frauen in England lesen und schreiben; am Ende des Jahrhunderts lag der Anteil in beiden Geschlechtern bei nahezu drei Vierteln.[460]

Das Gleiche geschah in weiten Teilen Europas: Nachdem 1881 in Frankreich der kostenlose verpflichtende Grundschulbesuch eingeführt worden war, beherrschten am Ende des 19. Jahrhunderts fast alle Franzosen zumindest die Grundzüge des Lesens und Schreibens. Vor diesem Hintergrund erhielt der Psychologe Alfred Binet 1904 vom französischen Bildungsminister den Auftrag, die Fähigkeiten jener Kinder zu verbessern, die sich im

Unterricht schwertaten. Um solche Kinder zu identifizieren, entwickelten Binet und sein Forschungsassistent Théodore Simon eine Methode zur Messung elementarer Denkprozesse (wie sie es nannten), die beim Lernen eine Rolle spielten: die Fähigkeit, Dinge zu ordnen, Verständnis, Einfallsreichtum und das Korrigieren von Fehlern. Durch eine Vielzahl unterschiedlicher Tests hoffte Binet, einen Weg zu finden, das Lernpotenzial eines Kindes zu ermitteln. Seine Tests waren nicht dazu gedacht, eine Rangliste *aller* Kinder zu erstellen, sondern sollten lediglich einen besseren Einblick in die Fähigkeiten derjenigen geben, die bereits Schwierigkeiten hatten. Das würde es den Lehrern ermöglichen, ihnen zusätzliche Hilfe und Unterstützung anzubieten, um ihre Intelligenz zu verbessern.[461] Dieser Wert, der später unter der Bezeichnung IQ (Intelligenzquotient) bekannt wurde, galt anfangs also nicht als eine ererbte, unveränderliche Größe.

Trotzdem wurde er durch den Vergleich mit einem »Normalzustand« definiert, anders als bei früheren Intelligenztests, die ein absolutes Ergebnis für sich in Anspruch nahmen. Heute sind wir an die Vorstellung gewöhnt, dass Intelligenz von einem Durchschnitt abweichen kann. Doch vor 150 Jahren war es keineswegs gesichert, dass sich diese Ansicht durchsetzen würde oder ein als Intelligenz bezeichnetes Merkmal in einer Normalverteilung abgebildet werden könnte. Nachdem Francis Galton 1869 sein Buch *Genie und Vererbung* veröffentlicht hatte – ein Werk, in dem er anhand einer sehr überschaubaren Datenlage behauptet, Genialität werde vererbt –, bezeichnete Charles Darwin sich als Bekehrten. »Ich war immer der Auffassung, dass sich die Menschen, abgesehen von Narren, in ihrem Intellekt nicht wesentlich voneinander unterscheiden«, schrieb Darwin Galton im Dezember jenes Jahres, »allein in Eifer & harter Arbeit.«[462] Nach der Lektüre von Galtons Buch änderte Darwin seine Meinung. Dabei war Darwins früherer Standpunkt durchaus vernünftig gewesen. Seine eigenen Arbeiten zur Evolution hatten gezeigt, dass die natürliche Selektion ein sehr langwieriger Prozess war. Er hatte argumentiert, dass die Menschen sich geistig nicht auf individueller Ebene, sondern als Spezies weiterentwickelten. Wenn das stimmte, wie konnten sich dann die geistigen Fähigkeiten einzelner Menschen signifikant voneinander unterscheiden?

Nachdem er seinen Cousin von der Idee überzeugt hatte, dass die Intelligenz innerhalb der Bevölkerung variiert, versuchte Galton, diesen Gedanken allgemein bekannt zu machen und zu beweisen, dass Intelligenz in einer Normalverteilung abgebildet werden konnte. Er übertrug die von Cambridge-Studenten erzielten Noten in eine Glockenkurve und erstellte auf dieser Grundlage eine allgemeine Verteilung menschlicher Intelligenz, die von »Idioten und Schwachsinnigen« am unteren Ende der Skala bis zu den Genies an deren Spitze reichte. »Nach dem sicheren Gesetz der Abweichungen von einem Durchschnitt«, erklärte Galton selbstgewiss, bilde die menschliche Intelligenz eine Glockenkurve, in deren Zentrum das durchschnittliche geistige Leistungsvermögen des Menschen liege.[463] Diesem viktorianischen Eugeniker ist es also hauptsächlich zu verdanken, dass wir heute dazu neigen, Intelligenz als eine unveränderliche, angeborene Eigenschaft zu betrachten. Und das allein ist sicherlich Grund genug, kurz innezuhalten und diese Annahme noch einmal zu überdenken.

Aber zurück zu Alfred Binet. Seine Tests wurden mithilfe »normaler« Kinder standardisiert, darunter auch Binets eigenen. Sie führten eine Reihe von Aufgaben aus, denen anschließend ein Alter zugeordnet wurde, in dem die meisten Kinder sie bewältigen konnten. Ein normales vierjähriges Kind sollte Binet zufolge in der Lage sein, sein Geschlecht anzugeben, einfache Gegenstände zu benennen, drei Zahlen zu wiederholen und zwei unterschiedlich lange Linien zu vergleichen. Ein siebenjähriges Kind konnte auf seine rechte Hand und sein linkes Ohr deuten, ein Bild beschreiben und vier Farben nennen. Mit zehn Jahren konnte ein Kind fünf Gewichte in eine Reihenfolge bringen, Zeichnungen aus dem Gedächtnis nachmalen, absurde Aussage beanstanden und schwierige Fragen verstehen.[464] Vermutlich hielt Binet Kinder in diesem Alter für reichlich morbid: Die meisten seiner »absurden Aussagen« handelten von fürchterlichen Unfällen oder schwerer Körperverletzung. »Gestern wurde auf den Festungsanlagen die Leiche eines unglücklichen jungen Mädchens gefunden. Sie war in 18 Stücke zerteilt«, lautete ein besonders unerfreuliches Beispiel. »Man geht davon aus, dass das Mädchen sich selbst umgebracht hat.« Die korrekte Reaktion darauf lautete, dass das arme Mädchen sich nicht selbst in 18 Teile hätte zerlegen können.[465] Ob Binets Probanden nach seinen Tests unter Albträumen litten, wurde nicht vermerkt.

Und was war mit den Kindern, die nicht alle ihrem Alter entsprechenden Aufgaben lösen konnten? Diejenigen, die sich langsamer entwickelten als die übrigen, wurden in drei Gruppen eingeteilt, deren wissenschaftliche Bezeichnungen schon bald als Schimpfwörter in den allgemeinen Sprachgebrauch übergingen. Ältere Kinder, die nur den Test für Ein- bis Zweijährige bestanden, waren »Idioten«. Diejenigen, deren Fähigkeiten denen von Drei- bis Siebenjährigen entsprachen, waren »Schwachsinnige«. Und die »Stumpfsinnigen« lagen auf Binets Skala irgendwo zwischen acht und zwölf Jahren. Vier Jahre später passte ein deutscher Psychologe namens William Stern Binets Skala an, indem er das geistige Alter des Kindes durch sein chronologisches Alter teilte. Diese Zahl, ausgedrückt in Prozent, ergab den sogenannten Intelligenzquotienten (IQ).[466] Ein IQ von 100 war die Norm, nicht weil er notwendigerweise dem Durchschnitt der Bevölkerung entsprach – Binets Tests ermittelten keine Durchschnittswerte, lediglich die Fähigkeiten der »meisten Kinder« –, sondern weil sich darin die Vorstellung spiegelte, dass bei einem bestimmten Kind geistiges und körperliches Alter zusammenfielen. Ein geistiges Alter von zwölf, geteilt durch ein chronologisches Alter von zwölf, ergab 1 – oder 100 Prozent.

Nachdem Binets Tests in die USA importiert worden waren, verwendete man sie nicht mehr nur, um Kinder einzustufen, sondern erweiterte sie auf *alle* Menschen. Amerikanische Psychologen gingen davon aus, dass die Ergebnisse von Intelligenztests mit dem sozialen Status verknüpft waren. Dem Psychologen Lewis Terman zufolge, der den Stanford-Binet-IQ-Test entwickelte, war die gesellschaftliche Hierarchie nichts anderes als »gesunder Menschenverstand«.[467] Aber was ist gesunder Menschenverstand denn anderes als die Fähigkeit, Dinge zu sehen, wie sie zufällig sind? Die privilegierten Bedingungen, in die die Elite hineingeboren wurde, und die Möglichkeiten, die reiche Eltern ihren Kindern bieten konnten, machten es Francis Galtons Genies einfach, sich fortzupflanzen. Die Entwickler der Intelligenztests am Anfang des 20. Jahrhunderts sahen, wie sich vor ihren Augen der Status quo widerspiegelte, und hielten ihn für naturgegeben.

Darüber hinaus waren viele ihrer Tests voreingenommen, etwa weil sie kulturspezifische Fragen enthielten: »Ist Crisco ein Medikament, ein Desinfektionsmittel, eine Zahnpasta oder ein Lebensmittel?« Wüssten Sie die Antwort, ohne nachzusehen? Die Ergebnisse konnten dadurch verzerrt werden, dass manche Artikel bestimmten Gesellschaftsschichten vertrauter waren als anderen – nicht jeder konnte sich Crisco leisten. Oder weil die Fragen ein bestimmtes Gesellschaftsmodell repräsentierten, das Konsum und die Identifizierung mit bestimmten Marken privilegierte.[468] Wenn wir herausfinden wollen, ob Kinder einen weißen, westlichen, bürgerlichen Lebensstil pflegen, dann ist der Army-Alpha-IQ-Test von 1917 – ein Test, der Tausende weitere nach sich zog und aus dem die oben zitierte Frage zu Crisco stammt – ein guter Gradmesser. Wenn wir aber davon ausgehen, dieser Test könne ein spezifisches Persönlichkeitsmerkmal eines individuellen Menschen messen, ist er schon sehr viel weniger brauchbar. Trotzdem wurden diese Tests verwendet, um Einwanderungsquoten, berufliche Aufgabenbereiche, den Bildungsweg von Kindern und noch vieles mehr festzulegen.

Doch das vielleicht Bizarrste am IQ, dieser angeblich so unwandelbaren, angeborenen Größe, ist, wie sehr sich die Messergebnisse im Laufe der Jahre verändert haben. Seit 1932 wurden IQ-Tests kontinuierlich »neu normiert«, um sicherzustellen, dass der Wert 100 im Zentrum der Glockenkurve blieb. Wenn Sie parallel einen Test von 1932 und von 1947 absolvieren würden, läge Ihr IQ bei dem älteren Test höher. 1984 wies der Psychologe James Flynn darauf hin, dass der Gesamtanstieg bei amerikanischen Teilnehmenden in 46 Jahren unglaubliche 13,8 IQ-Punkte betrug, ein Ergebnis, dass durch Studien in vielen anderen Ländern bestätigt wurde.[469] Wurden die Menschen klüger? Gewöhnten sie sich an die standardisierten Tests? Oder gab es einen ganz anderen Grund dafür? Flynn kam zu dem Schluss, dass IQ-Tests nur sehr vage mit Intelligenz in Verbindung gebracht werden konnten.

Diese Erkenntnis bedeutete jedoch nicht das Ende der IQ-Tests. Sie wurden weiterhin verwendet, um klassenspezifische, ethnische und gesellschaftliche Vorurteile zu untermauern, wie etwa in dem 1994 erschienenen umstrittenen Buch *The Bell Curve [Die Glockenkurve]* von Richard Herrnstein und Charles Murray. Wie ihre viktorianischen Vorläufer betrachteten der Psychologe Herrnstein und der Politikwissenschaftler Murray die Normalverteilung als Beweis für genetisch bedingte Intelligenzunterschiede zwischen Menschen unterschiedlicher ethnischer und sozialer Herkunft. »Wissenschaftler gehen davon aus«, dass 40 bis 80 Prozent des IQ auf Genetik und Vererbung beruhen, behaupteten die beiden munter – aber zu Unrecht.[470] Wenn Menschen mit mehr Wohlstand und Bildung tendenziell einen höheren IQ hatten, dann bewies das in Herrnsteins und Murrays Augen, dass die überlegene Intelligenz ihren rechtmäßigen Platz gefunden hatte. Wieder einmal bot die Glockenkurve eine bequeme Möglichkeit, bereits bestehende Vorurteile zu bestätigen.

Was also hat ein Jahrhundert der IQ-Tests bewiesen? Werden wir mit einem feststehenden Intelligenzquotienten geboren, der bereits im Kindesalter gemessen werden kann und unser Leben lang unverändert bleibt? Oder variiert die Intelligenz einzelner Menschen kaum, wie Charles Darwin anfangs glaubte? Psychologen sehen IQ-Tests heute zunehmend kritisch, auch wenn viele von ihnen immer noch an der Idee festhalten, dass Intelligenz existiert und gemessen werden kann. Was aber eine normale Intelligenz sein könnte oder sollte, dazu gibt es nach wie vor deutlich mehr Fragen als Antworten.[471] Und in einer Zeit, in der die Mittel für Einrichtungen für Schüler mit sonderpädagogischem Förderbedarf in ganz Großbritannien gekürzt werden, erscheint Binets Ziel, mithilfe von Tests den Bedarf eines einzelnen, individuellen Kindes zu bestimmen, wie ein ferner Traum. Nach fast einem Jahrhundert der (übermäßigen) Nutzung der Glockenkurve im Rahmen von Intelligenztests hat sie immer noch Auswirkungen auf Bildung und Lebenschancen von Kindern, und das, obwohl nicht die geringste Einigkeit darüber besteht, was sie überhaupt abbildet.

DAS PROBLEMKIND

»Ich glaube, ich habe heute meinen ersten Serienmörder kennengelernt«, erklärte eine Freundin, kurz nachdem sie ihren ersten Job als Grundschullehrerin angetreten hatte. »Jeder Lehrer hat einen!«, beharrte sie, als der Rest der Gruppe mehr oder weniger ungläubig reagierte. »Dieses Kind, bei dem man einfach weiß, irgendwas ist merkwürdig. Und irgendwann, Jahre später, schaltest du die Nachrichten ein und siehst, wie dich sein Fahndungsfoto anstarrt.« Es stellte sich heraus, dass der kleine Harry seinen Hamster in der Toilette hinuntergespült hatte und nicht das geringste Anzeichen von Reue erkennen ließ. Tierquälerei im Kindesalter tauche häufig in den forensischen Profilen von Serienmördern auf, so meine Freundin. Aber Harry war fünf Jahre alt. War es fair, ihn so früh schon als Problemkind abzustempeln?

Das Problemkind war ein Produkt des frühen 20. Jahrhunderts, erst vor Gericht und später in Schulen, Familien oder auf den Straßen nordamerikanischer, europäischer und australischer Städte. Diese Kinder galten als körperlich und geistig normal, aber sie waren Unruhestifter, launisch und schwierig. Sie schrien, fluchten, widersetzten sich ihren Eltern, blieben abends lange weg, begingen Ladendiebstähle, tranken oder rauchten. Heute würden wir das als typisches Verhalten von Präpubertierenden oder Teenagern bezeichnen. Doch Anfang des 20. Jahrhunderts war das »Problemkind« zwischen 10 und 15 eine völlig neue Sorgenquelle für Eltern, Psychologen und Politiker. Man sah in diesen schwierigen Jugendlichen die künftigen Jugendstraftäter. So wie der kleine Harry im 21. Jahrhundert als potenzieller Serienmörder galt, wiesen die Wutausbrüche der zwölfjährigen Josie und das mürrische Wesen des 15-jährigen Malcolm in den 1930er-Jahren auf ihre spätere Verbrecherkarriere hin.[472] Ein frühes Eingreifen war vonnöten, um sicherzustellen, dass diese Problemkinder als Erwachsene ein normales, glückliches Leben führen würden.

Die Idee, dass langfristige Probleme ihren Ursprung in der Kindheit haben, war natürlich nicht ganz neu. Kinder »›nervöser‹, epileptischer, hysterischer, hypochondrischer oder instabiler« Eltern sollten eine streng regulierte Erziehung erhalten, erklärte der alternde Psychiater George Fielding Blandford 1892. Schon in früher Kindheit zeigten sich die Anzeichen einer »nervösen Vererbung« in nächtlichen Angstzuständen, Furcht vor Dunkelheit, einem »reizbaren, launenhaften« Naturell oder einer »zu Gewalt neigenden, leidenschaftlichen« Persönlichkeit.[473] Selbstbefriedigung galt, wie wir gesehen haben, seit Langem als eine der größten Gefahren für die anfällige Gesundheit eines Jugendlichen. Übermäßiges Lernen und Konkurrenzdruck in der Schule waren neue Sorgen, die mit der Erweiterung des Bildungssystems hinzukamen. Zugangsprüfungen für Stipendien, glaubte Blandford, verdammten zahllose Schüler »nach jahrelanger Kopfarbeit mit all den damit verbundenen Gefahren schließlich zu den misslichen Folgen mentaler Enttäuschung und einem Gefühl des Versagens«.

1891 thematisierte der 27-jährige Frank Wedekind in seinem ersten Drama *Frühlings Erwachen* den Druck, den die Schulzeit für junge Menschen bedeutete. In dieser in der deutschen Provinz angesiedelten Coming-of-Age-Geschichte fällt der 15-jährige Moritz Stiefel durch die Prüfungen und begeht Selbstmord. Sein bester Freund, Melchior Gabor, kommt in eine Besserungsanstalt, nachdem er die 14-jährige Wendla Bergmann vergewaltigt hat. Bergmann selbst stirbt nach einer verpfuschten Abtreibung. Wedekind veröffentlichte das Stück im Selbstverlag – er wusste genau, dass kein Theater es auf die Bühne bringen würde, und tatsächlich wurde es erst 1974 in voller Länge aufgeführt.

Frühlings Erwachen unterschied sich dramatisch von den medizinischen Beschreibungen des normalen oder gesunden Kindes der 1890er-Jahre, weil das Stück aus der Perspektive seiner jugendlichen Figuren geschrieben war. Erwachsene Autoritätspersonen sind Karikaturen mit lächerlichen Namen und gefühllosem Verhalten. In dem fehlgeleiteten Bemühen, die Unschuld der Jugendlichen zu bewahren, lassen ihre Eltern sie unaufgeklärt. »O Mutter, warum hast du mir nicht alles gesagt!«, klagt Wendla erstaunt, als sie erfährt, dass sie schwanger ist, schließlich hat ihre Mutter doch behauptet, sie könne nur ein Kind bekommen, wenn sie verliebt sei.[474] Im November 1906 kam es schließlich zu einer stark bearbeiteten Aufführung in den Berliner Kammerspielen. Das Stück blieb zwei Jahrzehnte im Repertoire des Theaters und machte Wedekind berühmt. Was hatte sich zwischen 1891 und 1906 verändert, sodass es nun möglich war, über die Ängste von Teenagern zu sprechen? Zu einem großen Teil war dies dem neuen Interesse an der Psychologie der Kindheit zu verdanken.

Vermutlich denkt man in diesem Zusammenhang als Erstes an Sigmund Freud. Obwohl er selbst keine Kinder behandelte, erforschte Freud in seinen detaillierten psychoanalytischen Fallstudien eingehend die Vergangenheit seiner Patienten und führte die Neurosen der Erwachsenen auf Erfahrungen in der Kindheit zurück. Zwar wurden Freuds Ansichten zur kindlichen Sexualität von seinen Kritikern vehement angefochten, doch auf die Psychoanalyse hatten sie großen Einfluss. Zugleich verbreitete sich der Gedanke, dass auch problematische Verhaltensweisen durch frühkindliche Erfahrungen ausgelöst wurden und als psychologisch bedingt betrachtet werden sollten. Dies führte zur Erziehungsberatungsbewegung des frühen 20. Jahrhunderts, erst in den Vereinigten Staaten und später in Europa. Ähnlich wie beim regelmäßigen Wiegen von Babys, nur für ältere Kinder, boten Erziehungsberatungsstellen, die in den 1920er- und 1930er-Jahren eröffnet wurden, Eltern Rat und Kindern Unterstützung.

Das System der Erziehungsberatung ging aus den ersten Jugendgerichten hervor, die ab 1899 in Illinois eingerichtet wurden. Sie schufen ein neues Verständnis für das »straffällig gewordene Kind«. Straffällig wurde ein Kind den in Illinois geltenden Gesetzen zufolge durch eine Vielzahl von Verhaltensweisen: Umgang mit »lasterhaften oder unmoralischen Personen«, Weglaufen von zu Hause, der Besuch von Lokalen, in denen Glücksspiel betrieben, Alkohol ausgeschenkt oder gewettet wurde, nächtliches Umherstreifen in den Straßen, die Verwendung »schmutziger, obszöner, vulgärer, lästerlicher oder unanständiger Sprache in der Öffentlichkeit« oder ein »anstößiges, unzüchtiges Verhalten«.[475] Zwar konnten einige dieser Vergehen auch bei Erwachsenen zur Festnahme führen, bei den meisten war das jedoch nicht der Fall. Die Jugendstrafgesetze dienten dazu, eine Reihe von Verhaltensweisen zu regulieren, die bei Kindern als ganz besonders abnorm erachtet wurden. Die jungen Delinquenten waren »eher ärgerlich als gewalttätig, eher gesellschaftlich anstößig als kriminell«[476].

Zugleich galt der neue jugendliche Straftäter jedoch auch als unschuldiger, als es unter viktorianischer Gesetzgebung der Fall gewesen war. Er war nicht mehr der geborene Kriminelle, sondern ein missverstandener, vernachlässigter, potenziell verletzlicher junger Mensch. »Es ist, als ignorierten wir ein melancholisches, allzu selbstgewisses Geschöpf, das durch die Straßen unserer Stadt geht und ruft: ›Ich bin der Geist der Jugend! Mit mir ist alles möglich!‹«, romantisierte die Sozialreformerin Jane Addams. »Wir verstehen nicht, was es will, erkennen nicht, was es tut, obwohl seine Taten doch voller Bedeutung sind.«[477] Eine harte Bestrafung jugendlicher Straftäter galt als weniger wünschenswert, da man inzwischen davon ausging, dass sich hinter dem schlechten Benehmen ein psychisches Trauma verbarg. Das Problemkind, so betonten die Reformer, brauchte Rat und Umerziehung, keine Strafe.

Die Geschichten dieser Kinder waren oft tragisch, und häufig lag der Grund dafür in ihren Familien. Die Studie, die Sophonisba Breckinridge und Edith Abbott 1912 in Chicago durchführten, enthält eine ganze Reihe solcher Schilderungen. Coras Eltern waren Alkoholiker, und statt zur Schule zu gehen, musste sie sich zu Hause um ihren vierjährigen Bruder kümmern. In ihrer Wohnung drängten sich betrunkene Feiernde, und oft streunte sie spät nachts noch durch die Straßen, um diesen Zuständen zu entkommen. Sie wurde vor Gericht gestellt, nachdem man sie schlafend »in der Gosse« gefunden hatte.[478] Ein 13-jähriger polnischer Junge wurde festgenommen, weil er Kornklappen von Güterwaggons gestohlen hatte: Sein Vater war an einer Lungenentzündung erkrankt, und ohne Nahrung oder Feuerholz drohten der Junge und seine Familie zu verhungern.[479] Und als ein 15-jähriges englisches Mädchen nicht mehr in der Kartonagenfabrik arbeiten konnte, weil sie sich schwere Verletzungen an den Fingern zugezogen hatte, weigerte sich ihre Mutter, sie weiter zu Hause wohnen zu lassen, wenn sie nicht eine andere Möglichkeit fand, Geld zu verdienen, wodurch sie sie in die Prostitution zwang.[480]

Breckinridge und Abbott machten nicht die Kinder selbst für ihre Vergehen verantwortlich, sondern die Umstände: Armut, Unglücksfälle, Niedergang, beengte Lebensverhältnisse, mangelnde Schulbildung und heruntergekommene Wohnviertel. All das lastete am schwersten auf den ärmsten Familien, vor allem jenen, die erst kürzlich eingewandert waren. Wie Jane Addams zeigten sich auch die beiden besorgt darüber, dass Erwachsene die Kinder nicht verstanden, eine Auffassung, die von einer neuen Generation von Kinderpsychologen vertreten wurde. Zu deren bekanntesten Vertretern gehörte William Healy, selbst ein Einwandererkind, dessen Eltern 1878 aus England nach Chicago gekommen waren. Obwohl er die Schule abbrach, um seine Familie zu unterstützen, lernte Healy nebenher weiter, und mit 24 ging er im Rahmen eines Förderprogramms für Studenten ohne Schulabschluss nach Harvard. Er spezialisierte sich auf Kinderpsychologie, doch der Mangel an wissenschaftlichen Studien zu normaler Physiologie und normalem Verhalten bei Kindern erschwerte seine Forschungen.[481]

In seinem Lehrbuch zur Jugendkriminalität *The Individual Delinquent* (1915) vertrat Healy die Ansicht, dass »so manche kriminelle Neigung ihren Ursprung im Dunkel der Konflikte des verborgenen Seelenlebens hat«.[482] Während spätviktorianische Psychiater davon ausgegangen waren, dass nur neurotische oder instabile Kinder Gefahr liefen, zu Verbrechern zu werden, betonten Healy und seine Kollegen, dass die *meisten* Kinder abnorm werden konnten, wenn sie in abnormen Umständen lebten. Ihre

Lebensumstände führten »zu Auswirkungen und Reaktionen, die sich ›ohne die Gnade Gottes‹ in vielen von uns ebenso hätten zeigen können«.[483] Diese Sichtweise förderte die aufkommende institutionalisierte Erziehungsberatung, sodass nach dem Ersten Weltkrieg in den Vereinigten Staaten 350 neue Beratungsstellen eingerichtet wurden.[484]

Dieses neue Verständnis erhöhte das Interesse an Kinderpsychologie beträchtlich. 1918 nannten lediglich drei Psychologen in den Vereinigten Staaten Kinder als ihren Forschungsschwerpunkt. 1937 waren es schon 81, und 1956 gaben fast 1000 Mitglieder der American Psychological Association Kinder oder die Arbeit mit Kindern als Spezialisierung an.[485] Eine vergleichbare Entwicklung war auch in England und Australien zu beobachten.[486]

Indem die amerikanischen Reformer zu Beginn des 20. Jahrhunderts das straffällig gewordene Kind neu bewerteten, veränderten sie auch die Sicht auf das normale Kind. Für die Viktorianer waren nur einige Kinder – wie James Henry Pullen – geistig abnorm, und zwar von Geburt an. Die Psychologen des frühen 20. Jahrhunderts hingegen gingen davon aus, dass *viele* Kinder, obwohl »normal« geboren, durch ihre Lebensumstände der Gefahr einer psychologischen Fehlprägung ausgesetzt waren. Nach dem Zweiten Weltkrieg wandelte sich diese Betrachtungsweise erneut. Nun waren Psychologen davon überzeugt, dass *alle* Kinder potenziell abnorm seien. Und die größte Bedrohung für die emotionale und psychische Gesundheit eines Kindes war offenbar das Verhalten seiner Eltern.

DER SIEGESZUG DER EMOTIONALEN GESUNDHEIT

»Das ist Laura in ihrem heimischen Garten.« So begann einer der einflussreichsten Filme zur kindlichen Entwicklung der Nachkriegszeit. Die zweieinhalbjährige Laura war ein aufgewecktes, aktives Mädchen, dessen liebevolle Eltern sich sehr über ihre raschen Fortschritte freuten. »›Es braucht eine Menge, um Laura zum Weinen zu bringen‹, sagen sie mit einigem Stolz«, erfährt der Zuschauer. *A Two-Year-Old Goes to Hospital [Eine Zweijährige im Krankenhaus]* wurde 1952 von dem Sozialarbeiter James Robertson und dem Psychologen John Bowlby gedreht. Der Dokumentarfilm schildert detailliert Lauras achttägigen Aufenthalt im Krankenhaus, wo sie wegen eines Nabelbruchs behandelt wurde – ein »alltägliches« Vorkommnis, wie Bowlby es ausdrückt. Der Film erzähle lediglich »die Geschichte eines zweieinhalbjährigen Kindes das wegen einer harmlosen Operation acht Tage im Krankenhaus verbringt und während des größten Teils dieser Zeit sehr aufgeregt ist«.[487]

Indem die Filmemacher Lauras Aufregung in den Mittelpunkt stellten, wollten sie zeigen, dass selbst normale Ängste in der Kindheit zu emotionalen Störungen führen können. Zum vielleicht ersten Mal rückten hier die emotionalen Reaktionen des Kindes ins Zentrum der Aufmerksamkeit. Der Film hat keinen Ton, wir hören Lauras Worte nur über die Stimme des Erzählers, während wir die Tränen des Kindes sehen. Was die Schwestern und Ärzte tun oder sagen, um sie zu beruhigen, kommentiert der Erzähler in der Regel nicht, wodurch ihre Bemühungen seltsam distanziert und fremd erscheinen. Dadurch, dass der Erzähler permanent betont, Laura sei ein ungewöhnliches Kind, wird die Wirkung des Films noch zusätzlich verstärkt. Obwohl sie offenbar zufällig von einer Verwaltungsangestellten des Krankenhauses ausgewählt wurde, bezeichnet er sie als »sehr ungewöhnlich, weil sie in der Lage ist, ihren Gefühlsausdruck zu kontrollieren«.[488] Das unterstreicht, wie sehr Laura unter den Umständen leidet, und fordert uns auf, über das unmittelbar Sichtbare hinauszublicken.

Für uns mag es 70 Jahre später keine Überraschung sein, dass Laura verzweifelt ist, als sie von ihren Eltern im Krankenhaus zurückgelassen wird. Dem Publikum der 1950er-Jahre öffnete der Film jedoch erstmals die Augen. Die Perspektive des Kindes stellte sämtliche Annahmen der Erwachsenen auf den Kopf. Damals wurden die Besuchszeiten von Eltern in Krankenhäusern oft eingeschränkt, weil ihre Gegenwart bei Kindern, die zuvor ruhig wirkten, plötzlich heftige Emotionen auslöste. Robertson und Bowlby widersprachen dieser Praxis. Ihrer Meinung nach war es schließlich kein gutes Zeichen, wenn Laura nicht weinte oder mehr Aufmerksamkeit forderte. Dies sei kein Hinweis darauf, dass sie sich mit der Trennung arrangierte, sondern vielmehr ein Zeichen für ihren Rückzug: Ihre »Aufregung« und ihr »Protest« waren in »Verzweiflung« übergegangen.[489]

Diese Verzweiflung, die zweite Phase der Trennung, war gefährlicher als die erste. Ein Junge namens Roddy war im Alter von einem bis vier Jahren von seiner Mutter getrennt, weil er wegen einer Tuberkuloseerkrankung erst im Krankenhaus und später in einem Sanatorium behandelt wurde. Dieser Junge zog sich von allen zwischenmenschlichen Beziehungen zurück.[490] Die Beziehung zu seiner Mutter blieb noch »mindestens« zweieinhalb Jahre nach seiner Rückkehr schwierig.[491] Laura, Roddy und andere Kinder, die von ihren Müttern getrennt wurden, waren nicht instabil oder schwierig. Ihre emotionale Reaktion war zu erwarten und »entwickelte sich so, wie es bei einem normalen Kind sein sollte«. Dennoch wurden solche Veränderungen als gefährlich interpretiert, da sie das Kind emotional destabilisierten. Bowlby verglich Kleinkinder, die von ihren Eltern getrennt wurden, mit älteren, gestörten Kindern wie dem elfjährigen Desmond, der während seiner gewalttätigen Ausbrüche unter anderem versuchte, den Stuhl seiner Therapeutin anzuzünden, ihr Haar und ihre Strümpfe zu verbrennen oder sie zu erwürgen. Die emotionale Erregung eines Kleinkinds, schrieb Bowlby, zeige »den Beginn jener Zerrüttung der Fähigkeit zu liebevollen Beziehungen, die wir bei Desmond beobachten können« – eine kühne Schlussfolgerung, die Generationen von Eltern in Angst und Schrecken versetzte.[492]

In den Vereinigten Staaten stützten Harry Harlows berühmte Primatenexperimente Bowlbys Theorie. Harlow gab verwaisten Affenbabys zwei Ersatzmütter: Die eine bestand aus einem Drahtgestell, die andere war mit weichem Stoff gepolstert. Die Hälfte der Babys bekam ihre Flasche von der Drahtmutter, die andere von der gepolsterten. Doch unabhängig davon, woher ihr Futter kam, klammerten sich alle Affenbabys die meiste Zeit über an ihre Stoffmutter. Harlows Experimente wurden weltberühmt. Sie eigneten sich perfekt für das neue Fernsehpublikum der Nachkriegszeit. Filmschnipsel zeigten großäugige Affenbabys, die sich an die Mutterattrappe kuschelten und sogar deren Gesicht rieben und »küssten«. Als Harlow dies als »Liebe« beschrieb, war es für das Publikum ein Leichtes, das, was es sah, zu vermenschlichen. Die Drahtmutter sei »biologisch adäquat, aber psychologisch unpassend«, so Harlow, wodurch die Stoffmutter mit ihrem übertriebenen Lächeln und ihren großen Augen zur bildlichen Verkörperung von Primatenmutterliebe wurde.

Harlows Experimente lieferten die perfekte Munition für Bowlbys Bindungstheorie, so der Name, unter dem sie 1956 bekannt wurde.[493] Sie schienen zu beweisen, dass Affenbabys – und Harlows Übertragung zufolge auch Menschen – für ihre emotionale Entwicklung den Körperkontakt zu einem weichen Mutterersatz brauchten. Als die Wissenschaftler Affen, die isoliert und von Drahtattrappen aufgezogen wurden, mit gleichaltrigen Artgenossen in ein Spielzimmer setzten, waren sie »völlig entsetzt von ihrem absoluten Mangel an emotionaler Kontrolle und jeglicher Form normaler sozialer Verhaltensweisen«.[494] Doch während Bowlby noch davon ausgegangen war, dass die Mutter die wesentliche Rolle in der Entwicklung eines Kindes spielt – »wenn Laura müde ist oder ihr etwas wehtut, ist es ihre Mutter, bei der sie Trost sucht« –, war Harlow anderer Ansicht. Das Einzige, was seine Mutterattrappen taten, war, die Affenbabys zu wärmen und zu trösten – sie waren sogar dann erfolgreich, wenn sie sie gar nicht fütterten. »Es ist ermutigend«, so Harlows Schlussfolgerung, »zu erkennen, dass der amerikanische Mann körperlich mit allem ausgestattet ist, was wirklich notwendig ist, um sich mit der amerikanischen Frau auf einem entscheidenden Feld gleichberechtigt messen zu können: dem Aufziehen von Säuglingen.«[495] Wenn eine Stoffattrappe Trost und Sicherheit spenden konnte, dann waren alle menschlichen Elternteile gleich.

Niemand sonst schien dieses Potenzial zu erkennen. Berufstätige Mütter wurden immer noch kritisiert, wie schon in den 1920er-Jahren, als die Mitarbeiterinnen der Gesundheitsfürsorge nach von Ungeziefer befallenen Kindern fahndeten. Doch jetzt war es nicht mehr das körperliche Wohlbefinden ihrer Kinder, das diese »Drahtmütter« vernachlässigten, sondern deren emotionale Bedürfnisse. Der amerikanische Erziehungsguru Dr. Spock etwa war der Auffassung, eine Mutter, die sich dafür entschied, arbeiten zu gehen, vernachlässige die wahren Bedürfnisse ihres Kindes.[496] In Großbritannien vertrat Ronald Illingworth die Ansicht, dass eine Mutter üblicherweise auf ein Kindermädchen zurückgreife, weil »sie keine Lust hat, ihr Kind selbst großzuziehen, oder es für modern hält«, und ignorierte dabei vollkommen die Tatsache, dass manche Mütter arbeiten mussten oder wollten und daher bei der Betreuung ihres Kindes Hilfe brauchten.[497] Stattdessen hielt sich die Überzeugung, dass eine normale Entwicklung des Kindes allein in der Verantwortung der Mutter liege.

VON SCHÜCHTERN BIS HYPERAKTIV

»Alle normalen Kinder zeigen Verhaltensprobleme«, betonte Illingworth. »Es ist falsch zu glauben, Kinder mit solchen Problemen seien in irgendeiner Weise nicht normal, frech, nervös oder unangepasst.« In der Regel seien es die Eltern, die sich verändern müssten, nicht das Kind, das – wie Bowlby bereits gesagt hatte – permanente Liebe und Geborgenheit brauche, insbesondere dann, »wenn es selbst am wenigsten liebenswert ist«.[498] Neben den normalen kindlichen Verhaltensauffälligkeiten der Nachkriegsjahre – Nahrungs- oder Schlafverweigerung, Bettnässen, Wutausbrüche, Daumenlutschen, Selbstbefriedigung, Angstzustände, Schüchternheit und Stottern – rückte ein weiteres Problem ins Zentrum des Interesses: Hyperaktivität.

ADHS – Aufmerksamkeitsdefizit-/Hyperaktivitätsstörung – ist auch heute noch umstritten, unter anderem deshalb, weil dieser Aspekt erst seit Kurzem bei der Definition des normalen Kindes berücksichtigt wird. Vor 1957 galt Hyperaktivität im Allgemeinen als nicht klinisch relevant. Es war das zurückgezogene, stille Kind, das im Fokus der Erziehungsratgeber stand: Bowlbys Laura, die unter dem Entzug der Mutterliebe litt. Doch nach 1957 verlagerte sich die Aufmerksamkeit allmählich vom schüchternen, neurotischen Kind auf das »übermäßig aktive«.[499] Von Anfang an wurde Hyperaktivität mit »normalen« Kindern assoziiert. Die »hyperkinetische Störung«, wie es die Psychiater Maurice Laufer und Eric Denhoff 1957 nannten, trat nicht bloß in wenigen Ausnahmefällen auf, sondern war eine »häufige Verhaltensstörung« bei »normal intelligenten Kindern«.[500] 1962 galt sie als eine der bei Kindern am weitesten verbreiteten Verhaltensstörungen in den Vereinigten Staaten, und nachdem sie 1968 in den DSM-II aufgenommen worden war, schien sie geradezu epidemische Ausmaße anzunehmen.[501] Aber erst 1987 tauchte das Akronym ADHS auf (zuvor war 1980 ADS – Aufmerksamkeitsdefizitsyndrom – eingeführt worden).

Der rasante Anstieg dieser neuen Diagnose wurde durch eine Reihe von Faktoren begünstigt: das Wachstum der pharmazeutischen Industrie und die Verbreitung der Direktwerbung, das verstärkte Aufkommen von Elternlobbygruppen, ein neuer Ansatz in der Psychiatrie, der die Behandlung von Symptomen in den Mittelpunkt stellte, und später die Angst vor Zusatzstoffen in Kindernahrung. Dem Historiker Matthew Smith zufolge bildete der Kalte Krieg das perfekte Umfeld für die Zunahme von ADHS. Der sogenannte Sputnikschock löste Forderungen nach einer Verbesserung des amerikanischen Bildungssystems aus. Die kindzentrierte Pädagogik wurde durch ein strengeres System abgelöst, um sicherzustellen, dass die amerikanische Wissenschaft mit der Sowjetunion mithalten konnte. Von Kindern wurde erwartet, dass sie mehr Zeit in der Schule verbrachten und in dieser Zeit auch mehr lernten. Kinder, die den Unterricht störten, gerieten zunehmend in den Fokus. Sie schadeten nicht nur ihrem eigenen Lernerfolg, sondern auch dem ihrer Mitschüler; neu eingeführte sozialpsychologische Berater an Schulen sollten dabei helfen, diese »hyperaktiven« Kinder zu identifizieren und zu behandeln.[502]

Von Anfang an war die Diagnose von Hyperaktivität eng mit sozialer und ethnischer Herkunft verbunden. In den 1960er-Jahren wurde bei Kindern aus armen Familien und solchen, die ethnischen Minderheiten angehörten, sehr viel häufiger eine stigmatisierende »leichte geistige Behinderung« diagnostiziert, während ihre reicheren, weißen Pendants als hyperkinetisch beschrieben wurden oder eine »minimale Hirnfunktionsstörung« aufwiesen – selbst wenn die Kinder exakt die gleichen Symptome zeigten.[503] Obwohl die verwendete Terminologie weniger offen beleidigend war als noch zu Zeiten der Viktorianer mit ihren rassistischen Entwicklungshierarchien, blieb das System selbst durch und durch rassistisch. In Großbritannien war der aus Grenada stammende Schriftsteller Bernard Coard entsetzt über den Anteil schwarzer Kinder in Förderschulen. Wenn westindische Kinder mit emotionalen oder milieubedingten Schwierigkeiten wie etwa Rassismuserfahrungen zu kämpfen hatten, sahen ihre weißen Lehrer in ihrem Verhalten und ihren Lernrückständen keine normale Reaktion auf äußere Probleme, sondern eine geistige Behinderung.[504]

ADHS hingegen war spätestens Ende des 20. Jahrhunderts untrennbar mit der weißen Mittelschicht verbunden, jener Gruppe also, die als der Inbegriff des »Normalen« galt, wodurch die Diagnose beinahe zu einem Statussymbol wurde. Eine Karikatur aus dem Jahr 1997 zeigt ein weißes Baby mit einem silbernen Löffel im Mund. In der Bildunterschrift werden die Eltern spöttisch gefragt: »Was braucht Ihr gesunder, normaler, perfekter kleiner Schatz, um im Leben voranzukommen? Eine kleine Behinderung, um Beihilfen beantragen zu können.«[505]

Nach dem Zweiten Weltkrieg stieg die Zahl der Kinder, bei denen Hyperaktivität diagnostiziert wurde, in den Vereinigten Staaten rapide an. Eine simple neurologische Erklärung mit einer noch simpleren Lösung in Form von Ritalin erfreute sich bei Eltern, Lehrern und Psychiatern trotz der erheblichen Nebenwirkungen des Medikaments anhaltender Beliebtheit. Schließlich war der Griff zur Tablettenschachtel unkomplizierter als die von Bowlby und Illingworth vertretene Sozialpsychologie der Nachkriegsjahre. 1993 nahmen über drei Millionen amerikanischer Kinder Ritalin, und allmählich wurde ADHS auch bei Erwachsenen diagnostiziert. Die Diagnose verbreitete sich auf der ganzen Welt, was bei einigen ihrer frühen Befürworter zu Besorgnis führte. Der Psychologe Keith Conners etwa, der in den 1960er-Jahren die ersten Standardskalen für die Bewertung von Hyperaktivität entwickelte, bat das *British Medical Journal*, in seinen eigenen Nachruf eine Warnung vor der grassierenden Überdiagnose der Störung aufzunehmen, ein Vorgehen, das er als »nationale Katastrophe von gefährlichen Ausmaßen« bezeichnete.[506]

Wir alle sind es gewohnt, nach Erklärungen für ein bestimmtes Verhalten zu suchen, und manchmal bietet uns eine psychiatrische Diagnose eine attraktive Lösung, vor allem wenn wir *wissen*, dass unser Kind nicht böse oder faul ist und wir das auch anderen beweisen müssen. Medikamente können hilfreich sein, genau wie eine Therapie. Wenn wir uns jedoch die historische Verschiebung von der eingehenden Erforschung der Lebensumstände und Beziehungen eines Kindes hin zu einem unkritischen Vertrauen auf Medikamente vor Augen führen, sehen wir die Kehrseite der Medaille. Die Lehre der Bowlby-Ära lautete eigentlich, dass jedes normale Kind Verhaltensstörungen entwickeln kann. Die im 21. Jahrhundert verbreitete Sicht legt nahe, dass schwierige Kinder dank pharmazeutischer Unterstützung ebenso schnell auch wieder »in Ordnung gebracht werden« können. Aber gelangt man auf diese Weise wirklich an die Wurzel des Problems? Wenn wir dem Verhalten eines Kindes das Etikett hyperaktiv, autistisch oder auf sonst welche Art »anders« anheften, verlieren wir allzu leicht die sozialen Faktoren aus dem Blick, die die Erfahrungen dieses Kindes prägen – und das auch weiterhin tun, ganz gleich, welche Medikation oder Therapie ihm verschrieben wird. Schließlich ist es viel einfacher, die Ritalindosis eines Kindes zu erhöhen, als ein Schulsystem so zu verändern, dass es für alle unterschiedlichen Lerntypen passt. Es ist einfacher, ein schwarzes Kind als Sonderschüler abzustempeln, als den strukturellen Rassismus in unseren Institutionen anzuerkennen und zu bekämpfen. Natürlich brauchen überforderte Eltern und verzweifelte Kinder medizinische und psychologische Unterstützung. Aber das sollte uns nicht blind machen für diese wichtigen äußeren Zusammenhänge.

NORMALE KINDER ODER UNNORMALE ELTERN?

Mit Mitte dreißig beschloss Tyler Page, sein Leben mit ADHS in einer Graphic Novel zu verarbeiten. 1985 erhielt er als Neunjähriger erstmals die Diagnose, doch als er Jahre später seine Krankenakten aus jener Zeit durchsah, stellte er fest, dass sie mehr Fragen aufwarfen als beantworteten. Die stark vereinfachte Lebensgeschichte, an die er sich erinnerte – eine geradlinige medizinische Erzählung von Diagnose, Medikation und Besserung –, war alles in allem doch nicht so simpel. »Ich wurde an Dinge erinnert, die ich vergessen hatte«, schrieb er, »hauptsächlich an den Zusammenhang zwischen dem Vorfall mit dem Messer [er hatte den Sitz eines Schulbusses aufgeschlitzt] und der Aufdeckung tiefer reichender Probleme in unserer Familie. In meiner Erinnerung waren das zwei voneinander getrennte Ereignisse.« Page kam zu dem Schluss, dass sein familiäres Umfeld und seine Kindheitserlebnisse für das Verständnis seiner Symptome nicht ohne Bedeutung waren. Trotzdem sei ADHS eine nützliche Diagnose gewesen, denn sie habe ihm dabei geholfen, seine Erfahrungen zu verstehen und damit umzugehen. Aber das hieß nicht, dass sie nicht weiterhin Fragen aufwarf. »Hatten die Medikamente einen Einfluss auf meine Entwicklung?«, überlegte er. »Und vor allem, was bedeutet das für meine Kinder?«[507]

Kinder zu haben, kann uns dazu bringen, nicht nur ihr Leben, sondern auch unser eigenes neu zu bewerten. Vor einer Weile erzählte mir ein guter Freund, er denke darüber nach, sich auf Autismus testen zu lassen. Obwohl ihm einige Aspekte seines Verhaltens seit Langem Sorge bereiteten, war es die Beziehung zu seiner kleinen Tochter, die letztlich den Ausschlag gab. Es mag sein, dass die eigenen Eltern einen versauen, aber sie haben sich wahrscheinlich ihr halbes Leben lang Sorgen darüber gemacht. Für die Viktorianer war es vor allem die Biologie, durch die Eltern ihren Kindern schaden konnten – in Gestalt eines neurotischen oder beschädigten Erbguts, das oft in rassistischen oder klassendiskriminierenden Begriffen definiert war. Zu Beginn des 20. Jahrhunderts wurden die Lebensumstände des Kindes wichtiger. Damit waren die Eltern aber noch lange nicht aus dem

Schneider – vor allem nicht die Mütter aus der Arbeiterschicht, die für das unterdurchschnittliche Gewicht ihrer Säuglinge oder ihre »verlausten« Kinder verantwortlich gemacht wurden.

Daraus entwickelte sich das Problemkind des frühen 20. Jahrhunderts. Wieder wurden »Problemeltern« für diese »unnormalen Kinder« verantwortlich gemacht: Vernachlässigung, schlechte Versorgung oder schlicht Armut könnten der Grund für den Ärger mit diesen Kindern sein, vermuteten Sozialarbeiter. Doch mit dem Aufkommen der Erziehungsberatung und der zunehmenden Bedeutung der Kinderpsychologie sah sich auch das »behütete« Kind der Gefahr psychischer Instabilität ausgesetzt. Und manchmal konnten Eltern nur wenig tun, um das Unheil abzuwenden. Hätten Lauras Eltern verhindern können, dass ihre Operation notwendig wurde, oder wären sie in der Lage gewesen, das Krankenhaus davon zu überzeugen, seine Besuchspolitik zu ändern, um ihrem Kind den Trennungsschmerz zu ersparen? Eher unwahrscheinlich. Dennoch begannen sie und zahllose andere Eltern, sich um die emotionale Gesundheit ihrer Kinder zu sorgen, sie hielten nach Verhaltensproblemen Ausschau und entdeckten sie auch, denn Probleme waren das, was sie nun zu finden erwarteten.

Als ich mit meinem Freund über seine Ängste redete, fiel mir ein kleines Mädchen ein, das ich als Teenager während eines Jobs auf einem Bauernhof kennengelernt hatte. Bei dieser Gelegenheit hatte ich zum ersten Mal von der Diagnose Autismus gehört. Schon damals hatte ich mich darüber gewundert, wie ähnlich wir uns waren, abgesehen von den wenigen Jahren, die uns trennten. Sie war in einer schwierigen Phase meines Lebens freundlich zu mir, und an ihre Worte erinnere ich mich bis heute. Hätte ich vielleicht anders über sie gedacht, wenn ich mehr über das Etikett gewusst hätte, das man ihr gegeben hatte? Außerdem erinnere ich mich an den Besuch einer Grundschulklasse in einem Museum, in dem ich für eine Weile gearbeitet habe, und daran, wie beeindruckt wir alle davon waren, wie sich die Klasse mit komplexeren Themen auseinandersetzte und kreative Ideen entwickelte. Hinterher erzählte uns die Lehrerin, dass das die ungezogeneren, weniger begabten Kinder gewesen seien: Die anderen hatten an einem beliebteren Ausflug teilnehmen dürfen. Auch sie war erstaunt darüber, wie die Kinder reagiert hatten, als niemand wusste, dass sie nicht unbedingt als die cleversten Kinder der Schule galten. Ein Etikett bekommt man leicht verpasst, aber es ist sehr viel schwieriger, es später wieder loszuwerden. Manchmal hilft es uns dabei, zu verstehen und zu erklären, was mit uns los ist, aber manchmal schränkt es uns auch ein. Hätte ich mich jahrelang bemüht zu lernen, Menschen zu umarmen oder ihnen in die Augen zu sehen, wenn ich geglaubt hätte, in meiner DNA sei festgelegt, dass ich dazu einfach nicht fähig bin?

Was in der Kindheit als Durchschnitt oder üblich gilt, unterliegt enormen Schwankungen. Wenn wir eine Gruppe als Maßstab heranziehen, um andere zu interpretieren, – etwa den Lebensstil der weißen Mittelschicht als »normal« betrachten, wie im Army-Alpha-IQ-Test –, stechen Menschen mit einem anderen Hintergrund unweigerlich heraus. Das führte oft dazu, dass diejenigen, die diesen willkürlichen Kriterien nicht entsprachen, als nicht normal eingestuft wurden. Aber was, wenn es eigentlich das Umfeld ist, das sich ändern müsste? Durch soziale Maßnahmen wie kostenloses Schulessen oder die Verabreichung von Vitaminen sind einige der zuvor sichtbaren »Abnormitäten« einfach verschwunden. Alfred Binet war der Überzeugung, dass pädagogische Unterstützung den IQ von Kindern mit schwächer ausgeprägten Fähigkeiten verbessern könnte. Es mag sein, dass einige der Verhaltensweisen und Fähigkeiten unserer Kinder tatsächlich durch Gene und Biologie bestimmt sind. Aber sehr viele von ihnen sind es mit Sicherheit auch nicht.

7

Ist die Gesellschaft normal?

Am 29. Januar 2020 ging ich mit Husten zur Arbeit. Ich war seit kurz nach Neujahr krank gewesen, und obwohl meine Erkältung allmählich abklang, hielt sich der Husten hartnäckig. Kurz vor dem Mittagessen setzte ich mich mit einer Kollegin zusammen, doch gleich zu Beginn unserer Besprechung wurden wir durch einen Hustenanfall unterbrochen. Ihre Augen wurden schmal.

»Du hast doch nicht etwa das Coronavirus?«, fragte sie.

Wir lachten beide. Damals war die Vorstellung einfach absurd. In jener Woche war mir die Ausbreitung der neuen Epidemie erstmals wirklich bewusst geworden, trotzdem wäre es mir nie in den Sinn gekommen, ich könnte selbst infiziert sein.

Fünf Wochen später, am Mittwoch, dem 11. März, verkündete die Weltgesundheitsorganisation offiziell den Ausbruch einer weltweiten Coronapandemie. Zu diesem Zeitpunkt hatte sich CO-VID-19 bereits in 114 Ländern ausgebreitet und über 4000 Menschen getötet. Viele Briten wussten, dass eine Pandemie ausgerufen werden würde – wir hatten eher früher damit gerechnet. Aber niemand wirkte über Gebühr besorgt. »Man muss sich nur regelmäßig die Hände waschen«, wiegelten Kollegen und Nachbarn ab. »Da genügt der gesunde Menschenverstand!«

Am Wochenende nach der Erklärung der WHO sollte ich meine Schwester und ihr zwei Wochen altes Baby, meine zweite

Nichte, besuchen. Ein paar Tage vor meinem Besuch schrieb sie mir und fragte mich, ob ich etwas früher kommen könne. Schließlich war dies die Woche, in der sich alles veränderte. In ganz Europa wurden Angestellte nach Hause geschickt. Italien – nun das Epizentrum eines europäischen Ausbruchs – befand sich in vollständigem Lockdown, und andere Länder begannen, ihre Grenzen zu schließen. Der Tourismus kam zum Erliegen. Mehrere Freunde mussten Reisen absagen, auf die sie sich seit Langem gefreut hatten. Einer flog trotzdem nach Chile und hätte es beinahe nicht mehr zurück geschafft.

Wer Symptome aufwies, wurde aufgefordert, sich zu isolieren. Das Gleiche galt für die Gruppen, die als besonders »vulnerabel« betrachtet wurden: über 70-Jährige, chronisch Kranke, Schwangere. Kurz bevor ich nach London zurückfuhr, kamen auch meine Eltern auf einen Sprung bei meiner Schwester vorbei, damit wir uns alle noch einmal sehen konnten. Anschließend kehrten sie in ihr winziges Nest in Dorset zurück, wo sie sich auf ein Leben in Abgeschiedenheit vorbereiteten. Meine Mutter erklärte fröhlich, sie wolle das Puzzle, das ich ihr zu Weihnachten geschenkt hatte, noch einmal machen. Niemand ahnte, wie lange dieser Lockdown dauern sollte.

Als ich am Wochenende nach der Ausrufung der Pandemie durch das Londoner Zentrum nach Hause fuhr, waren die Geschäfte in der Oxford Street noch immer voller Menschen. Nur selten sah man jemanden mit einer Maske. Doch unter der Oberfläche begannen die Dinge zu bröckeln.

In Supermärkten auf der ganzen Welt waren Toilettenpapier, Nudeln und Dosentomaten ausverkauft. Meine vor Wochen bestellte Lebensmittellieferung wurde ein paar Stunden vorher annulliert. Der nächste verfügbare Liefertermin war zwei Wochen später. Und ich konnte froh sein, überhaupt noch einen zu bekommen.

In der Gesellschaft wurden größere Risse sichtbar. Das ohnehin bereits überlastete Gesundheitssystem kämpfte mit einer Flut von Patienten. In den Altersheimen war die Lage noch schlimmer, da die Bewohner ohne Tests aus den Krankenhäusern zurückgeschickt wurden. Die Mitarbeitenden nähten sich eigenen Masken, richteten spezielle Dienstpläne ein, um die infizierten Patienten zu versorgen, und mussten bei den geringsten Symptomen ohne Test in Quarantäne. Geringverdiener ohne festen Vertrag konnten sich eine Quarantäne schlicht nicht leisten. Bis zum 28. März verzeichneten die britischen Krankenhäuser 759 Todesfälle im Zusammenhang mit COVID-19.[508] Innerhalb von zwei Jahren starben allein in Großbritannien 175 000 Menschen.

Pubs, Restaurants, Fitnessclubs und Geschäfte schlossen ihre Türen. Menschen verloren ihre Arbeit oder wurden beurlaubt – eine Maßnahme, bei der der Staat 80 Prozent des bisherigen Gehalts zahlte. Selbst bei denjenigen, die dieses Geld bekamen, – und das waren beileibe nicht alle – reichte es nicht immer, um über die Runden zu kommen, und die Tafeln ächzten unter dem neuen Andrang. Manche Leute wussten nicht, wovon sie die Miete zahlen sollten, und fürchteten, ihr Zuhause zu verlieren. Die Schließung der Schulen offenbarte eine digitale Kluft innerhalb des Landes. Nicht alle Kinder konnten am Online-Unterricht teilnehmen, manche hatten keinen Breitbandanschluss zu Hause, andere keinen Computer. Die Regierung versprach, eine Million Laptops für benachteiligte Kinder zur Verfügung zu stellen, und hatte es gleich darauf wieder vergessen.

Die Gesellschaft war durch all diese Veränderungen kaum noch wiederzuerkennen. Das sollte sich nicht normal anfühlen.

Aber auf eine seltsame Weise tat es das doch. »Das Normale«, sagt Tante Lydia in Margaret Atwoods dystopischem Roman *Der Report der Magd*, »ist das, was ihr gewohnt seid. Was ihr jetzt erlebt, mag euch vorläufig noch nicht normal vorkommen, aber nach einiger Zeit wird sich das ändern. Es wird das Normale werden.«[509] Nach Monaten der Regulierung wurden Veränderungen in den Einschränkungen, denen wir unterlagen, nur noch mit einem müden Seufzen registriert. Wir begannen uns an diese neue Form des Lebens zu gewöhnen. Es wurde normal.

Das bedeutet nicht, dass die Probleme und Ungleichheiten, die durch die COVID-19-Pandemie ans Licht kamen, uns nicht mehr schockieren. Die Pandemie hat viele Mängel aufgedeckt, die in unserer Gesellschaft bereits vorher existierten. Sie hat uns gezeigt, wie dünn das Gewebe ist, das uns miteinander verbindet, und wie schnell alles auf den Kopf gestellt werden kann. Was viele von uns für die natürliche Ordnung der Dinge hielten, ist längst nicht mehr so sicher. Ein Arbeitstag von neun bis fünf. Ein sicherer Job. Bildung für alle. Konsum. Gesundheitsversorgung. Individuelle Freiheit. Früher erschienen uns solche Dinge mehr oder weniger normal. Doch diese Gewissheiten wurden uns von einem Tag auf den anderen genommen.

Aber vielleicht zeigt uns die Entwicklung auch nur, dass sie nie so sicher und normal waren, wie wir glaubten. Die Strukturen unserer Gesellschaft – unsere Gesetze, unsere Bräuche und unsere Erwartungen – sind ebenso historisch geformt wie unsere Vorstellungen von einem normalen Körper oder Geist.

DIE (KOLONIALEN) URSPRÜNGE
DES SOZIALEN ORGANISMUS

In *Das Zeichen der Vier* (1890), dem zweiten von Arthur Conan Doyle verfassten Kriminalroman um Sherlock Holmes, werden nicht nur Holmes' berüchtigte Kokainsucht und Dr. Watsons spätere Ehefrau Mary Morstan eingeführt. Das Buch schöpft auch aus der Wissenschaft des Normalen. »Darf ich Ihnen dieses Buch empfehlen?«, sagt Holmes ohne jeden Zusammenhang zu Watson, bevor er hinausstürmt, um irgendeiner Spur nachzugehen. »Winwood Reades *Martyrium der Menschheit*, eines der bemerkenswertesten Werke, die je verfasst wurden.«[510] Zwar ist Watson zu sehr von den Gedanken an seine künftige Frau abgelenkt, um es zu lesen,[511] doch Holmes kehrt am Ende des Romans noch einmal zu Reades populärer, wenngleich umstrittener Evolutionsgeschichte der Zivilisation zurück: »Er sagt«, zitiert er Reade, »dass der Mensch, wiewohl als Einzelner ein undurchdringliches Rätsel, in der Masse zu einer mathematisch berechenbaren Größe wird.«[512] In den Kreisen der Statistiker war dieser Gedanke seit Quetelet natürlich bekannt. Doch Reades Buch, das 1872 erstmals erschienen war und 1890 bereits seine 17. Auflage erreichte, vermittelte ihn einem sehr viel breiteren Publikum. Und es zementierte die Überzeugung, dass diese Gesamtheit der Menschen die Gesellschaft war.

Mit dem »sozialen Organismus«, wie es der griesgrämige Philosoph Herbert Spencer formulierte,[513] ging ein neues Gebilde aus der Wissenschaft des Normalen hervor. Die Gesellschaft wurde zu einem lebendigen Wesen, und die Menschen, die in ihr lebten und arbeiteten, waren seine Zellen.[514] Das implizierte, dass die Gesellschaft wie jedes andere Lebewesen eine natürliche Einheit bildete. Charles Darwin schilderte die Evolution der Gesellschaft in *Die Abstammung des Menschen* (1871) als einen natürlichen Prozess, wobei er sich auf die Arbeiten von Anthropologen stützte, die nicht westliche Völker mit »Primitiven« gleichsetzten.[515] Diese »Lehnstuhl-Anthropologen« – die so genannt wurden, weil sie Daten verwendeten, die andere auf ihren Reisen gesammelt hatten, und daraus in ihren vornehmen Wohnzimmern Schlussfolgerungen zogen – gingen davon aus, dass die sozialen Bräuche und Gepflogenheiten kleiner Stämme die gleichen waren wie die jener vergangenen Gesellschaften, deren Überreste bei archäologischen Ausgrabungen zutage gefördert wurden.

Diese Theorie untermauerte die bereits zuvor existierende Überzeugung, dass nicht westliche Gesellschaften weniger entwickelt seien als die weißen Gesellschaften des Westens. Der angesehene Anthropologe Edward Burnett Tylor etwa schrieb: »Ein genereller Überblick über die niederen Rassen zeigt, dass ihre selbstsüchtigen und böswilligen Neigungen im Vergleich zu ihren uneigennützigen und wohlwollenden Neigungen proportional stärker ausgeprägt sind, als es auf höheren kulturellen Stufen der Fall ist.«[516] Darwin stellte eine ähnliche Verbindung her, als er behauptete, die Entwicklung sozialer Instinkte hätte in der Vergangenheit zur Überlegenheit kooperativer Gruppen gegenüber den selbstsüchtigen geführt.[517] Dank einer seltsam unspezifischen Mischung aus ererbten Gewohnheiten, sexueller Selektion und sozialer Zensur schafften es die Menschen mit den ausgeprägtesten sozialen Empfindungen an die Spitze der gesellschaftlichen Ordnung.

Wie wir immer wieder aufs Neue gesehen haben, nutzten weiße, westliche Wissenschaftler, denen zufolge die Gesellschaft, in der sie lebten, von allen die beste war, das Konzept des Normalen als ein Mittel zur Etablierung kultureller und materieller Dominanz. »In jüngster Zeit«, schrieb Tylor, »hat es sich unsere Regierung zur Aufgabe gemacht, die kriminellen Clans und Kasten in Britisch-Indien zur Strecke zu bringen; Clans, deren moralische Gesetze ihnen selbst als natürliche Tugenden erscheinen, die die Behörden jedoch als unvereinbar mit dem Wohlergehen der Gesellschaft betrachten.«[518] Normal war in diesem Fall nicht, was einer bestimmten Gruppe von Menschen als »natürlich« erschien, sondern das, was ihnen von außen durch eine dominante Kultur aufgezwungen wurde. Tylor bezog sich mit seinen Worten auf den *Criminal Tribes Act*, den »Erlass über kriminelle Stämme« von 1871, ein repressives Gesetz, das die Registrierung und Kontrolle bestimmter Bevölkerungsgruppen in ganz Indien verpflichtend machte, weil man sie für gewohnheitsmäßig kriminell hielt.

Die gesamte Bevölkerung des sogenannten Britisch-Indien war gesetzlich verpflichtet, diese Gruppen zu überwachen, vor allem in abgelegenen Dörfern, in die sich die britischen Behörden nur selten vorwagten. Das Gesetz betraf 13 Millionen Menschen und wurde erst außer Kraft gesetzt, als Indien 1947 schließlich seine Unabhängigkeit erlangte.[519] Einer dieser »Stämme« waren die Hijra oder Hidschra, eine Gruppe intersexueller oder Transpersonen, die auf dem indischen Subkontinent inzwischen offiziell als drittes Geschlecht anerkannt sind. Im 18. Jahrhundert war dieser Gruppe von der Obrigkeit das Recht zu betteln und ein Anspruch auf öffentliche Unterstützung verliehen worden. Dem Historiker Laurence Preston zufolge waren es diese Rechte und Ansprüche, die den Unmut der Briten erregten und dazu führten, dass die Hijra als krimineller Stamm bezeichnet wurden.[520] Obwohl diese Einstufung offensichtlich aus wirtschaftlichen Gründen erfolgte, waren es ihre Lebensgewohnheiten, die als Affront gegen die Gesellschaft präsentiert wurden. Ein Mann, »der zu einer Hijra wird und in der Öffentlichkeit im Gewand einer Frau auftritt«, schrieb der Commissioner von Satara 1855, sei »ein solcher Verstoß gegen die Moral und die Regeln des öffentlichen Anstands, dass die gegenwärtige Regierung mit jedem Recht unverzüglich ihr weiteres Fortbestehen untersagt«.[521]

Während die Hijra bereits zuvor durch die britische Kolonialregierung als Problem klassifiziert worden waren, erlitten andere Gruppen dieses Schicksal erst nach dem Indischen Aufstand von 1857. Tatsächlich liegt die Lösung zu Holmes' Kriminalfall *Das Zeichen der Vier* in diesem Kontext kolonialer Unterdrückung. Es stellt sich heraus, dass ein Engländer namens Jonathan Small während des »Großen Aufstands« in den Besitz eines Schatzes gelangt war. »Nun wüteten zweihunderttausend schwarzhäutige Teufel«, beschreibt er die Zustände in unverblümt rassistischen Worten, »und machten das Land zu der reinsten Hölle.«[522] Wie andere britische Berichte aus jener Zeit schildert Conan Doyle die Rebellion als eine Entfesselung primitiver Instinkte, die auch auf Small übergreift, als er gemeinsam mit zwei Sikhs einen reichen indischen Kaufmann ermordet und seinen Schatz raubt.

Letztlich ist Small jedoch nicht verantwortlich für den Tod des Engländers, der 30 Jahre nach den Ereignissen in Indien in London ums Leben kommt. Diesen Mord hat Smalls Freund Tonga verübt, ein Mann von der Inselgruppe der Adamanen, ein »blutrünstiger kleiner Teufel«, der glaubte, »etwas besonders Schlaues getan zu haben, indem er ihn getötet hatte«.[523] Wieder einmal werden nicht westliche Menschen – in der Literatur wie auch in der Wissenschaft – als Gefahr für die westliche Zivilisation dargestellt. Und dass der fiktive Tonga trotz seiner Loyalität zu Small nicht die geringste Reue zeigt, spiegelt Tylors Behauptung wider, dass »wilde Gesetze« sich auf kleinere Gruppen konzentrierten, sie beschränkten »Mord und Diebstahl innerhalb des Stammes, aber erlauben sie außerhalb davon«.[524] Nach dieser Logik galten kleine Stämme, dörfliche Gemeinschaften und nomadische Völker in den Augen der Kolonisatoren als Bedrohung für die umfassenderen Gesellschaften und wurden, oft mit brutalen Methoden, unterdrückt.

Solche weitreichenden Verallgemeinerungen stammten natürlich von gebildeten, wohlhabenden Männern aus industrialisierten weißen, westlichen Gesellschaften – genau wie die Gesetze, die konstruiert und eingeführt wurden, um diese Gesellschaften zu stützen. Dass sie in die populäre Literatur Eingang fanden, zeigt, wie verbreitet rassistische und kolonialistische Klischees hinsichtlich sozialer Normen und Gebräuche waren. Erst im 20. Jahrhundert begannen Anthropologen unterschiedliche gesellschaftliche Strukturen und die Gesetze, die sie aufrechterhielten, als kulturell relativ zu bewerten. Für die viktorianischen Wissenschaftler konnte eine bestimmte Gesellschaft, genau wie ein Mensch, gesund oder ungesund, normal oder abnorm, erwünscht oder unerwünscht sein. Sie glaubten, Gesellschaften entwickelten sich genau wie Individuen, und die normalste Gesellschaft war nun einmal diejenige, in der sie selbst lebten. Was sie anderswo sahen, war oft das, was sie erwarteten, es bestätigte ihre Vorstellungen zur Hierarchie der Zivilisationen, während ihre eigenen Sitten und Gebräuche zum Maßstab wurden, anhand dessen sie den Rest der Welt beurteilten.

DIE FÜLLUNG DER PASTETE

Trotzdem – oder vielleicht gerade deswegen – war die »normale« westliche Gesellschaft selbst lange kein Gegenstand eingehender Untersuchungen. Das änderte sich erst im Januar 1924, als Robert und Helen Lynd mit einem kleinen Team aus Forschungsassistenten in Muncie, Indiana, eintrafen. Das junge Paar hatte vor Kurzem geheiratet, und *Middletown* – unter diesem Namen sollte ihre Studie bekannt werden – war ihr erstes gemeinsames wissenschaftliches Projekt. Die Lynds blieben bis Juni 1925 in Muncie, wo sie das Leben der Einwohner mithilfe von Beobachtungen und zahllosen Befragungen erforschten. Ihre Beschreibung konzentrierte sich auf das, was in dieser Gemeinschaft allgemein üblich war. Dieses Übliche wurde als eine Art Durchschnitt betrachtet, auch wenn solche Dinge statistisch nicht messbar waren (denn wie bestimmt man den durchschnittlichen Beruf oder den durchschnittlichen Lebensstil?). Als sie *Middletown* 1929 veröffentlichten, wurde das Buch überraschend zum Bestseller. Bereits im ersten Jahr wurden sechs Auflagen davon gedruckt, für eine sozialwissenschaftliche Studie absolut verblüffende Verkaufszahlen.[525]

Was faszinierte das amerikanische Publikum so sehr an Middletown? Zum einen handelte diese Studie von sogenannten »normalen« Menschen. So wie sich die Psychologen in den Jahrzehnten nach dem Ersten Weltkrieg der Erforschung des Alltäglichen zuwandten, war die Studie der Lynds eine der ersten anthropologischen Untersuchungen des westlichen Lebensstils. Natürlich hatte schon Émile Durkheim, der Großvater der Soziologie, der Identifizierung des Normalen große Bedeutung beigemessen. »Der Hauptgegenstand einer jeden Wissenschaft des Lebens, sei es des individuellen, sei es des sozialen«, schrieb er 1895, sei »kurz gesagt die Feststellung des Normaltypus«.[526] Um zu entscheiden, ob ein Merkmal oder ein Brauch innerhalb der Gesellschaft normal sei, müsse der Soziologe zunächst feststellen, ob er häufig auftrat. Dann galt es, die Umstände zu erkennen, die diesen speziellen Brauch hervorgebracht hatten, und zu prüfen, ob sie weiterhin Bestand hatten. Mit anderen Worten: Erfüllte die Verhaltensweise eine bestimmte soziale Funktion? Wenn diese beiden Voraussetzungen zutrafen, dann war der »soziale Tatbestand«, wie Durkheim es nannte, normal. Das Normale war somit das, was in einer Gesellschaft am häufigsten vorkam, *und zugleich* das, was in ihr existieren sollte. Diesem Sprung von Beschreibung zu Werturteil begegnen wir immer wieder, wenn es um das Normale in der Gesellschaft geht.

So ist es nicht überraschend, dass die Lynds die normale Gesellschaft zwar als relativ auffassten, *Middletown* selbst jedoch völlig anders rezipiert wurde. Mit ihrer Studie des amerikanischen Lebens in den 1920er-Jahren wollten die Lynds lediglich untersuchen, »welche Form das menschliche Verhalten unter diesen speziellen Bedingungen angenommen hat«.[527] Doch statt einen bestimmten Typus von Gemeinschaft zu beschreiben oder zu zeigen, dass Normen relativ sind, wurde das Buch – und die Stadt, auf der es beruhte – bald zu einem »Kürzel für das zeitgenössische Amerika und eine Zusammenfassung dessen, ›wer wir sind‹«.[528] Obwohl die Lynds explizit darauf hinwiesen, dass ihre Studie »nur unter Vorbehalt auf andere amerikanische Städte oder den amerikanischen Lebensstil im Allgemeinen übertragen werden« könne, waren Leser und Rezensenten fasziniert von der Idee, in Middletown einen Spiegel des ganz gewöhnlichen Amerika zu finden.[529] In den 1930er-Jahren wurde Middletown so sehr zum Inbegriff des typischen Amerika, dass Werbefachleute nach

Muncie strömten, weil sie die Stadt als ideales Testgebiet für Produkte betrachteten, die »Mr und Mrs John, Bürger von Middletown, USA«, ansprechen sollten.[530]

Doch wie die Historikerin Sarah Igo in ihrem Buch über den amerikanischen Durchschnitt darlegt, war Muncie in Wirklichkeit gar nicht so typisch. In 90 Prozent der Städte von vergleichbarer Größe ging ein höherer Anteil der Frauen bezahlter Arbeit nach.[531] Auch was den Mangel an ethnischer Vielfalt betraf, war Muncie nicht normal. 92 Prozent der Einwohner von Muncie waren »amerikanischer Abstammung«, womit die Lynds weiße, in den Vereinigten Staaten geborene Menschen meinten. Diese Zahl war höher als in beinahe jeder anderen Stadt im Mittleren Westen.[532] Und diese Differenz verschärften die Lynds noch durch ihre Entscheidung, *ausschließlich* die weiße Bevölkerung von Muncie zu ihrem Forschungsgegenstand zu machen. In die Tabellen von Middletown floss keine einzige Antwort der rund 2000 Afroamerikaner ein, die in Muncie lebten (etwa 5,6 Prozent aller Einwohner).[533] Wie bei Norma, der typischen Frau, wurde der weiße Amerikaner zur Grundlage für einen verzerrten Standard, an dem später auch jene People of Color und im Ausland geborenen Bürger gemessen wurden, deren Daten bei der Definition des Normalen gar nicht berücksichtigt worden waren.

Die bewusste Vermeidung der Kategorie »ethnische Herkunft« veränderte auch den Blick auf das Leben der weißen Bevölkerung von Muncie. Die Lynds räumten ein, dass etwa 3500 Einwohner (ganze zehn Prozent der Bevölkerung) Mitglied des Ku-Klux-Klan waren und der Klan »die Stadtregierung kontrollierte und Boykotte gegen katholische und jüdische Geschäfte initiierte«.[534] Doch diese Hinweise erfolgten erst im späteren Verlauf des Buchs, weitgehend unabhängig von der Beschreibung von Arbeit,

Familie und Privatleben. Die Lynds berücksichtigten nicht, in welchem Maß das Leben aller Bürger durch die Segregation geprägt wurde oder dass durch die systematische Ausgrenzung anderer Bevölkerungsgruppen weiße amerikanische Kulturnormen geschaffen wurden.[535] Stattdessen verstärkten sie diese ausgrenzende Tendenz noch, indem sie die afroamerikanische Bevölkerung von Muncie in ihrer Studie gar nicht erst berücksichtigten. Wie die Viktorianer inmitten der diversen Kulturen der Welt einen bestimmten Typus der weißen, westlichen Gesellschaft für »normal« hielten, zementierte Middletown die Auffassung, dass eine bestimmte Gruppe von Menschen das industrialisierte Amerika repräsentierte.

Während die Lynds die ethnische Herkunft als einen der prägenden Faktoren der amerikanischen Gesellschaft ignorierten, richteten sie ihren Fokus stattdessen auf den Einfluss der sozialen Herkunft der Einwohner von Muncie. Ob jemand in der bürgerlichen oder in der Arbeiterschicht geboren wurde, schrieben sie, sei »der bedeutendste kulturelle Einzelfaktor, von dem abhängt, was eine Person ihr Leben lang Tag für Tag tut, wen sie heiratet, wann sie morgens aufsteht, ob sie Methodist oder Presbyterianer ist, ob sie einen Ford oder einen Buick fährt«.[536] Veränderungen in der Arbeitswelt hatten die sozialen Schichten in Muncie im Laufe der vergangenen Jahrzehnte weiter auseinanderdriften lassen. Die zunehmende Automatisierung in Fabriken und Gießereien raubte der Arbeiterklasse die Zufriedenheit mit ihrem Tun und machte den älteren Arbeitern das Leben schwer.[537] Immer mehr Frauen aus der Arbeiterschicht arbeiteten, weil ihnen nichts anderes übrigblieb, auch wenn sie deutlich weniger verdienten als Männer.[538]

Obwohl die Lynds überall Klassenunterschiede sahen, führte die weitverbreitete Idee vom durchschnittlichen Middletown dazu, dass es die Mittelschicht war, die für viele Leser die Gemeinde repräsentierte. Als das Magazin *Life* 1937 die Fotografin Margaret Bourke-White nach Muncie schickte, um die Stadt zu porträtieren, waren die Einheimischen empört über ihre Bilder von den Häusern der ärmeren Einwohner. »Sie zeigten nicht die durchschnittliche Familie von Muncie – nur die Extreme«, beschwerte sich ein Lokalreporter. »Sie hat die obere Kruste und die untere (durchweichte) Kruste fotografiert, aber die Füllung der Pastete hat sie ausgelassen«, protestierte ein anderer Einwohner der Stadt und fügte hinzu, dass die Mitte doch »der wichtigste Teil einer jeden Stadtpastete« sei.[539]

Diese Auffassung, dass die Mittelschicht besonders »normal« sei, war nicht neu. Schon der Aufstieg der Bourgeoisie in spätviktorianischer Zeit hatte den »Durchschnittsmenschen« nach dem Abbild des Mittelschichtakademikers geformt. Doch mit Middletown verbreitete sich das Bild einer Mittelschichtsnormalität endgültig. Nach Middletown ging man davon aus, dass die normale amerikanische Gesellschaft durch den weißen, in Amerika geborenen, der Mittelschicht angehörenden Stadtbewohner repräsentiert wurde. Und das ungeachtet der Tatsache, dass ein Großteil der Bevölkerung dieser Beschreibung gar nicht entsprach – immerhin waren ganze 70 Prozent der Einwohner von Muncie von den Lynds als Angehörige der Arbeiterklasse eingestuft worden. Die Füllung der Stadtpastete mochte nicht besonders dick sein, trotzdem wurde sie zur amerikanischen Norm, die noch heute eine ganz bestimmte Gruppe von Menschen umfasst: weiß, der Mittelschicht angehörig und politisch konservativ. Solche Menschen haben noch nie in irgendeiner Gesellschaft die Mehrheit gestellt, doch neben den konservativen Werten, die man ihnen zuschreibt, stützt ihre Rolle als Hüter des »Normalen« ihre kulturelle Dominanz bis heute. Und natürlich dient dies nur dazu, diejenigen, die aus welchen Gründen auch immer dieser Norm nicht entsprechen, noch weiter zu marginalisieren.

DIE FÜHRUNGSKRÄFTE DER ZUKUNFT

Im September 1936 immatrikulierte sich John F. Kennedy an der Universität von Harvard. Als Sohn einer reichen, politisch vernetzten Familie war der junge Kennedy der ideale Kandidat für die sogenannte Harvard-Grant-Studie, die zwei Jahre nach dem Beginn seines Studiums einsetzte.[540] Ziel dieses wissenschaftlichen Projekts war die Vermessung sämtlicher Merkmale sogenannter »normaler junger Männer«: ihr Körper, ihr Geist, ihre Gesundheit, ihre Persönlichkeit, ihre Herkunft und ihre Leistungen.[541] Dabei waren die Teilnehmer alles andere als normale Männer.[542] Zunächst einmal besuchten sie alle eine Eliteuniversität. Und aus dieser einzigartigen Personengruppe wurden noch einmal diejenigen ausgewählt, die als körperlich und psychisch besonders gesund galten und ein bestimmtes akademisches Niveau erreicht hatten. Zwei Drittel von ihnen hatten Privatschulen besucht, und ein Drittel stammte aus Familien, deren Einkommen bei über 15 000 Dollar im Jahr lag (das mittlere jährliche Einkommen eines Mannes in den Vereinigten Staaten betrug 1940 956 Dollar). Wahrscheinlich – denn darauf ging die Studie nicht näher ein – waren sie alle weiß. Selbst bei dieser strengen Vorauswahl zeigten die »normalen« Harvard-Studenten signifikante Unterschiede in so ziemlich allen körperlichen und psychischen Merkmalen, von ihrer Körpertemperatur bis hin zur Persönlichkeit. »Das Einzige, was sie ›normal‹ machte«, schreibt die Historikerin Anna Creadick, »war ihre Einordnung in eine Kategorie, die diese Bezeichnung trug.«[543]

Die Behauptung, die jungen Männer seien normal, beruhte auf einer Reihe von Annahmen zu dieser Kategorie. Normal war, der Harvard-Grant-Studie zufolge, weder der statistische Durchschnitt noch ein vollkommen gesunder Mensch. Stattdessen war eine Person gemeint, »die über eine *ausgewogene* Kombination von Eigenschaften verfügt, die es ihr erlaubt, auf vielerlei Ebenen effizient zu funktionieren«.[544] Dieser Normalstandard beruhte ausschließlich auf einer speziellen und noch eingeschränkteren Gruppe als den Einwohnern von Middletown: weiße, körperlich leistungsfähige, neurotypische und besonders »maskuline« Vertreter der Mittel- oder Oberschicht.[545] Diese jungen Männer, so die Studie, seien die Führungskräfte der Zukunft: eine Voraussage, die auf keiner weiteren Grundlage beruhte als der Überzeugung, dass sie, nun ja, »normal« waren.

Zumindest im Fall von Kennedy wurde der künftige Anführer mit Recht erkannt. 21 Jahre nach seinem Abschluss in Harvard wurde John F. Kennedy 1961 zum 35. Präsidenten der Vereinigten Staaten. Aber inwieweit geriet die Auswahl zur selbsterfüllenden Prophezeiung? »Die Anführer des Volkes sollen aus jenen erwachsen, die gesund und tauglich sind«, endete der Bericht über die Harvard-Studie und verknüpfte somit im Duktus der Eugeniker Normalität mit gesellschaftlicher und politischer Macht.[546] Der Körperanthropologe Earnest Hooton ging in seinem auf dieser Studie beruhenden populären Buch noch weiter und empfahl, »Maßnahmen zu ergreifen, um die offensichtlich genetisch Minderwertigen davon abzuhalten, Nachkommen zu zeugen«.[547] Nicht genug damit, dass bei der Schaffung des »Normalen« bestimmte körperliche und geistige Eigenschaften betont und andere ausgeschlossen wurden, das Konzept wurde auch kurz vor dem Ende des Zweiten Weltkriegs noch zur Rechtfertigung eines weiterhin andauernden Diskriminierungsprozesses genutzt.

Aufgrund von Kennedys Ermordung nach nicht einmal drei Jahren Präsidentschaft blicken wir heute durch eine rosarote Brille auf sein Vermächtnis. Obwohl Demokrat und Unterstützer der Bürgerrechtsbewegung, verkörperte er ein bestimmtes »normales« Amerika, dessen führende Vertreter anhand einer Reihe von Merkmalen identifiziert wurden, die sie ganz besonders »gesund und tauglich« erscheinen ließen. In Kennedys Zeit wurden die Stimmen derjenigen immer lauter, die lange aus der »normalen Gesellschaft« ausgeschlossen worden waren – die Welt erlebte unter anderem den Aufstieg der antirassistischen Bürgerrechtsbewegung, der Lesben- und Schwulenbewegung, der Antipsychiatriebewegung und die Entwicklung eines neuen sozialen Modells von Behinderung. Doch das langsame Tempo, in dem sich der Wandel in vielen Bereichen des öffentlichen Lebens vollzieht, deutet darauf hin, dass es nicht ausreicht, wenn diejenigen, denen es gut geht, bemerken, dass andere ausgegrenzt werden. Vielmehr müssen wir alle in der westlichen Gesellschaft und darüber hinaus anerkennen, dass das normale Ideal an sich keine natürliche Größe ist, sondern in den vergangenen Jahrhunderten gesellschaftlich und politisch konstruiert wurde.

Kehren wir zu den »seltsamsten Menschen der Welt« zurück, mit denen wir in dieses Buch gestartet sind. Die Studenten aus den WEIRD-Gesellschaften, die Joseph Henrich, Steven Heine und Ara Norenzayan 2010 beschrieben haben, unterscheiden sich tatsächlich kaum von den jungen Männern der Harvard-Grant-Studie in den 1930er-Jahren. Aus unerfindlichen Gründen gelten ihre Ergebnisse in psychologischen, medizinischen und soziologischen Tests inzwischen als »repräsentativ« für die Menschheit im Allgemeinen, obwohl ihr Leben und ihre Erfahrungen zu einer Minderheit gehören. Wenn genügend Menschen diese Erfahrungen als den normalen Standard betrachten, werden wir wahrscheinlich unser eigenes Leben daran messen, unabhängig davon, ob wir den Kriterien entsprechen oder nicht. Wie beim Vergleich unseres Körpers oder unseres Geists mit einem fiktiven Durchschnitt setzen wir uns ein Ziel, das wir unmöglich erreichen können. Und im Fall der Gesellschaft wurde der Durchschnitt oft nicht einmal auf der statistischen Grundlage unserer Mitbürger errechnet, sondern stellt ein Ideal dar, das einer ganzen Reihe von politischen und kulturellen Zwecken dient.

»Die westliche Auffassung der Person als ein abgegrenztes, einzigartiges, mehr oder weniger in sich geschlossenes motivationales und kognitives Universum ist, im weltweiten kulturellen Vergleich, eine eher merkwürdige Vorstellung«, schrieb der bekannte Anthropologe Clifford Geertz 1974.[548] Mit anderen Worten: Von sich selbst in individualistischen Begriffen zu denken und uns als strikt von anderen Individuen getrennte Wesen zu begreifen – eine in den kapitalistischen Gesellschaften des Westens gängige Sichtweise –, ist gar nicht so normal. Ich erinnere mich, dass es mir in der Schule im Fach Psychologie schwerfiel, diesen Gedanken nachzuvollziehen. Es erschien mir so offensichtlich, dass ich eine eigenständige, von anderen unabhängige Einheit war. Doch wenn wir genauer darüber nachdenken, lassen sich die meisten Situationen in unserem Leben relational interpretieren. In manchen Sprachen, auch dem Deutschen, ändern sich die verwendeten Pronomen abhängig davon, in welcher Beziehung man zur angesprochenen Person steht. Und so ist auch das Ich möglicherweise keine feststehende Größe, sondern variiert je nachdem, mit wem man zusammen ist.[549]

Doch auch wir westlichen Menschen sind manchmal weniger isoliert, als wir es zu sein glauben. Zumindest weckt eine ganze Reihe psychologischer Studien der Nachkriegszeit diesbezüglich Zweifel. Die mit Abstand berühmteste Untersuchung dieser Art war Stanley Milgrams Studie zur Gehorsamkeitsbereitschaft, zu der der junge Psychologe durch die Arbeit mit seinem Doktorvater Solomon Asch inspiriert wurde. Asch forschte zum Thema Konformität und fand heraus, dass Menschen dazu gebracht werden konnten, auf einfache Fragen falsche Antworten zu geben, wenn sie Teil einer Gruppe waren, die durchweg falsche Antworten gab. Milgrams Experiment hingegen war deutlich schlagzeilenträchtiger, da er ein realistisch aussehendes, aber vollkommen harmloses Elektroschockgerät verwendete. In seiner Versuchsanordnung übernahmen Schauspieler die Rolle des »Versuchsleiters« und der »Schüler«. Der Versuchsleiter erklärte den realen Versuchspersonen, dass sie als »Lehrer« an einer Studie zum Thema Lernen und Bestrafung teilnähmen, und ließ sie eine Reihe von Gedächtnistests vorlesen. Für jede falsche Antwort des Schülers sollte der Lehrer ihm einen elektrischen Schlag versetzen – graduell ansteigend bis zur maximal möglichen Spannung von 450 Volt. Diese Stufe war auf dem Gerät mit »XXX« gekennzeichnet und lag noch zwei Stufen über dem bereits unheilvoll klingenden »Gefahr: Bedrohlicher Schock«.

In Milgrams ursprünglichen Studien gingen 65 Prozent der Probanden bis zu den vollen 450 Volt. Das lag deutlich über dem Wert von 120–135 Volt, den eine Gruppe von Psychiatern vor Beginn der Studie vorausgesagt hatte.[550] Niemand hatte erwartet, dass gewöhnliche Menschen ihren Versuchspersonen auch dann noch Stromstöße versetzen würden, wenn die Schüler sich bei 300 Volt unter Protest weigerten, weitere Fragen zu beantworten. Trotz jahrzehntelanger Kritik seiner Kollegen – meist aus ethischen Gründen – fasziniert und verstört uns Milgrams Experiment noch heute. Es gibt wohl kaum jemanden, der sich, als er von dem Experiment hörte, nicht gefragt hat, wie weit er selbst gehen würde. Milgrams Ergebnisse schienen die Ideale der normalen Gesellschaft auf den Kopf zu stellen.

Nehmen wir zum Beispiel Elinor Rosenblum, eine Hausfrau aus der Mittelschicht.[551] Nach ihrem Abschluss an der Universität stürzte sich Mrs Rosenblum in das öffentliche Leben. Sie arbeitete ehrenamtlich als Mentorin für Schulabbrecher, engagierte sich für die Pfadfinderinnen und war im Eltern-Lehrer-Verband aktiv. Sie hatte eine Tochter im Teenageralter, die hervorragende Noten schrieb. Und doch steigerte sich Mrs Rosenblum bis an die Spitze der Skala und verabreichte zweimal einem Schüler einen 450-Volt-Schock. »Es wirkt beinahe, als bestehe sie aus zwei verschiedenen Persönlichkeiten«, reflektiert Milgram und bezieht sich dabei auf die Diskrepanz zwischen der Frau, die sich dem Schüler gegenüber »in der Öffentlichkeit tüchtig und tadellos aufführt«, und der Erregung, die Mrs Rosenblum gegenüber dem Versuchsleiter an den Tag legte.[552]

War Mrs Rosenblum normal, obwohl sie sich auf eine Weise verhielt, die ihren eigenen Werten zu widersprechen schien? Die Kommentatoren der Nachkriegszeit sahen im Milgram-Experiment einen Beweis für die Gefahren des Konformismus und brachten ihn mit Nazideutschland und der im Kalten Krieg verbreiteten Angst vor dem Kommunismus in Verbindung. »Wenn Hitler Sie auffordern würde, einen Fremden auf dem elektrischen Stuhl hinzurichten, würden Sie es tun?«, fragte das Magazin *Es-*

quire 1963 und gab die Antwort gleich selbst: »Wahrscheinlich.«[553]
Die Lösung lag in einem immer stärker ausgeprägten Individualismus – oder doch nicht? Vielleicht führte gerade das individualisti-
sche Leben zu Isolation und einem Zusammenbruch von Gemein-
sinn, wie sie bei dem Mord an einer jungen Italoamerikanerin
namens Catherine Susan Genovese (oder Kitty, wie die Zeitungen
sie nannten) in den frühen Morgenstunden des 13. März 1964 zu
beobachten waren. »Mehr als eine halbe Stunde«, berichtete die
New York Times am 27. März, zwei Wochen nach Genovese' Tod,
»sahen 38 respektable, gesetzestreue Bürger in Queens tatenlos
zu, wie ein Mörder eine Frau in Kew Gardens verfolgte und in
insgesamt drei Angriffen auf sie einstach.«[554] Diese 38 normalen
Menschen wurden zum Stoff einer Legende, zum Mythos urbaner
Apathie – obwohl die tatsächliche Zahl der Zeugen nie bestätigt
wurde und zwei von ihnen durchaus die Polizei gerufen hatten.[555]

Mitte des 20. Jahrhunderts bot die normale Gesellschaft ebenso
sehr Anlass zur Freude wie zur Sorge. Was normal war, war nicht
unbedingt wünschenswert. Oder lag dies zum Teil auch daran,
dass sich die normalen Standards veränderten? Als Genovese'
Freundin Mary Ann Zielonko die Leiche ihrer Lebensgefährtin identifizierte, wurde sie von der Polizei stundenlang verhört,
unter anderem mit der höchst unangemessenen Frage, »was Les-
ben denn im Bett so trieben«.[556] Das implizierte, dass Genovese'
Lebensstil in gewisser Weise für ihren Tod mit verantwortlich
war. Wer war also letzten Endes normal? Die »apathischen« Gaf-
fer oder die beliebte junge Geschäftsführerin einer Bar und ihre
Lebensgefährtin? Diese Frage zieht sich wie ein roter Faden durch
erstaunlich viele Geschichten des späten 20. Jahrhunderts, unein-
gestanden und oft unsichtbar, aber trotzdem da, wenn wir inne-
halten und genauer danach suchen.

»Was heute normal ist, ist es morgen nicht mehr, und umgekehrt«, schrieb Émile Durkheim. »Was für den Einzelnen krankhaft ist, kann für die Gesellschaft normal sein.«[557] Nur wenn wir nach dem untergründigen, verborgenen Normalen suchen, erkennen wir, wie der gesellschaftliche Wandel zum Erhalt des Status quo beigetragen hat. Die »normale« Gesellschaft im industrialisierten Westen, die ebenso konstruiert wurde wie der »normale« Mensch, steht nicht nur im Widerspruch zur Lebensrealität *einiger* Menschen, sondern zur Lebensrealität der meisten. Als sich der Marketingberater Kevin O'Keefe Anfang der Nullerjahre auf die Suche nach dem »durchschnittlichen Amerikaner« machte, stellte er bald fest, dass die Annahmen darüber, was normal sei, nicht notwendigerweise mit den Durchschnittswerten übereinstimmten. Der typische Amerikaner lebte nämlich nicht in einer heterosexuellen Kernfamilie, die nur ein Viertel der amerikanischen Haushalte ausmachte. »Familien, die aus einem berufstätigen Vater, einer nicht berufstätigen Mutter und deren Kindern bestehen« – also der Inbegriff des Middletown-Stereotyps – ergaben bei einem im Jahr 2000 durchgeführten Zensus nur sieben Prozent der Haushalte.[558]

Diese Diskrepanz zwischen dem, was durchschnittlich oder üblich ist, und dem, was wir als normal oder gewöhnlich empfinden, führt uns erneut vor Augen, wie das Normale im Laufe der Geschichte bewusst oder unbewusst geformt wurde. So wie die Harvard-Grant-Studie ursprünglich nicht nur darauf abzielte, die führenden Köpfe der Zukunft zu identifizieren, sondern auch eine Gesellschaft nach deren Vorbild formen wollte, beeinflussen die Vorstellungen von einer normalen Gesellschaft nach wie vor unser Denken, unser Verhalten, die Funktionsweise unserer Institutionen und unsere juristischen und zivilen Strukturen. Das gesamte englische Rechtssystem ist mit Begriffen wie »vernünftig« gespickt, die immer nur in Bezug auf die Ansichten einer hypothetischen Durchschnittsperson definiert werden. Auch der »Miller-Test«, anhand dessen der Oberste Gerichtshof der Vereinigten Staaten seit 1973 beurteilt, ob eine Aussage als obszön zu bewerten ist, bezieht sich auf die Einschätzung einer »durchschnittlichen Person, die die zeitgemäßen gesellschaftlichen Standards anwendet«. Beide Systeme erkennen zwar an, dass sich Normen und Standards verändern, doch sie zweifeln nicht an der Existenz einer durchschnittlichen, vernünftigen oder »normalen« zeitgemäßen Person. Aber wer ist diese Person überhaupt? Wie wir in diesem Buch gesehen haben, gibt es ihn (oder sie) gar nicht.

DIE NEUE NORMALITÄT?

Was bedeutet das jetzt für uns, für die »neue Normalität«? Ich näherte mich dem Ende dieses Buchs, als im Frühjahr 2021 in weiten Teilen Großbritanniens der Lockdown aufgehoben wurde. Alle, mit denen ich sprach, waren hin- und hergerissen zwischen dem Wunsch, alles möge wieder »normal werden«, und der Angst vor dem, was dieser Schritt mit sich bringen könnte. Der anfängliche, auf gegenseitiger Hilfe und gemeinschaftlichem Zusammenhalt beruhende Optimismus war zerbrochen, die Welt schien gespalten in grenzenlosen Online-Konsum für diejenigen, die am heimischen Schreibtisch arbeiten durften, und Lebensmittelspenden und den Kampf um soziale Unterstützung für die weniger vom Glück Begünstigten. Jahrzehntelang waren bestimmte Dinge selbstverständlich gewesen, in dieser vermeintlich stabilen Welt schien die Gesellschaft einfach zu existieren, als eine konstante, unveränderliche Kraft, die ihre Bewohner umgab. Und dieser Meinung waren nicht nur diejenigen, die von den normativen Erwartungen profitierten, sondern auch die Menschen, die durch sie ausgegrenzt wurden.

Wie oft übersehen wir die stereotypen Vorstellungen von Normalität, nicht nur in der Welt um uns herum, sondern in allem, was wir sagen oder tun? Als Jugendliche wollte ich unbedingt einen regionalen Akzent haben (wahrscheinlich den aus Manchester, zur Not auch Südwales), weil ich dachte, ich selbst hätte keinen. Vor einigen Jahren sprach mich ein amerikanischer Freund auf meinen kentischen Akzent an. Als ich widersprach, wies er mich darauf hin, dass ich dazu neigte, »I«, also das englische Wort für »ich«, nicht »ai« auszusprechen, sondern »oi«. Mittlerweile ertappe ich mich selbst manchmal dabei. Aber bevor er mich darauf aufmerksam gemacht hat, dachte ich, ich spreche wie »alle anderen«. Aber wer waren diese »alle anderen« überhaupt? Ein Jahrzehnt zuvor wäre es vielleicht das glasklare Oxford-Englisch aus dem Fernsehen gewesen, das ausländische Schauspieler immer noch nachahmen, wenn sie britisch klingen wollen. In den 1990er-Jahren sprachen die meisten Leute im Südosten wie ich ein eher informelles »Estuary English«, wie es in der Region entlang der Themse und ihrer Mündung verbreitet ist. Keine dieser beiden Varianten wurde von einer Mehrheit im Land gesprochen, auch wenn man das fälschlicherweise annehmen könnte, da sie im Fernsehen mittlerweile dominieren. Doch für mich war die Art und Weise, wie ich sprach, unbestreitbar normal. Einen Akzent hatte nur, wer sich anders anhörte als ich.

Manchmal bemerken wir die normalen Standards innerhalb der Gesellschaft also erst, wenn wir jemanden entdecken, der von unseren Erwartungen abweicht. Die Normen selbst erkennen wir vermutlich eher, wenn sie mit unseren eigenen Überzeugungen oder unserem Lebensstil in Konflikt geraten. Meistens ist jedoch das, was wir sehen, so üblich, so erwartbar, dass es uns nicht einmal auffällt. Trotzdem hat diese unsichtbare Normalität ihre eigene Geschichte. Und die Geschichte der normalen Gesellschaft ist noch kürzer als die des normalen oder durchschnittlichen Menschen. Im späten 19. Jahrhundert gelangten Wissenschaftler, Ärzte und Philosophen – die neuen »Durchschnittsmenschen« – zu der Überzeugung, dass für den sozialen Organismus die gleichen Gesetze galten wie für die Spezies Mensch. Dadurch wurde die spätviktorianische Gesellschaft für diese Männer zu einem natürlichen Zustand: Es war normal, dass Reichtum und Macht in den Händen einiger weniger lagen. Diese weiß, westlich und kapitalistisch geprägte Gesellschaft wurde unterdessen repräsentativ für den Rest der Welt und zwang anderen Kulturen mithilfe eines kolonialen Erbes, dessen Auswirkungen bis heute spürbar sind, ihre Normen auf.

Und wenn sich der Blick auf den Westen selbst richtete, wie in Middletown, wurden durch Ausgrenzung und Hervorhebung wieder ganz bestimmte Menschen als Vertreter der Gemeinschaft ausgewählt. Im Muncie der 1920er-Jahre war es das weiße Amerika der Mittelschicht. Statt das »normale« Leben zu untersuchen, diente Middletown vielmehr dazu, das nur auf einigen Auserwählten beruhende Bild einer normalen Gesellschaft zu bestätigen – oder dieses überhaupt erst zu erschaffen. Die Studie zeigt jedoch auch, wie dehnbar und veränderlich der Begriff des »Normalen« ist. Normal war in Middletown manchmal der statistische Durchschnitt. Manchmal war es auch der Brauch, die Gewohnheit, die am weitesten verbreitet waren. Und in der öffentlichen Wahrnehmung des Buchs erschien das Normale gemeinhin als ein Ideal, das sich an denjenigen orientierte, die als die vortrefflichsten Bürger der Stadt galten (unabhängig davon, ob sie Mitglieder des Ku-Klux-Klan waren oder nicht). Das Normale war etwas, das man erwartete oder anstrebte. In dieser letzten Bedeutung wurde es 1938 auch auf die jungen Teilnehmer an der Harvard-Grant-Studie angewandt, verbunden mit der Vorstellung, dass »normal« eine gute körperliche und geistige Gesundheit beinhaltete.

Zum Teil ist es diese Komplexität des Begriffs, die dazu geführt hat, dass das Normale im Lauf der Zeit eine solche Macht über uns gewonnen hat. Normal kann fast alles sein, was man sich darunter vorstellen möchte. Es kann sich auf das Alltägliche, Gewöhnliche, Monotone beziehen, aber auch ein Ideal oder eine Erwartung sein. Letztlich macht seine Geschichte jedoch deutlich, dass gesellschaftliche Normen keine eigenständigen Gebilde sind, die auf wundersame Weise als Teil eines lebenden, atmenden sozialen Organismus entstehen (auch wenn Herbert Spencer uns das glauben machen wollte). Normen entstehen aus einem bestimmten ideologischen Kontext heraus – und ihr wesentlicher Daseinszweck besteht darin, diesen Kontext zu stützen.

Wie können wir mit dieser schwierigen, oft schmerzhaften Geschichte umgehen? Es ist natürlich wichtig zu erkennen, auf welche Weise die unterschiedlichen Definitionen des Normalen Menschen nicht nur ein-, sondern auch ausgeschlossen haben. People of Color, Angehörige der Arbeiterklasse, Einwanderer sowie die Bewohner von Problemvierteln und ländliche Gemeinden entsprachen nicht dem Ideal von Middletown. Darüber hinaus müssen wir jedoch auch die Leerstelle in der Mitte aufdecken und hinterfragen. Wir sollten uns fragen, was Normalität in einem bestimmten Kontext bedeutet und wie sie konstruiert wurde. Für

Durkheim mussten »soziale Tatbestände« nützlich sein, aber welchen Nutzen haben diese Normen in der Vergangenheit erfüllt? Sie haben evolutionäre und wirtschaftliche Hierarchien gestützt und einige wenige auf Kosten aller anderen begünstigt. Doch die Strukturen der heutigen Gesellschaft sind ebenso wenig naturgegeben und alternativlos wie die koloniale Politik zu Herbert Spencers Zeiten. Wenn wir eines aus der COVID-19-Pandemie gelernt haben, dann sollte es die Frage sein, ob eine neue Normalität überhaupt etwas Erstrebenswertes ist.

Epilog

Jenseits des Normalen

Ich erinnere mich deutlich daran, wie ich mit ungefähr 21 auf dem Weg zu einer Bushaltestelle an der North Circular Road in London war. Es war schon spät, und jedes Mal wenn ein Auto mit röhrendem Motor vorbeischoss, schnitt das Licht der Scheinwerfer durch die kühle Nachtluft. Die Straße lag über mir, verborgen hinter dem dichten Gestrüpp entlang des schwach beleuchteten geschlängelten Weges. Niemals wäre ich allein zu dieser Bushaltestelle gegangen.

Aber in dieser Nacht war ich nicht allein. Mein Freund war bei mir. Die Hände tief in den Taschen vergraben, stampfte er in dem mit Graffiti beschmierten Wartehäuschen, das kaum Schutz vor dem Winterwind bot, ungeduldig mit den Füßen auf den Boden. Damals, als Handys noch keine Kameras, geschweige denn Internetzugang hatten, wusste man nie, wie lange man noch auf den Bus warten musste. Mir war kalt und langweilig, und ich begann zu tanzen, um mich ein wenig aufzuwärmen. Womöglich habe ich sogar angefangen zu singen. Mein Freund funkelte mich wütend an. »Wieso kann ich nicht einfach eine *normale* Freundin haben?«, schimpfte er.

Was meinte er mit normal? Das wusste er wahrscheinlich selbst nicht genau. Seine Worte waren sicher als Beleidigung gemeint: Er war müde, ihm war kalt, und er hatte schlechte Laune. Vielleicht war er aber auch die ständigen Dramen leid aufgrund meiner instabilen psychischen Gesundheit. Im Rückblick verstehe ich, dass es für ihn sehr stressig und kraftraubend gewesen sein muss, doch damals wusste ich das nicht zu schätzen. Seine Worte waren auch ein Versuch, mich dazu zu bringen, mein Verhalten zu ändern und mich einem vermeintlichen Ideal anzupassen, auch wenn keiner von uns wusste, wie dieses Ideal eigentlich aussah. Ein paar Jahre später stritten zwei meiner Mitbewohnerinnen während der gesamten Rückfahrt von einem Club darüber, welcher der beiden die Ehre gebührte, der einzig normale Mensch in unserer Clique zu sein. »Keine von uns ist normal«, wandten wir beiden anderen ein, die keinen Wert auf diesen Titel legten. »Deswegen sind wir ja Freundinnen!«

Im Alltag erscheint es uns oft als ein Zeichen von gesundem Menschenverstand, auf der Grundlage unserer eigenen Erfahrungen zu beurteilen, was normal oder wünschenswert ist. So wie es auch reiche weiße Männer im Laufe der Geschichte immer wieder getan haben. Doch wir haben nicht nur alle einen unterschiedlichen Hintergrund, unterschiedliche Perspektiven und oft genug gar keine klare Vorstellung davon, was wir überhaupt unter normal verstehen – auch unsere Lebenserfahrungen werden durch historisch gewachsene Erwartungen an Normalität geformt. Diese Erwartungen haben sich in unserem täglichen Leben, unseren Institutionen, unseren medizinischen Behandlungsmethoden, unserer Politik und unseren internationalen Beziehungen niedergeschlagen. Sie beeinflussen uns, unabhängig davon, ob wir der Norm entsprechen oder nicht.

Meine Auffassung von Normalität wurde durch meine Herkunft aus einer weißen Mittelschichtfamilie in einem Vorort im Süden Englands geprägt, sowohl durch die zahlreichen Möglichkeiten, die ich dadurch genoss, als auch durch die Unterschiede, die ich als nicht ganz so wohlhabendes Mädchen auf einer Schule voller sehr privilegierter Jugendlicher bemerkte. Meine Ängste, nicht normal zu sein, entwickelten sich trotz der Tatsache, dass ich oft von meiner Nähe zu jenem Durchschnittsmenschen profitiert habe, den bereits die Viktorianer privilegierten. Wenn wir das Normale als historische Kategorie kritisieren, müssen wir herausarbeiten, auf welche Weise es von der Geburt bis zum Tod unser eigenes Leben durchzieht. Deshalb sind auch die persönlichen Anekdoten ein so wichtiger Bestandteil dieses Buchs, ganz gleich, ob Sie sich damit identifizieren können oder ganz andere Erfahrungen gemacht haben. Auch sie fordern uns dazu auf, unser Leben zu hinterfragen und es mit dem anderer zu vergleichen.

Im Laufe unserer Reise durch die Geschichte des Normalen ist uns dieses Versäumnis, die Dinge zu hinterfragen, immer wieder aufs Neue begegnet. Wir sind uns darüber im Klaren, dass das Normale als Kategorie nicht bloß ein Durchschnitt oder ein Abbild der Natur ist, sondern konstruiert wurde – in der Medizin, den Wissenschaften und der Populärkultur, von Quetelets »Durchschnittsmensch« bis zur Harvard-Grant-Studie über die »normalen« jungen Männer. Fast jede Inkarnation des Normalen weist eine bestimmte Reihe von Merkmalen auf. Im Westen bedeutet, »normal« zu sein: weiß, männlich, aus der Mittelschicht, körperlich fit, cisgender und heterosexuell. Dass dies nicht der statistische Durchschnitt ist, zeigt sich daran, dass diese Eigenschaften in den seltensten Fällen in einer Bevölkerung auch am häufigsten vertreten sind. Im Middletown der 1920er-Jahre etwa stellten weiße Männer aus der Mittelschicht höchstens 15 Prozent der Einwohner.

Wie die Maße von Norma, der typischen Frau, der nicht eine einzige reale Frau entsprach, passt dieses »normal« auf weit weniger Menschen, als wir vermuten würden. In einem Online-Kurs, an dem ich kürzlich aus beruflichen Gründen teilgenommen habe, wurde ich aufgefordert, sechs persönliche Angaben zu nennen, darunter Alter, Geschlecht und Familienstand, welche anschließend mit den statistischen Daten abgeglichen wurden, die 2011 für das gesamte Land erhoben worden waren. Ich erfuhr, dass sich meine Antworten lediglich mit denen von einer halben Million anderer Menschen in Großbritannien deckten: weniger als einem Prozent der Bevölkerung. Die Vorstellung, es gebe eine mehrheitliche Gruppe, die das sogenannte Normale verkörpert, ist eine Illusion. Ebenso wenig haben diese vermeintlich »normalen« Eigenschaften einen Wert an sich. Zufällig waren nur diejenigen, die sie in sich vereinten, während eines Großteils des von uns untersuchten historischen Zeitraums auch diejenigen, die an der Macht waren.

Am ehesten bemerkt man die Existenz einer bestimmten Definition von Normalität wahrscheinlich dann, wenn man auf die eine oder andere Weise durch sie ausgegrenzt wird. Von den 1830er- bis in die 1960er-Jahre und noch weit darüber hinaus wurden die zahllosen Menschen, die der »Durchschnittsmensch« nicht widerspiegelte, auf doppelte Weise ausgeschlossen. Zunächst wurden sie aus den Daten entfernt, aus denen die Durchschnittswerte gebildet wurden: Middletown und Kinsey etwa sortierten Afroamerikaner aus, während Galton und seine Kollegen die Daten von Frauen so manipulierten, dass sie mit den Maßen von Männern vergleichbar wurden. Und anschließend warf man denselben Leuten vor, nicht den auf diesen Durchschnittswerten beruhenden idealen Normen zu entsprechen. Trotz dieser Ausgrenzung wurden die auf ethnischer und sozialer Herkunft, Geschlecht und sexueller Orientierung basierenden präskriptiven Vorstellungen von Normalität zum Leitfaden für das Leben und das Verhalten aller Bürger in Europa, Nordamerika und darüber hinaus. Das Normale wandelte sich von einem Gradmesser der Varianz zu einer Leistung, die dem Einzelnen abverlangt wird, einem Ideal, das es zu erreichen gilt, ganz gleich, ob man das will – und kann – oder nicht.

Das hat auch heute, in unserer modernen Welt, noch gravierende Konsequenzen. Diejenigen, die gegen die vorgegebenen Normen verstoßen, können mit Strafen belegt werden. Sie können als »anders«, als Kriminelle oder als psychisch Kranke abgestempelt werden. Sie können in Gefängnisse oder psychiatrische Kliniken eingesperrt werden und ihren Anspruch auf staatliche Unterstützung oder Krankenversorgung verlieren. Ganze Gruppen können auf grausame Weise ausgegrenzt werden. Die weitverbreitete Praxis der Rassentrennung, bei der Schulen, Wohnorte, öffentliche Verkehrsmittel und zahllose andere Bereiche des täglichen Lebens rigoros voneinander getrennt waren, je nachdem, ob man nun zufällig schwarz oder weiß war, wurde in den Vereinigten Staaten erst mit dem Bürgerrechtsgesetz von 1964 offiziell beendet. Doch in vielen Städten und Ländern existiert bis zum heutigen Tag eine auf Ethnizität und Klassenschranken beruhende Trennung der Bürger, die durch Armut und soziale Ungleichheit noch verschärft wird.

Anders zu sein wird natürlich nicht immer sanktioniert. Manchmal wird das andere auch einfach nur aus der öffentlichen Wahrnehmung getilgt, um den falschen Anschein zu wecken, das »Normale« sei ein Mehrheitsstatus. So verschwiegen zum Beispiel die Zeitungen in den 1960er-Jahren Kitty Genovese' lesbische Identität, und es dauerte ganze 50 Jahre, bis eine Forscherin diesen Aspekt ihres Lebens wieder an die Öffentlichkeit brachte.[559] Oder denken Sie, um ein aktuelles Beispiel zu wählen, an die Kontroverse um das Deadnaming – die Verwendung des Geburtsnamens einer transsexuellen Person, den diese im Zuge ihrer Transition abgelegt hat. Auf persönlicher Ebene verletzt diese Respektlosigkeit, sie verursacht Schmerz und beschädigt Beziehungen; auf einer umfassenderen Ebene spiegelt sich in diesem Vorgehen die Annahme, es gebe eine bestimmte Form von Normalität, und diejenigen, die dieser Normalität nicht entsprechen oder entsprechen können, könnten doch noch dazu gezwungen werden, indem man ihr Anderssein delegitimiert.

In den 1960er-Jahren wurde, obwohl das heute weitgehend in Vergessenheit geraten zu sein scheint, das Konzept des Normalen in der Medizin, den Wissenschaften, der Philosophie und der öffentlichen Meinung immer expliziter zum Thema. Paradoxerweise wurde es gleichzeitig auch zunehmend infrage gestellt. In Großbritannien, Nordamerika und Europa versuchten Mediziner, den normalen Gesundheitszustand, das normale Gewicht und den normalen Blutdruck zu definieren, und diskutierten darüber, ob es das normale Kind gebe. Psychologen studierten die Reaktionen »normaler« Menschen auf unangenehme Situationen oder ihre Bereitschaft, Befehle zu befolgen. Ein durchschnittliches oder übliches Verhalten war, so die neue Sorge, nicht notwendigerweise wünschenswert oder gar möglich. Doch indem diese Studien aus der Nachkriegszeit das Normale so intensiv diskutierten wie nie zuvor, untermauerten sie zugleich die Idee, dass eine Form von durchschnittlichem oder üblichem Verhalten existierte, wenn wir es nur finden und verstehen könnten.

Ein Grund für die anhaltende Macht des Normalen liegt darin, dass es häufig durch sein Gegenteil definiert wurde: das sogenannte Abnorme. Der Durchschnittsmensch wurde als Schwerpunkt der Gesellschaft positioniert, als »das Mittel, um das die Elemente der Gesellschaft oszillieren«.[560] Dies implizierte, dass das Normale monolithisch und unveränderlich war, eine Art feste Größe, auf die sich alle von ihm abweichenden Varianten stützten. Zu Beginn war das Normale sowohl Durchschnitt als auch Ideal, und da es gleichzeitig fiktiv war, konnte es leicht als Status quo interpretiert werden, als die reichen, weißen Männer im Zentrum des Universums. Ihre Position blieb vor allem deshalb unangefochten, weil sie alle anderen Menschen im Vergleich zu sich selbst beurteilten und so das Normale nach ihrem eigenen Abbild schufen. Der Normalstandard ist ein Glaubenssystem, eine Illusion, die die gesamte moderne westliche Gesellschaft durchzieht. Niemand ist Norma, die typische Frau. Niemand ist Quetelets Durchschnittsmensch. Und doch ist das Normale immer noch so etwas wie des Kaisers neue Kleider: Wir mögen es zwar infrage stellen, sind aber doch zu verlegen oder unsicher, um seine Existenz gänzlich abzustreiten.

Durch das Schreiben dieses Buchs habe ich viel darüber gelernt, wie einfach es ist, normative Urteile zu reproduzieren, ohne sich dessen überhaupt bewusst zu sein. Es gab Situationen, in denen ich mich unreflektiert an den Normen orientierte, mit denen ich aufgewachsen bin, in denen ich unbewusst binäre Denkweisen oder Werturteile wiedergab. Trotz der strengen Aufmerksamkeit kritischer Freunde kommt es wahrscheinlich immer noch dazu. Wir wünschen uns geradlinige, kohärente Erklärungen für das Dasein, aber womöglich treiben wir einen eckigen Pflock in ein rundes Loch, nur um eine solche lineare Erzählung zu konstruieren. Dabei lässt sich die Welt nun einmal nicht »in schwarze und weiße Schafe aufteilen«, wie Kinsey es so pointiert formulierte.

Zweifellos gibt es noch andere Dinge, die Ihr Leben berührt haben, Dinge, die ich ausgelassen habe, obwohl ich auf diesen Seiten darauf hätte eingehen können. Aber ich hoffe, dass dies erst der Anfang der Geschichte ist, denn es gibt noch so viel mehr zu erzählen. Die Art und Weise, wie wir erzählen, ist dabei ebenso wichtig wie die Geschichten selbst. Die Kategorien »normal« und »nicht normal« bieten uns schon lange eine bequeme Möglichkeit, Erzählungen zu strukturieren, und manchmal nehmen wir sie gedankenlos an, weil es der einfachere Weg ist. Wenn Sie das nächste Mal an einem solchen Scheideweg stehen, wird dieses Buch Sie hoffentlich daran erinnern, Ihren Weg zu hinterfragen und darüber nachzudenken, ob es nicht auch anders gehen könnte.

Zum Abschluss möchte ich Sie noch einladen, sich einmal damit auseinanderzusetzen, wie sogar die Fragen, die wir stellen, unsere Haltung zur Normalität beeinflussen. In Douglas Adams' *Per Anhalter durch die Galaxis* braucht ein Supercomputer namens Deep Thought 7,5 Millionen Jahre, um die Antwort auf die Frage nach dem Leben, dem Universum und dem ganzen Rest zu berechnen, und er gelangt zu der erfreulich einfachen Antwort: 42. Das liegt jedoch nur daran, dass niemand weiß, wie die ultimative Frage nach dem Leben, dem Universum und dem ganzen Rest überhaupt lautet. Fragen sind im wirklichen Leben und in der Science-Fiction genauso wichtig wie Antworten, manchmal sogar noch wichtiger.

Also, bin ich normal? Nun, ja und nein. Aber ist das überhaupt die richtige Frage, die man sich stellen sollte?

Dank

Als ich meiner damals elfjährigen Patentochter Willow erzählte, wovon das Buch handelte, an dem ich gerade schrieb, reagierte sie zunächst etwas ungläubig, bevor sie mir anbot, es für mich zu schreiben. Das zusammengefaltete DIN-A4-Blatt, das sie mir daraufhin überreichte, nimmt einen Ehrenplatz auf meinem Schreibtisch ein und hat mich in den drei langen Jahren, die seitdem vergangen sind, immer wieder zum Durchhalten motiviert. »Bin ich normal?«, steht auf dem Cover von Willows Buch, und die Antwort auf die Frage findet man im Innenteil: »NEIN! Komm damit klar.« Welch wunderbare Zusammenfassung eines komplizierten Themas.

Es gibt noch viele andere Menschen, denen ich für ihre Hilfe beim Schreiben und bei den Recherchen, auf denen dieses Buch basiert, danken möchte. Nichts davon hätte ich geschafft ohne die unzähligen Archive und Bibliotheken, die mir ihre Türen geöffnet haben: die Wellcome Library, die British Library, die Royal College of Nursing Library and Archive, das Archiv der Belgischen Königlichen Akademie der Wissenschaften, Literatur und Schönen Künste, die UCL Special Collections, das Salvation Army International Heritage Centre und das Bethlem Museum of the Mind. Besonderen Dank schulde ich Ross MacFarlane und Alice White von der Wellcome Library für ihre Ideen und Anregungen sowie Subhadra Das und Hannah Cornish vom UCL, die mich durch die Galton Collection führten.

Außerdem möchte ich meinen Kollegen an der Queen Mary University of London und am Royal College of Nursing danken, die mich während der Arbeit an diesem Buch stets unterstützt haben. Das gilt vor allem meinen beiden unermüdlichen, stets aufmunternden Managern, Anna Semmens am RCN und Thomas Dixon an der QMUL, und Emma Sutton und Frances Reed, die ihre Zeit opferten, um erste Entwürfe und letzte Kapitel zu lesen und mit mir darüber zu diskutieren. Außerdem danke ich allen anderen Freunden, Verwandten und Kollegen, die so freundlich waren, Kapitelentwürfe zu lesen, und die mir nützliche Anregungen und Kritik lieferten: Åsa Jansson, Debbie Shipton, Becky Matthews, Indy Lalli, Lauren Cracknell, Alice Nicholls, Sasha Garwood Lloyd, Sally Frampton, Gemma Angel, Gail Robertson, Shaz Lockwood, Nat Hayden, Tara und Mike Alexander, Jane Fradgley, Brian und Kathy Chaney, Alison Feeney und Stewart Caine.

Riesigen Dank schulde ich Francesca Barrie, meiner Lektorin, für ihren Rat, ihre Kritik und ihre Begeisterung während der gesamten Zeit. Sie hat dieses Buch sehr viel besser gemacht. Danke auch allen bei Wellcome und Profile Books, insbesondere Sam Matthews für die Redaktion, und dem Wellcome Trust für die Finanzierung eines Großteils der Recherchen, auf denen das Buch basiert.

Das einsame Schreiben kann ein deprimierender Prozess sein, und ich bin allen, die mir beim Durchhalten geholfen haben, unendlich dankbar. Danke der Post-Doc-Crew an der QMUL für die unschätzbar wertvollen wöchentlichen Treffen und dem Ministry of Fun am RCN für Kreuzworträtsel und Quizveranstaltungen.

Danke Michelle, Sadie (die Königin des Quiplash) und Willow (die Königin von Gotham) für virtuelle Spiele und vegane Snacks und Kate, Lee-Anne und Sheila für gemeinsames Fernsehen auf Distanz. Ein gewaltiges Dankeschön geht an die Genting Gang, die ich glücklicherweise in den letzten Jahren öfter gesehen habe als je zuvor: Gail, Shaz, Nat, Tara und Holly, ich liebe euch für immer und ewig.

Last, aber ganz sicher nicht *least*, danke ich meiner Familie für ihre nie nachlassende Unterstützung. Steward, der die aufeinanderfolgenden Entwürfe mit erstaunlich wenig Klagen gelesen und miteinander verglichen hat (und Charles und Erik, die Katzen, die die dringend benötigten Kuscheleinheiten lieferten). Mum und Dad für ihre Anregungen und ihr Interesse. Ali für ihre unglaublich klugen Anmerkungen zu Kapitel 6 und dafür, dass sie mich bei den allzu seltenen Gelegenheiten aus London herausgeholt hat.

Und zu guter Letzt sende ich meine ganze Liebe unseren jüngsten Familienmitgliedern: Annabel, mit der gemeinsam online zu backen eines der Highlights der vergangenen zwei Jahre war, und Lara, deren ansteckendes Lächeln mich immer begleitet.

Anmerkungen

1 Satadru Sen, »Schools, Athletes, and Confrontation: The Student Body in Colonial India«, in: James H. Mills u. Satadru Sen (Hg.), *Confronting the Body: The Politics of Physicality in Colonial and Post-Colonial India* (London: Anthem Press, 2004), S. 66–67.

2 »About Us«, Selbstdarstellung des Bureau of Indian Education, einer beim Innenministerium der Vereinigten Staaten angesiedelten Behörde für das Bildungssystem der indigenen Bevölkerung, abgerufen am 12. Januar 2022: www.bie.edu/topic-page/bureau-indian-education.

3 Joseph Henrich, Steven J. Heine u. Ara Norenzayan, »The Weirdest People in the World?«, *Behavioral and Brain Sciences* 33, Nr. 2–3 (Juni 2010), S. 61–83; Michael D. Gurven u. Daniel E. Lieberman, »WEIRD Bodies: Mismatch, Medicine and Missing Diversity«, *Evolution and Human Behavior* 41, Nr. 5 (1. September 2020), S. 330–340.

4 Kathryn B. H. Clancy u. Jenny L. Davis, »Soylent Is People, and WEIRD Is White: Biological Anthropology, Whiteness, and the Limits of the WEIRD«, *Annual Review of Anthropology* 48, Nr. 1 (21. Oktober 2019), S. 169–186.

5 Michael Morris, »Standard White: Dismantling White Normativity«, *California Law Review* 104, Nr. 4 (2016), S. 958.

6 Alyson J. McGregor, *Sex Matters: How Male-Centric Medicine Endangers Women's Health and What We Can Do About It* (London: Quercus, 2020), S. 78–79.

7 Henrich, Heine u. Norenzayan, »The Weirdest People in the World?«, S. 61.

8 Oder als Gauß-Laplace-Verteilung, wenn man auch den Beitrag des französischen Mathematikers Pierre-Simon Laplace würdigen möchte, der schon knapp 30 Jahre früher anregte, eine Fehlerkurve zur Vorhersage eines Ereignisses zu nutzen.

9 Saul Stahl, »The Evolution of the Normal Distribution«, *Mathematics Magazine 79*, Nr. 2 (2006), S. 96–113; Donald Teets u. Karen Whitehead, »The Discovery of Ceres: How Gauss Became Famous«, *Mathematics Magazine 72*, Nr. 2 (1999), S. 83–93.

10 Theodore M. Porter, »The Mathematics of Society: Variation and Error in Quetelet's Statistics«, *The British Journal for the History of Science* 18, Nr. 1 (1985), S. 58.

11 Der französische Originaltitel lautete »Sur l'homme et le développement de ses facultés, ou, Essai de physique sociale«.

12 NatCen Social Research, University College London, *Health Survey for England 2016: Adult health trends*, Health and Social Care Information Centre (abgerufen am 11. Mai 2022, healthsurvey.hscic.gov. uk/media/63757/HSE2016-Adult-trends.pdf).

13 Man könnte vermuten, dass dies zu einer Kurve mit zwei deutlich voneinander getrennten Spitzen führen würde (eine bimodale Verteilung). Doch tatsächlich kommt es bei einer ausreichend großen Gruppe von Menschen häufig zu einer veränderten Normalverteilung.

14 Mark F. Schilling, Ann E. Watkins u. William Watkins, »Is Human Height Bimodal?«, *The American Statistician* 56, Nr. 3 (1. August 2002), S. 223–229.

15 Adolphe Quetelet, *A Treatise on Man and the Development of His Faculties*, übersetzt von Robert Knox (Edinburgh: W. & R. Chambers, 1842), S. x. Es gibt auch eine deutsche Übersetzung dieses Werks: A. Q., *Über den Menschen und die Entwicklung seiner Fähigkeiten oder Versuch einer Physik der Gesellschaft*, übersetzt von Dr. V. A. Riecke (Stuttgart: Schweizerbart, 1838). Die zitierte Stelle stammt allerdings aus dem Vorwort des Autors zur englischen Ausgabe und ist in der deutschen Fassung nicht enthalten.

16 Allerdings war Quetelet nicht besonders gewissenhaft, was seine Daten anging, und offenbar unterliefen ihm beim Abschreiben aus der Originalquelle eine Reihe von Fehlern. Für weitere Informationen dazu s. Stahl, »The Evolution of the Normal Distribution«, *Mathematics Magazine* 79, Nr. 2 (2006), S. 108-110.

17 Adolphe Quetelet, *Letters Addressed to HRH the Grand Duke of Saxe-Coburg and Gotha, on the Theory of Probabilities, as Applied to the Moral and Political Sciences*, übersetzt von Olinthus Gregory Downes (London: C. & E. Layton, 1849), S. 93.

18 Quetelet, *Letters*, S. 90.

19 Quetelet, *Treatise*, S. v.

20 Martin Kemp, *Leonardo da Vinci: The Marvellous Works of Nature and Man* (Oxford: Oxford University Press, 2007), S. 22.

21 Alison Matthews David, »Tailoring and the ›Normal‹ Body in Nineteenth-Century France«, in: Waltraud Ernst (Hg.), *Histories of the Normal and the Abnormal* (London: Routledge, 2006), S. 151.

22 Peter Cryle u. Elizabeth Stephens, *Normality: A Critical Genealogy* (Chicago und London: University of Chicago Press, 2017), S. 3-4.

23 William McDowall, *History of the Burgh of Dumfries* (Edinburgh: A. & C. Black, 1867), S. 796-805.

24 Ian Hacking, »Biopower and the Avalanche of Printed Numbers«, *Humanities in Society* 5 (1982), S. 279-295.

25 Für weitere Informationen zu diesen Entwicklungen s. Jean-Guy Prévost u. Jean-Pierre Beaud, *Statistics, Public Debate, and the State, 1800-1945* (London: Pickering & Chatto, 2012); Alain Desrosières, *Die Politik der großen Zahlen: Eine Geschichte der statistischen Denkweise*, aus dem Frz. von Manfred Stern (Berlin u.a.: Springer, 2005); Theodore M. Porter, *The Rise of Statistical Thinking, 1820-1900* (Princeton: Princeton University Press, 1986); Kevin Donnelly, »The Other Average Man: Science Workers in Quetelet's Belgium«, *History of Science* 52, Nr. 4 (2014): S. 401-428.

26 Für weitere Informationen zu Broussais' Theorien und Behandlungsmethoden s. Ian Hacking, *The Taming of Chance* (Cambridge:

Cambridge University Press, 1990), S. 160–166; Georges Canguilhem, *Das Normale und das Pathologische*, aus dem Frz. von Monika Noll u. Rolf Schubert (München: Hanser, 1974).

27 Zitiert in Canguilhem, *Das Normale und das Pathologische*, S. 26.

28 Robert G. W. Kirk u. Neil Pemberton, *Leech* (London: Reaktion, 2013), S. 58.

29 Kirk u. Pemberton, *Leech*, S. 58.

30 Das Folgende beruht auf Mary Pickering, *Auguste Comte: An Intellectual Biography*, Bd. 1 (Cambridge: Cambridge University Press, 1993).

31 Frederick James Gould, *Auguste Comte* (London: Watts, 1920), S. 26.

32 Für sämtliche Einzelheiten s. Pickering, *Auguste Comte*, Bd. 1.

33 Hacking, *The Taming of Chance*, S. 167.

34 *Fallbuch weiblicher Patienten für das Jahr 1898* (CB 159), Bethlem Museum of the Mind, Eintrag 125.

35 *Fallbuch weiblicher Patienten für das Jahr 1881* (CB 119), Bethlem Museum of the Mind, Eintrag 93.

36 Daniel Hack Tuke, »Eccentricity«, in: Daniel Hack Tuke (Hg.), *Dictionary of Psychological Medicine*, Bd. 1 (London: J. & A. Churchill, 1892), S. 419–23.

37 Auguste Comte, zitiert in Canguilhem, *Das Normale und das Pathologische*, S. 27.

38 William Corner, *The Story of the 34th Company (Middlesex) Imperial Yeomanry* (London: T. Fisher Unwin, 1902), S. 1.

39 Corner, *Story of the 34th*, S. 11.

40 Vanessa Heggie, »Lies, Damn Lies, and Manchester's Recruiting Statistics: Degeneration as an ›Urban Legend‹ in Victorian and Edwardian Britain«, *Journal of the History of Medicine and Allied Sciences* 63, Nr. 2 (2008): S. 182.

41 Arnold White, *Efficiency and Empire* (London: Methuen & Co., 1901), S. 101–102.

42 Charles F. G. Masterman, »Realities at Home«, in: Charles F. G. Masterman (Hg.), *The Heart of the Empire; Discussions of Problems of*

Modern City Life in England, with an Essay on Imperialism (London: T. Fisher Unwin, 1907), S. 8.

43 Für weitere Informationen zu White und seinen Zahlen s. Heggie, »Lies, Damn Lies, and Manchester's Recruiting Statistics«, S. 183–186.

44 William R. Greg, »On the Failure of ›Natural Selection‹ in the Case of Man«, *Fraser's Magazine for Town and Country*, 1868.

45 Charles Darwin, *Die Abstammung des Menschen und die sexuelle Selektion*, herausgegeben von Ferdinand Fellmann u. Bernard Wallner, in der vollständig überarbeiteten Übersetzung von Carl W. Neumann (Stuttgart: Reclam, 2012), S. 106.

46 Robert Louis Stevenson, *Der seltsame Fall des Dr. Jekyll und Mr. Hyde*, aus dem Engl. von Wolfram Benda (München: dtv Verlag, 1992), S. 29.

47 Diese Karte können Sie online anschauen unter: https://booth.lse.ac.uk/.

48 Judith R. Walkowitz, City of Dreadful Delight: *Narratives of Sexual Danger in Late-Victorian London* (London: Virago, 1992).

49 William H. Kruskal u. Stephen M. Stigler, »Normative Terminology: ›Normal‹ in Statistics and Elsewhere«, in: Bruce D. Spencer (Hg.), *Statistics and Public Policy* (Oxford: Clarendon Press, 1997), S. 84–85.

50 Nachdem 2018 in der Presse Berichte erschienen waren, denen zufolge seit 2015 am UCL geheime Konferenzen zu Eugenik und Intelligenz abgehalten worden seien, veranlasste das UCL eine Untersuchung zur Geschichte der Eugenik an der Universität. Diese Untersuchung führte zur Umbenennung des Galton Auditoriums sowie einiger Räume, die mit Galtons Protegé Karl Pearson in Verbindung standen, und damit endeten die Konsequenzen leider auch schon. S. Anna Fazackerley, »UCL Eugenics Inquiry Did Not Go Far Enough, Committee Say«, *Guardian*, 28. Februar 2020.

51 Porter, *The Rise of Statistical Thinking*, S. 110.

52 Desrosières, *The Politics of Large Numbers*, S. 113.

53 Karl Pearson, *The Life, Letters and Labours of Francis Galton*, 3 Bde. (Cambridge: Cambridge University Press, 1924), Bd. 2, S. 228.

54 Francis Galton, »Composite Portraits«, *Nature* 18, Nr. 447 (1878), S. 97–100; Francis Galton, »Typical Laws of Heredity«, *Nature* 15, Nr. 388–90 (1877), S. 492–495, S. 512–514, S. 532–533.

55 Galton, »Composite Portraits«, S. 97.

56 Gina Lombroso u. Cesare Lombroso, *Criminal Man: According to the Classification of Cesare Lombroso* (New York: Putnam, 1911), S. 7.

57 Galton, »Composite Portraits«, S. 97-98.

58 Cryle u. Stephens, *Normality: A Critical Genealogy*, S. 215–16.

59 R. Percy Smith, »Sir George Henry Savage, MD, FRCP«, *Journal of Mental Science* 67, Nr. 279 (1921), S. 402, S. 395.

60 Paul A. Lombardo (Hg.), *A Century of Eugenics in America: From the Indiana Experiment to the Human Genome Era* (Bloomington: Indiana University Press, 2010); Daniel J. Kevles, *In the Name of Eugenics: Genetics and the Uses of Human Heredity* (Cambridge, MA: Harvard University Press, 1995), S. 99.

61 Für Beispiele s. Stephen Jay Gould, *Der falsch vermessene Mensch*, aus dem Amer. von Günter Seib (Frankfurt/Main: Suhrkamp, 1988), Kapitel 2.

62 Patrick Brantlinger, »Victorians and Africans: The Genealogy of the Myth of the Dark Continent«, *Critical Inquiry* 12, Nr. 1 (1985), S. 166–203.

63 William Booth, *In Darkest England, and the Way Out* (London and New York: Salvation Army, 1890), S. 9.

64 Booth, *In Darkest England*, S. 11.

65 Kevin R. Fontaine u.a., »Years of Life Lost Due to Obesity«, *JAMA* 289, Nr. 2 (8. Januar 2003), S. 187–93.

66 Zum ersten Mal hörte ich von dieser Haarfarbentafel, als einer meiner Kollegen am UCL ein Projekt von Studierenden der Museumswissenschaften betreute, das sich mit dem wissenschaftlichen Erbe des UCL befasste. Für weitere Informationen über die Ergebnisse dieses Projekts s. www.ucl.ac.uk/culture/ucl-science-collections/eugen-fischers-hair-colour-gauge.

67 Pearson und Fischer haben nachweislich miteinander korrespondiert. 1932 schrieb Fischer Pearson, um ihm zur Verleihung der Rudolf-Virchow-Medaille zu gratulieren und sich zu erkundigen, ob einer von Fischers Kollegen nach England kommen und einen Vortrag vor der Eugenics Education Society, der Gesellschaft zur Förderung der Eugenik, halten könne. S. Brief von Fischer an Pearson, Oktober 1932, UCL Special Collections (PEARSON/11/1/6/21).

68 Anna Fazackerley, »UCL Launches Inquiry into Historical Links with Eugenics«, *Guardian*, 6. Dezember 2018.

69 Bernard Rorke u. Marek Szilvasi, »Racism's Cruelest Cut: Coercive Sterilisation of Romani Women and Their Fight for Justice in the Czech Republic (1966–2016)«, openDemocracy, abgerufen am 2. August 2021: www.opendemocracy.net/en/can-europe-make-it/racisms-cruelest-cut-coercive-sterilization-of-roman/; Gwendolyn Albert u. Marek Szilvasi, »Intersectional Discrimination of Romani Women Forcibly Sterilized in the Former Czechoslovakia and Czech Republic«, *Health and Human Rights Journal* 19, Nr. 2 (4. Dezember 2017), S. 23–34.

70 »British feet are ›getting bigger and wider‹«, *BBC News*, 3. June 2014.

71 Das entspricht einer britischen Schuhgröße zwischen 3 und 9 bzw. einer amerikanischen Größe zwischen 5 und 11. Die durchschnittliche Größe verkaufter Schuhe in den Vereinigten Staaten lag 1998 bei 8,076 (GB: 5,5 bzw. EU: 39) mit einer Standardabweichung von 1,468.

72 Paul Valéry, »Einfache Überlegungen zum Körper«, aus dem Franz. von Karl Löwith, in: Paul Valéry, *Werke*, Bd. 4: *Zur Philosophie und Wissenschaft*, herausgegeben von Jürgen Schmidt-Radefeldt (Frankfurt/Main: Insel, 1989), S. 205.

73 Shigehisa Kuriyama, *The Expressiveness of the Body and the Divergence of Greek and Chinese Medicine* (New York: Zone Books, 1999), S. 131.

74 Peter Cryle u. Elizabeth Stephens, *Normality: A Critical Genealogy* (Chicago and London: University of Chicago Press, 2017), S. 296.

75 Anna G. Creadick, *Perfectly Average: The Pursuit of Normality in Postwar America* (Amherst and Boston: University of Massachusetts Press, 2010), S. 20–21.

76 Creadick, *Perfectly Average*, S. 28–36.

77 Alan Petersen, *The Body in Question: A Socio-Cultural Approach* (Abingdon: Routledge, 2007), S. 65; Sarah Grogan, *Body Image: Understanding Body Dissatisfaction in Men, Women, and Children*, 2. Auflage (London u. New York: Routledge, 2008), S. 3.

78 Karl Pearson, *The Life, Letters and Labours of Francis Galton*, 3 Bde. (Cambridge: Cambridge University Press, 1924), II, S. 458.

79 Pearson, *Life of Galton*, II, S. 341.

80 Darwin, *Die Abstammung des Menschen*, S. 256.

81 Darwin, *Die Abstammung des Menschen*, S. 251.

82 William Winwood Reade, *The Martyrdom of Man*, 11. Auflage (London: Trubner & Co., 1886), S. 455.

83 Reade, *Martyrdom of Man*, S. 455.

84 Sander L. Gilman, *Making the Body Beautiful: A Cultural History of Aesthetic Surgery* (Princeton: Princeton University Press, 1999), S. 85–87.

85 Peter Camper, *Über den natürlichen Unterschied der Gesichtszüge in Menschen verschiedener Gegenden und verschiedenen Alters*, übersetzt von S. Th. Sömmering (Berlin: Vossische Buchhandlung, 1792), S. 22.

86 Samuel Roberts Wells, *New Physiognomy* (New York: Fowler and Wells, 1867), S. 535–538.

87 Charles Kingsley, *Briefe und Gedenkblätter, herausgegeben von seiner Gattin*, übersetzt von M. Sell, 3. Auflage (Gotha: Perthes, 1883), S. 428.

88 Shoma Munshi, »A Perfect 10 – ›Modern and Indian‹: Representations of the Body in Beauty Pageants and the Visual Media in Contemporary India«, in: James H. Mills u. Satadru Sen (Hg.), *Confron-*

ting the Body: The Politics of Physicality in Colonial and Post-Colonial India (London: Anthem Press, 2004), S. 162.

89 Munshi, »A Perfect 10«, S. 162.

90 Petersen, *The Body in Question*, S. 76.

91 Remi Joseph-Salisbury, »Afro Hair: How Pupils Are Tackling Discriminatory Uniform Policies«, *The Conversation*, 20. April 2021.

92 Adolphe Quetelet, *Über den Menschen und die Entwicklung seiner Fähigkeiten oder Versuch einer Physik der Gesellschaft*, übersetzt von Dr. V. A. Riecke (Stuttgart: Schweizerbart, 1838), S. 367.

93 Ancel Keys u.a., »Indices of Relative Weight and Obesity«, *Journal of Chronic Diseases* 25 (1972), S. 329–343.

94 Amy Erdman Farrell, *Fat Shame: Stigma and the Fat Body in American Culture* (New York and London: New York University Press, 2011), S. 34.

95 Farrell, *Fat Shame*, S. 27.

96 Silas Weir Mitchell, *Fat and Blood and How to Make Them*, 2. Auflage (Philadelphia: J. B. Lippincott & Co., 1882), S. 25.

97 William Banting, »Offener Brief über Korpulenz«, in: Julius Vogel, *Korpulenz, ihre Ursachen, Verhütung und Heilung* (Leipzig: Ludwig Denicke, 1864), S. 5.

98 Farrell, *Fat Shame*, S. 38.

99 *Life Magazine*, 3. Dezember 1914, S. 1042.

100 William Howard Hay, *Weight Control* (London: George G. Harrap, 1936), S. 21.

101 »Are Our Women Scrawny?«, *Harper's Bazaar*, 7. November 1896, S. 924.

102 Julien-Joseph Virey, *Natural History of the Negro Race*, herausgegeben u. übersetzt von J. H. Guenebault (Charleston, SC: D. J. Dowling, 1837), S. 25.

103 Sabrina Strings, *Fearing the Black Body: The Racial Origins of Fat Phobia* (New York: New York University Press, 2019), S. 85–98.

104 Strings, *Fearing the Black Body*, S. 164.

105 Carl C. Seltzer, »Limitations of Height–Weight Standards (Letters to the Editor)«, *The New England Journal of Medicine* 272 (1965), S. 1i32.

106 *Build and Blood Pressure Study* (Chicago: Society of Actuaries, 1959), S. 1.

107 Strings, *Fearing the Black Body*, S. 198.

108 Strings, *Fearing the Black Body*, S. 202.

109 Kevin R. Fontaine u.a., »Years of Life Lost Due to Obesity«, *JAMA* 289, Nr. 2 (8. Januar 2003), S. 187–193.

110 Zuzanna Shonfield, *The Precariously Privileged: A Medical Man's Family in Victorian London* (Oxford: Oxford University Press, 1987).

111 Virginia Woolf, *Tagebücher I. 1915-1919*, aus dem Engl. von Maria Bosse-Sporleder, herausgegeben von Klaus Reichert (Frankfurt/Main: S. Fischer, 1990), S. 248.

112 George Croghan, *Army Life on the Western Frontier: Selections from the Official Reports Made Between 1826 and 1845*, herausgegeben von Francis Paul Prucha (Norman: University of Oklahoma Press, 2014), S. 59.

113 Robert Ross, *Clothing: A Global History* (Cambridge and Malden: Polity Press, 2008), S. 56–57.

114 Zitiert nach Stanley Chapman, »The Innovating Entrepreneurs in the British Ready-Made Clothing Industry«, *Textile History* 24, Nr. 1 (1993), S. 14–16.

115 Ross, *Clothing*, S. 121.

116 Ross, *Clothing*, S. 109, 114.

117 Mass Observation Archive, Bericht Nr. 2045: »Women's Clothes in Chester«, März 1944. Natürlich hatten auch die Rationierungen der Kriegsjahre einen Einfluss darauf, wie viele Kleidungsstücke in jener Zeit selbst gefertigt oder geändert wurden.

118 Cryle and Stephens, *Normality: A Critical Genealogy*, S. 314.

119 Ruth O'Brien u.a., *Women's Measurements for Garment and Pattern Construction* (Washington, DC: US Dept of Agriculture, 1941), S. 47.

120 »Freaks in Revolt«, *Daily News*, 7. Januar 1899.

121 »The Revolt of the Freaks«, *Standard*, 16. Januar 1899, S. 2.

122 Rosemarie Garland-Thomson, *Extraordinary Bodies: Figuring Physical Disability in American Culture and Literature* (New York: Columbia University Press, 1997), S. 61.

123 Rachel Adams, *Sideshow USA: Freaks and the American Cultural Imagination* (Chicago: University of Chicago Press, 2001), Kapitel 2; Garland-Thomson, *Extraordinary Bodies*, S. 62–63.

124 Arthur Goddard, »›Even as You and I‹: At Home with the Barnum Freaks«, *English Illustrated Magazine*, Nr. 173 (Februar 1898), S. 495.

125 Adams, *Sideshow USA*, S. 30.

126 Nadja Durbach, *Spectacle of Deformity: Freak Shows and Modern British Culture* (Berkeley and Los Angeles: University of California Press, 2009), S. 92–93.

127 P.T. Barnums erste Darstellerin war Joice Heth, die der Entertainer 1835 als George Washingtons (angebliches) Kindermädchen erstand – zu diesem Zeitpunkt soll sie 161 Jahre alt gewesen sein.

128 Adams, *Sideshow USA*, S. 40.

129 Tod Browning, *Freaks* (1932; neu herausgebracht 1947), Verleih: Dwain Esper.

130 Susan M. Schweik, *The Ugly Laws: Disability in Public* (New York: New York University Press, 2009).

131 Schweik, *Ugly Laws*, S. 6.

132 Schweik, *Ugly Laws*, S. 4–5.

133 Oliver Wendell Holmes, »The Human Wheel, Its Spokes and Felloes«, *Atlantic Monthly*, 1. Mai 1863, S. 574.

134 Schweik, *Ugly Laws*, S. 1.

135 Schweik, *Ugly Laws*, 3.

136 Es ist unklar, wann genau diese Verordnung in Cleveland erlassen wurde. Das entsprechende Jahr wird in der Quelle nicht genannt, und auch Schweik konnte es im Zuge ihrer Recherchen nicht ermitteln.

137 Lucy Wright u. Amy M. Hamburger, *Education and Occupations of Cripples, Juvenile and Adult: A Survey of All the Cripples of Cleveland, Ohio, in 1916* (New York: Red Cross Institute for Crippled and Disabled Men, 1918), S. 222–223.

138 Holmes, »The Human Wheel, Its Spokes and Felloes«, S. 574.

139 Frances Bernstein, »Prosthetic Manhood in the Soviet Union at the End of World War II«, *Osiris* 30, Nr. 1 (18. Januar 2015), S. 113–33; Katherine Ott, »Introduction«, in: Katherine Ott, David Serlin u. Stephen Mihm (Hg.), *Artificial Parts, Practical Lives: Modern Histories of Prosthetics* (New York: New York University Press, 2002).

140 Wright u. Hamburger, *Education and Occupations*, S. 19.

141 Joanna Bourke, *Dismembering the Male: Men's Bodies, Britain and the Great War* (London: Reaktion, 1996), S. 44.

142 2017 äußerte ein Ausschuss der Vereinten Nationen ernsthafte Sorge angesichts der Unfähigkeit der britischen Regierung, in einer Phase wirtschaftlicher Sparmaßnahmen die Rechte behinderter Menschen zu gewährleisten.

143 Office for National Statistics, Updated estimates of coronavirus (COVID-19) related deaths by disability status January to 20 November 2020 (London: Office for National Statistics, 2021).

144 Daniel J. Wilson, »Passing in the Shadow of FDR: Polio Survivors, Passing, and the Negotiation of Disability«, in: Jeffrey A. Brune u. Daniel J. Wilson (Hg.), *Disability and Passing: Blurring the Lines of Identity* (Philadelphia: Temple University Press, 2013), S. 15.

145 Die wahren Umstände wurden von Hugh Gallagher aufgedeckt, der selbst eine Infektion mit Kinderlähmung überlebt hatte. Hugh Gregory Gallagher, *FDR's Splendid Deception*, überarbeitete Ausgabe (Arlington, VA: Vandamere Press, 1994).

146 Wilson, »Passing in the Shadow of FDR«.

147 Wilson, »Passing in the Shadow of FDR«, S. 28.

148 George Bernard Shaw, *Plays: Pleasant and Unpleasant* (New York: Brentano's, 1906), S. vii.

149 Aktuelleren Schätzungen zufolge liegt der Anteil der Menschen, die eine Brille oder Kontaktlinsen brauchen, etwas niedriger, und zwar bei etwa drei Vierteln der Bevölkerung. S. *Britain's Eye Health in Focus: A Snapshot of Consumer Attitudes and Behaviour Towards Eye Health* (London: College of Optometrists, 2013).

150 Todd Rose, *The End of Average* (London: Penguin, 2015), S. 4.

151 David L. Rosenhan, »Gesund in kranker Umgebung«, aus dem Engl. von Irmtraud Frese, in: Paul Watzlawick (Hg.), *Die erfundene Wirklichkeit. Wie wissen wir, was wir zu wissen glauben? Beiträge zum Konstruktivismus*, 4. Auflage (München/Zürich: Piper, 2008), S. 111.

152 Robert L. Spitzer, »On Pseudoscience in Science, Logic in Remission, and Psychiatric Diagnosis: A Critique of Rosenhan's ›On Being Sane in Insane Places‹«, *Journal of Abnormal Psychology* 84, Nr. 5 (1975), S. 442–452; Susannah Cahalan, *The Great Pretender* (London: Canongate, 2020).

153 Rosenhan, »Gesund in kranker Umgebung«, S. 111-112.

154 Nathan Filer, *The Heartland: Finding and Losing Schizophrenia* (London: Faber and Faber, 2019), S. 17.

155 DSM steht für *Diagnostic and Statistical Manual of Mental Disorders* [dt. *Diagnostischer und statistischer Leitfaden psychischer Störungen*], der erstmals 1952 von der American Psychiatric Association, der wichtigsten Vereinigung amerikanischer Psychiaterinnen und Psychiater, herausgegeben wurde. Er ist allgemein unter seinen Initialen bekannt, ergänzt um die Nummer der Ausgabe (in römischen Ziffern von I-IV, in arabischen seit DSM-5). Die aktuelle Ausgabe, DSM-5, ist 2013 erschienen.

156 Robert L. Spitzer u.a., »Schizophrenia and other psychotic disorders in DSM-III«, *Schizophrenia Bulletin* 4 (1978), S. 493. S. auch DSM-III Task Force, *DSM-III: Diagnostic and Statistical Manual of Mental Disorders* (Washington, DC: American Psychiatric Association, 1980).

157 Henry Sidgwick u.a., »Report on the Census of Hallucinations«, *Proceedings of the Society for Psychical Research* 10 (1894), S. 73–74.

158 S. das Video von Christopher Chabris und Daniel Simons (2010) auf: www.theinvisiblegorilla.com/gorilla_experiment.html.

159 Mary Boyle, *Schizophrenia: A Scientific Delusion?* (London: Routledge, 1990).

160 Michael MacDonald, *Mystical Bedlam: Madness, Anxiety, and Healing in Seventeenth-Century England* (Cambridge: Cambridge University Press, 1981), S. 200.

161 Daniel Hack Tuke, *Geist und Körper. Studien über die Wirkung der Einbildungskraft*, übersetzt von H. Kornfeld (Jena: Fischer, 1888), S. vi.

162 Edmund Gurney, Frederic William Henry Myers u. Frank Podmore, *Phantasms of the Living* (London: Trubner and Co., 1886), S. x.

163 Sidgwick u.a., »Report on the Census of Hallucinations«. S. auch Christopher Keep, »Evidence in Matters Extraordinary: Numbers, Narratives, and the Census of Hallucinations«, *Victorian Studies* 61, Nr. 4 (2019), S. 582–607; Andreas Sommer, »Professional Heresy: Edmund Gurney (1847–1888) and the Study of Hallucinations and Hypnotism«, *Medical History* 55 (2014), S. 383–388.

164 Gurney, Myers u. Podmore, *Phantasms of the Living*, S. 499.

165 Boyle, *Schizophrenia*, S. 198.

166 Für eine ausführliche persönliche Schilderung des Netzwerks s. Gail A. Hornstein, *Agnes's Jacket: A Psychologist's Search for the Meanings of Madness* (New York: Rodale, 2009).

167 »HVN: A Positive Approach to Voices and Visions«, abgerufen am 12. Januar 2022: www.hearing-voices.org/about-us/hvn-values.

168 Theo B. Hyslop, *The Borderland: Some of the Problems of Insanity* (London: Philip Allan & Co., 1925), 1–2.

169 Für einen kurzen Überblick über Hyslops Leben s. W. H. B. Stoddart, »Obituary: T. B. Hyslop«, *British Medical Journal* 1, Nr. 3764 (1933), S. 347. Abgesehen davon wurde kaum etwas über ihn geschrieben.

170 S. John MacGregor, *The Discovery of the Art of the Insane* (Princeton: Princeton University Press, 1992), S. 162–163.

171 Anonymous [Theo B. Hyslop], *Laputa, Revisited by Gulliver Redivivus in 1905*, 2. Auflage (London: Hirschfeld, 1905), S. 39.

172 Theo B. Hyslop, *The Great Abnormals* (London: Philip Allan & Co., 1925), S. v.

173 Hyslop, *Great Abnormals*, S. 275.

174 Theo B. Hyslop, *Mental Physiology: Especially in Its Relations to Mental Disorders* (London: J. & A. Churchill, 1895), S. 469.

175 Andrew Wynter, *The Borderlands of Insanity* (London: Renshaw, 1877), S. 42.

176 George Savage, »An Address on the Borderland of Insanity«, *British Medical Journal* 1, Nr. 2357 (1906), S. 489–492.

177 Der Grund dafür, dass so viele viktorianische Romane von falschen Diagnosen handeln, ist nicht – wie moderne Leser häufig vermuten –, dass Fälle wie der von Edith Lanchester damals so häufig vorkamen. Es gehörte lediglich zu den größten Ängsten der Viktorianer, zu Unrecht in eine Irrenanstalt eingewiesen zu werden. »The Lanchester Case, of Insanity and the New ›Morality‹«, *The Lancet* 146, Nr. 3767 (1895), S. 1175–1176.

178 »The Lanchester Case«, *Journal of Mental Science* 42 (1896), S. 134–136.

179 Kieran McNally, *A Critical History of Schizophrenia* (Basingstoke and New York: Palgrave Macmillan, 2016), S. 199.

180 Samuel A. Cartwright, »Report on the Diseases and Physical Peculiarities of the Negro Race«, *The New Orleans Medical And Surgical Journal* (1851), S. 708.

181 Cartwright, »Report on the Diseases«, S. 708.

182 Silas Weir Mitchell, *Fat and Blood and How to Make Them.*

183 Elaine Showalter, *The Female Malady: Women, Madness and English Culture, 1830–1980* (London: Virago, 1987).

184 George Miller Beard, *A Practical Treatise on Nervous Exhaustion (Neurasthenia)* (New York: E. B. Treat, 1889), S. 1.

185 *Fallbuch weiblicher Patienten für das Jahr 1895* (CB 152), Bethlem Museum of the Mind, Eintrag 79.

186 *Fallbuch der freiwilligen Insassen für die Jahre 1893-1895* (CB 147), Bethlem Museum of the Mind, Eintrag 66.

187 George Savage, »Marriage in Neurotic Subjects«, *Journal of Mental Science* 29 (1883), S. 49.

188 Wynter, *Borderlands of Insanity*, S. 57.

189 Hyslop, *Mental Physiology*, S. 469.

190 Rocco J. Gennaro, »Psychopathologies and Theories of Consciousness: An Overview«, in: Rocco J. Gennaro (Hg.), *Disturbed Consciousness: New Essays on Psychopathology and Theories of Consciousness* (Cambridge, MA and London: MIT Press, 2015), S. 3.

191 Theo B. Hyslop, »On ›Double Consciousness‹«, *British Medical Journal* 2, Nr. 2021 (1899), S. 782–786.

192 Ian Hacking, *Multiple Persönlichkeit. Zur Geschichte der Seele in der Moderne*, aus dem Amerikanischen von Max Looser (Frankfurt/Main: Fischer Taschenbuch Verlag, 2001), S. 217-219.

193 Pierre Janet, *L'automatisme psychologique: Essai de psychologie expérimentale sur les formes inférieures de l'activité humaine* (Paris: Félix Alcan, 1889), S. 89.

194 Sigmund Freud u. Josef Breuer, *Studien über Hysterie* (Frankfurt/Main: Fischer Taschenbuch Verlag, 1970), S. 20.

195 Freud u. Breuer, *Studien über Hysterie*, S. 22.

196 Freud u. Breuer, *Studien über Hysterie*, S. 30-31.

197 Mikkel Borch-Jacobsen, »Making Psychiatric History: Madness as Folie à Plusieurs«, *History of the Human Sciences* 14, Nr. 2 (2001), S. 29.

198 S. Sonu Shamdasani, »Psychotherapy: The Invention of a Word«, *History of the Human Sciences* 18, Nr. 1 (2005), S. 1–22; Tuke, *Illustrations*, Bd.2, S. 231–285.

199 Brief von Freud an C.G. Jung, 3. Januar 1913. Sigmund Freud u. C.G. Jung, *Briefwechsel*, herausgegeben von William McGuire (Frankfurt/Main: Fischer, 1974), S. 598-599.

200 *Mental Health: New Understanding, New Hope* (Genf: WHO, 2001), S. 23.

201 Stephen Ginn und Jamie Horder, »›One in Four‹ with a Mental Health Problem: The Anatomy of a Statistic«, *BMJ* 344 (22. Februar 2012).

202 Ginn und Horder, »›One in Four‹«, S. 2.

203 Jamie Horder, »How True Is the One-in-Four Mental Health Statistic?«, *Guardian*, 24. April 2010.

204 Paul C. Horton, »Normality: Toward a Meaningful Construct«, *Comprehensive Psychiatry* 12, Nr. 1 (1971), S. 57–59.

205 Alfred H. Stanton u. Morris S. Schwartz, *The Mental Hospital: A Study of Institutional Participation in Psychiatric Illness and Treatment* (New York: Basic Books, 1954), S. 144.

206 Kwame McKenzie u. Kamaldeep Bhui, »Institutional Racism in Mental Health Care«, *BMJ* 334, Nr. 7595 (31. März 2007), S. 649–650.

207 Care Quality Commission, »Count Me in 2010: Results of the 2010 national census of inpatients and patients on supervised community treatment in mental health and learning disability services in England and Wales« (April 2011), www.mentalhealthlaw.co.uk/media/CQC_Count_me_in_2010.pdf.

208 Obwohl Vergewaltigung, sexuelle Übergriffe und Pädophilie mit einer Häufigkeit auftreten, die einiges über die Machtverhältnisse und Konventionen unserer Gesellschaft verrät, und sie in gewissen sozialen Kontexten beinahe verstörend »normal« erscheinen können, konzentriere ich mich in diesem Kapitel auf einvernehmlichen Sex. Wer mehr über die Geschichte der Vergewaltigung erfahren möchte, dem sei Joanna Bourke, *Rape: A History from 1860 to the Present* (London: Virago, 2007) empfohlen.

209 Liz Stanley, *Sex Surveyed 1949–1994: From Mass-Observation's ›Little Kinsey‹ to the National Survey and the Hite Reports* (London: Taylor and Francis, 1995), S. 166.

210 In der Quelle wird Louis lediglich als »L.D.« bezeichnet. Um die Lektüre zu erleichtern, habe ich mir die Freiheit genommen, ihm, da er in der französischsprachigen Schweiz lebte, einen verbreiteten französischen Namen zu geben.

211 Samuel-Auguste Tissot, *Von der Onanie oder Abhandlung über die Krankheiten, die von der Selbstbefleckung herrühren, nach der dritten, beträchtlich vermehrten Ausgabe aus dem Französischen übersetzt* (Eisenach: Grießbach, 1770), S. 34-35.

212 Thomas W. Laqueur, *Die einsame Lust. Eine Kulturgeschichte der Selbstbefriedigung*, aus dem Amerikan. von Clemens Brunn (Berlin: Osburg, 2008).

213 *Onania, Oder Die erschreckliche Sünde der Selbst-Befleckung. Mit allen ihren entsetzlichen Folgen, so dieselbe bey Beyderley Geschlecht nach sich zu ziehen pfleget: Nebst Geist- und Leiblichem Rath Für alle diejenigen, welche sich durch diese abscheuliche Gewohnheit bereits Schaden zugefüget haben* (Frankfurt u. Zweibrücken: Hechtel, 1754).

214 *Onania*, S. 246.

215 Laqueur, *Die einsame Lust*, S. 20-21.

216 Robert Ritchie, »An Inquiry into a Frequent Cause of Insanity in Young Men«, *The Lancet* 77, Nr. 1955–60 (1861), S. 159.

217 James Paget, *Clinical Lectures and Essays*, hrsg. von Howard Marsh (London: Longmans, Green and Co., 1879), S. 292.

218 David Yellowlees, »Masturbation«, in: Daniel Hack Tuke (Hg.), *Dictionary of Psychological Medicine*, Bd. 2 (London: J. & A. Churchill, 1892), S. 784.

219 Clement Dukes, *The Preservation of Health as It Is Affected by Personal Habits: Such as Cleanliness, Temperance, etc.* (London: Rivington, 1884).

220 Havelock Ellis, *Geschlechtstrieb und Schamgefühl*, nach d. 3. engl. Orig. Aufl., übersetzt von J. E. Kötscher, 4. Auflage (Leipzig: Kabitzsch 1922), S. 250.

221 Ellis, *Geschlechtstrieb und Schamgefühl*, S. 257.

222 George J. Makari, »Between Seduction and Libido: Sigmund Freud's Masturbation Hypotheses and the Realignment of His Etiologic Thinking, 1897–1905«, *Bulletin of the History of Medicine* 72, Nr. 4 (1998), S. 655–656.

223 Sigmund Freud, »Zur Einleitung der Onanie-Diskussion. Schlusswort«, in: *Gesammelte Werke*, Bd. 8: *Werke aus den Jahren 1909-1913* (Frankfurt/Main: S. Fischer Verlag, 1943), S. 331-345.

224 Wie Havelock Ellis und viele andere Autoren, die Anfang des 20. Jahrhunderts über Sexualität schrieben, war auch Stopes eine offene

Verfechterin der Eugenik, was bedeutet, dass ihre Äußerungen im Kontext staatlicher sexueller und gesellschaftlicher Kontrolle betrachtet werden müssen.

225 Lesley A. Hall, »Forbidden by God, Despised by Men: Masturbation, Medical Warnings, Moral Panic, and Manhood in Great Britain, 1850–1950«, *Journal of the History of Sexuality* 2, Nr. 3 (1992), S. 386.

226 Zitiert in Hall, »Forbidden by God«, S. 383–384. Brief vom 24. September 1927 (Wellcome Library PP/MCS/A.189).

227 Stanley, *Sex Surveyed*, S. 79–81.

228 Brief von Marie Stopes, getipptes Postskriptum, datiert auf den 27. September 1927 (Wellcome Library PP/MCS/A.189).

229 Eustace Chesser, *Grow Up – And Live* (Harmondsworth: Penguin, 1949), S. 243 (ins Deutsche übersetzt unter dem Titel: *An der Schwelle des Lebens*, 1956).

230 Katharine Angel, »The History of ›Female Sexual Dysfunction‹ as a Mental Disorder in the Twentieth Century«, *Current Opinion in Psychiatry*, 23:6 (2010), S. 537.

231 Mass Observation Archive, MOA12, 12-12-A, img. 9426.

232 Hall, »Forbidden by God«, S. 386; Marjorie Proops, *Dear Marje …* (London: Andre Deutsch, 1976), S. 60.

233 Neil McKenna, *Fanny and Stella: The Young Men Who Shocked Victorian England* (London: Faber and Faber, 2013), S. 6.

234 Zitiert in Michelle Liu Carriger, »›The Unnatural History and Petticoat Mystery of Boulton and Park‹: A Victorian Sex Scandal and the Theatre Defense«, *TDR: The Drama Review* 57, Nr. 4 (2013), S. 135.

235 »Police«, *The Times*, 30. April 1870, S. 11.

236 Charles Upchurch, »Forgetting the Unthinkable: Cross-Dressers and British Society in the Case of the Queen vs Boulton and Others«, *Gender & History* 12, Nr. 1 (2000), S. 137.

237 McKenna, *Fanny and Stella*, S. 35.

238 Judith Rowbotham, »A Deception on the Public: The Real Scandal of Boulton and Park«, *Liverpool Law Review* 36 (2015), S. 126.

239 Rowbotham, »A Deception on the Public«, S. 127 u. 130.

240 Für weitere Beispiele zu medizinischen Autoren, die »normal« und »abnorm« in Bezug auf Sexualität als relative Begriffe verwendeten, s. Peter Cryle u. Elizabeth Stephens, *Normality: A Critical Genealogy* (Chicago u. London: University of Chicago Press, 2017), S. 288.

241 Matt Cook, »›A New City of Friends‹: London and Homosexuality in the 1890s«, *History Workshop Journal* 56 (2003), S. 36.

242 *Die Sünde von Sodom. Erinnerungen eines viktorianischen Strichers,* übers. und hg. von Wolfram Setz (Hamburg: Männerschwarm, 2005).

243 Cook, »›A New City of Friends‹«, S. 40.

244 Cook, »›A New City of Friends‹«, S. 51–52.

245 *Criminal Law Amendment Act,* 1885, 48 & 49 Vict. c 69, section 11. Auch im Deutschen Kaiserreich wurden nach der Reichsgründung 1871 vergleichbare Gesetze erlassen, die dem Vorbild bereits existierender österreichischer Gesetze folgten.

246 Sexuelle Handlungen zwischen Frauen, die als kleineres Problem betrachtet wurden, stellten diese Gesetze in der Regel nicht unter Strafe – wahrscheinlich weil die meisten Verfasser medizinischer Abhandlungen der Ansicht waren, Frauen hätten ohnehin nur wenig oder gar kein Interesse an Sex.

247 Richard von Krafft-Ebing, *Psychopathia Sexualis. Mit besonderer Berücksichtigung der konträren Sexualempfindung,* 13., vermehrte Auflage (Stuttgart: Enke, 1907) S. 146-147.

248 Richard von Krafft-Ebing, *Psychopathia Sexualis,* S. vi.

249 Renate Irene Hauser, *Sexuality, Neurasthenia and the Law: Richard von Krafft-Ebing* (1840–1902) (PhD dissertation, UCL, 1992).

250 Richard von Krafft-Ebing, *Psychopathia Sexualis,* S. 227.

251 Richard von Krafft-Ebing, *Psychopathia Sexualis,* S. 283.

252 Catharine Cox Miles and Lewis M. Terman, *Sex and Personality: Studies in Masculinity and Femininity* (New York u. London: McGraw Hill, 1936), S. 6.

253 Miles u. Terman, *Sex and Personality,* S. 9.

254 Michael C. C. Adams, *The Best War Ever: America and World War II* (Baltimore: Johns Hopkins University Press, 1994), S. 78.

255 Samuel A. Stouffer, (Hg.), *The American Soldier: Combat and Its Aftermath*, Bd. 2, Studies in Social Psychology in World War II (Princeton: Princeton University Press, 1949), S. 523.

256 Anna G. Creadick, *Perfectly Average: The Pursuit of Normality in Postwar America* (Amherst u. Boston: University of Massachusetts Press, 2010), S. 92.

257 Katie Sutton, »Kinsey and the Psychoanalysts: Cross-Disciplinary Knowledge Production in Post-War US Sex Research«, *History of the Human Sciences* 34, Nr. 1 (2021), S. 132.

258 Creadick, *Perfectly Average*, S. 93.

259 Tommy Dickinson u.a., »›Queer‹ Treatments: Giving a Voice to Former Patients Who Received Treatments for Their ›Sexual Deviations‹«, *Journal of Clinical Nursing* 21, Nr. 9–10 (2012), S. 1346.

260 Havelock Ellis, *My Life* (London u. Toronto: William Heinemann, 1940), S. 250–251.

261 Ellis, *My Life*, S. 254.

262 Ellis, *My Life*, S. 263. Tatsächlich stand Ellis zu der Zeit bereits mit John Addington Symonds in Kontakt und diskutierte brieflich mit ihm über das Thema, also sind seine Erinnerungen, was die Reihenfolge der Ereignisse angeht, vielleicht nicht ganz zutreffend.

263 Ellis, *My Life*, S. 264.

264 Ellis, *My Life*, S. 179.

265 Ellis, Studies: *Geschlechtstrieb und Schamgefühl*, S. VII.

266 Ellis, *My Life*, S. 263.

267 Havelock Ellis u. John Addington Symonds, *Sexual Inversion: A Critical Edition*, hg. von Ivan Crozier (Basingstoke: Palgrave Macmillan, 2008), S. 34–35 (ins Deutsche übersetzt unter dem Titel: *Die Homosexualität. Sexuelle Inversion*, 1924). Dies war der erste veröffentlichte Band von Ellis' Studien (später wurde er zu Band 2 in seiner Reihe), und er verfasste ihn zusammen mit dem schwulen Dichter und Essayisten John Addington Symonds.

268 Havelock Ellis u. John Addington Symonds, *Studies in the Psychology of Sex: Sexual Inversion* (London: Wilson & MacMillan, 1897), S. 94.

269 Patricia Cotti, »Freud and the Sexual Drive before 1905: From Hesitation to Adoption«, *History of the Human Sciences* 21, Nr. 3 (2008), S. 37.

270 Paul H. Gebhard u. Alan B. Johnson, *The Kinsey Data: Marginal Tabulations of the 1938–1963 Interviews Conducted by the Institute for Sex Research* (Philadelphia: W. B. Saunders Company, 1979), S. 2.

271 Donna J. Drucker, *The Classification of Sex: Alfred Kinsey and the Organization of Knowledge* (Pittsburgh: University of Pittsburgh Press, 2014), S. 119.

272 Gebhard and Johnson, *The Kinsey Data*, S. 19.

273 Alfred C. Kinsey, Wardell B. Pomeroy u. Clyde E. Martin, *Das sexuelle Verhalten des Mannes*, übersetzt von Marianne von Eckardt-Jaffé, M. Baacke u. W. Seemann (Frankfurt/Main u. Hamburg: Fischer Bücherei, 1970), S. 594-596.

274 Kinsey, Pomeroy u. Martin, *Das sexuelle Verhalten*, S. 567.

275 Kinsey, Pomeroy u. Martin, *Das sexuelle Verhalten*, S. 617.

276 Drucker, *Classification of Sex*, S. 77.

277 Drucker, *Classification of Sex*, S. 118.

278 Das Ziel der 1937 von linksgerichteten Forschenden gegründeten Organisation Mass Observation bestand darin, »unsere eigene Anthropologie« zu erschaffen: ein umfassender Einblick in das britische Alltagsleben auf der Grundlage von Befragungen, Tagebüchern und persönlichen Dokumenten, die von freiwilligen Befragten und bezahlten Forschenden zusammengetragen wurden. Die Befragtengruppe gehörte größtenteils (wenn auch nicht ausschließlich) zur Mittelschicht, und Männer waren deutlich häufiger vertreten als Frauen.

279 Diese ausgefüllten Fragebögen befinden sich im Mass Observation Archive 12, in den Mappen 12-2-C, 12-9-G, 12-12-A bis 12-12-E und 12-13-A bis 12-13-F.

280 Stanley, *Sex Surveyed*, S. 199.

281 Eine Person identifizierte sich nicht explizit mit dem Geschlecht, mit dem sie geboren war.

282 Mass Observation Archive: 12-13-D, img. 10734.

283 Bob Erens u.a., »National Survey of Sexual Attitudes and Lifestyles II: Reference Tables and Summary«, 2003, S. 8.

284 Stanley, *Sex Surveyed*, S. 51.

285 Tim Cornwell, »George Michael Arrested Over ›Lewd Act‹«, *Independent*, 9. April 1998.

286 Krafft-Ebing, *Psychopathia Sexualis*, S. 381.

287 John Gray, *Männer sind anders, Frauen auch*, aus dem Amerik. von Matthias Schossig (München: Goldmann, 1992).

288 Laura Gowing, *Common Bodies: Women, Touch and Power in Seventeenth-Century England* (New Haven u. London: Yale University Press, 2003).

289 Thomas Laqueur, *Auf den Leib geschrieben. Die Inszenierung der Geschlechter von der Antike bis Freud*, aus dem Engl. von H. Jochen Bußmann (Frankfurt/Main u.a.: Campus, 1992).

290 Laqueur, *Auf den Leib geschrieben*; Carol Groneman, »Nymphomania: The Historical Construction of Female Sexuality«, *Signs* 19, Nr. 2 (1994), S. 345–346.

291 Groneman, »Nymphomania«, S. 350; Ivan Crozier, »William Acton and the History of Sexuality: The Medical and Professional Context«, *Journal of Victorian Culture* 5, Nr. 1 (2000), S. 12.

292 William Acton, *The Functions and Disorders of the Reproductive Organs*, 4. Auflage (London: John Churchill, 1865), S. 112.

293 Terri D. Fisher, Zachary T. Moore, and Mary-Jo Pittenger, »Sex on the Brain? An Examination of Frequency of Sexual Cognitions as a Function of Gender, Erotophilia, and Social Desirability«, *Journal of Sex Research* 49, Nr. 1 (1. Januar 2012), S. 69–77.

294 Groneman, »Nymphomania«, S. 341.

295 Groneman, »Nymphomania«, S. 337–338.

296 Groneman, »Nymphomania«, S. 352.

297 Ornella Moscucci, »Clitoridectomy, Circumcision, and the Politics of Sexual Pleasure in Mid-Victorian Britain«, in: Andrew H. Miller u. James Eli Adams, *Sexualities in Victorian Britain* (Bloomington: Indiana University Press, 1996), S. 61.

298 Moscucci, »Clitoridectomy«, S. 68.

299 Andrew T. Scull, »›A Chance to Cut Is a Chance to Cure‹: Sexual Surgery for Psychosis in Three Nineteenth-Century Societies«, in: *Psychiatry and Social Control in the Nineteenth and Twentieth Centuries* (London and New York: Routledge, 2006), S. 160.

300 *Fallbuch weiblicher Patienten für das Jahr 1888* (CB 135), Bethlem Museum of the Mind, Eintrag 148.

301 Mithilfe der 1864 erlassenen »Gesetze gegen ansteckende Krankheiten« sollten die hohen Fallzahlen von Geschlechtskrankheiten in den Reihen der britischen Armee reduziert werden. Sie erlaubten die Festnahme und medizinische Zwangsuntersuchung jeder Frau, die in Verdacht geriet, der Prostitution nachzugehen. Butler und ihre Kolleginnen nannten diese Untersuchungen »zweckdienliche Vergewaltigung« und schimpften über die Doppelmoral, die darin zum Ausdruck kam. Für die ganze Geschichte s. Judith R. Walkowitz, *Prostitution and Victorian Society: Women, Class, and the State* (Cambridge: Cambridge University Press, 1980).

302 Josephine Butler, *Recollections of George Butler* (Bristol: Arrowsmith, 1896), S. 183.

303 Judith R. Walkowitz, *City of Dreadful Delight: Narratives of Sexual Danger in Late-Victorian London* (London: Virago, 1992), S. 88–89.

304 Butler, *Recollections of George Butler*, S. 194.

305 Ruth Hall, *Dear Dr Stopes: Sex in the 1920s* (London: Andre Deutsch, 1978), S. 162.

306 Drucker, *Classification of Sex*, S. 163.

307 Aus Lawrences unveröffentlichter Biografie, zitiert in: Sutton, »Kinsey and the Psychoanalysts«, S. 139.

308 Sutton, »Kinsey and the Psychoanalysts«, S. 139.

309 Hera Cook, *The Long Sexual Revolution: English Women, Sex, and Contraception 1800–1975* (Oxford: Oxford University Press, 2005), S. 179.

310 Stanley, *Sex Surveyed*, S. 139.

311 Stanley, *Sex Surveyed*, S. 139.

312 Mass Observation Archive: 12-9-G / A-9-4, img. 7365.

313 Cook, *Long Sexual Revolution*, S. 289.

314 Susanna Kaysen, *Seelensprung. Ein Leben in zwei Welten*, übersetzt von Sabine Schulte (München: btb, 2011), S. 20.

315 Kaysen, *Girl, Seelensprung*, S. 206.

316 Diane Francis, »Sex, Cancer, and the Perils of Promiscuity«, *Maclean's*, 6. October 1980.

317 Sabrina Strings, *Fearing the Black Body: The Racial Origins of Fat Phobia* (New York: New York University Press, 2019), S. 81–82.

318 Sue Jackson, »›I'm 15 and Desperate for Sex‹: ›Doing‹ and ›Undoing‹ Desire in Letters to a Teenage Magazine«, *Feminism & Psychology* 15, Nr. 3 (2005), S. 301 u. 304.

319 Jackson, »›I'm 15‹«, S. 305–306.

320 Samuel Osborne, »Study Suggests ›Ideal Number of Sexual Partners‹ to Have«, *Independent*, 21. Januar 2016.

321 Claire R. Gravelin, Monica Biernat u. Caroline E. Bucher, »Blaming the Victim of Acquaintance Rape: Individual, Situational, and Sociocultural Factors«, *Frontiers in Psychology* 9 (2019), S. 2422. S. auch Joanna Bourke, *Rape: A History from 1860 to the Present* (London: Virago, 2007).

322 Michael Warner, »Introduction: Fear of a Queer Planet«, *Social Text* 29 (1991), S. 6.

323 Für eine faszinierende Darstellung der vielfältigen Verwendung dieses Begriffs in den Gender and Sexuality Studies s. Joseph Marchia u. Jamie M. Sommer, »(Re)Defining Heteronormativity«, *Sexualities* 22, Nr. 3 (2019), S. 267–95.

324 Mass Observation Archive, »Sexual Behaviour 1939–1950«, Topic Collection 12, Box 12, A9-2, 12-12-E, img. 9836.

325 William James, »What Is an Emotion?«, *Mind* 9, Nr. 34 (1884), S. 188–205.

326 Georges Dreyfus, »Is Compassion an Emotion? A Cross-Cultural Exploration of Mental Typologies«, in: Richard J. Davidson u. Anne Harrington (Hg.), *Visions of Compassion: Western Scientists and Tibetan Buddhists Examine Human Nature* (Oxford: Oxford University Press, 2002), S. 31–32.

327 Louis-Antoine de Saint-Just, »De la nature, de l'état civil, de la cité ou Les règles de l'indépendance du gouvernement«, hier zitiert nach: William Reddy, *The Navigation of Feeling: A Framework for the History of Emotions* (Cambridge: Cambridge University Press, 2001), S. 177.

328 Thomas Dixon, *From Passions to Emotions: The Creation of a Secular Psychological Category* (Cambridge: Cambridge University Press, 2003), S. 98–134.

329 So stand das allerdings nicht im DSM. Die Verfasser hatten lediglich die Trauer nach einem Todesfall als Ausschlusskriterium für die Diagnose einer Depression gestrichen. Jede starke Niedergeschlagenheit, die länger als zwei Wochen anhält und das alltägliche Leben beeinträchtigt, also auch Trauer, kann von jetzt an als Depression diagnostiziert werden.

330 Eintrag für den 26. März 1667 in: Samuel Pepys, *Tagebücher 1667*, aus dem Engl. von Marcus Weigelt (Berlin: Haffmans & Tolkemitt, 2010), S. 168.

331 Erin Sullivan, *Beyond Melancholy: Sadness and Selfhood in Renaissance England* (Oxford: Oxford University Press, 2016), S. 53.

332 Sullivan, *Beyond Melancholy*, S. 58.

333 Charles Féré, *The Pathology of Emotions: Physiological and Clinical Studies*, aus dem Frz. von Robert Park (London: University Press, 1899).

334 Daniel Hack Tuke, *Illustrations of the Influence of the Mind upon the Body in Health and Disease*, Bd. 2, 2. Auflage (London: J. & A. Churchill, 1884).

335 Peter Taggart u.a., »Anger, Emotion, and Arrhythmias: From Brain to Heart«, *Frontiers in Physiology* 2 (2011), S. 67.

336 Johann Wolfgang von Goethe, *Die Leiden des jungen Werthers*, Teil 1 (Leipzig: Weygandsche Buchhandlung, 1774), S. 3-4.

337 Michael MacDonald u. Terence R. Murphy, *Sleepless Souls: Suicide in Early Modern England* (Oxford u. New York: Oxford University Press, 1990), S. 190–92.

338 Charles S. Peirce, »Evolutionary Love«, *The Monist* 3, Nr. 2 (1893), S. 181.

339 Forbes Winslow, *The Anatomy of Suicide* (London: Henry Renshaw, 1840), S. 83.

340 Reddy, *Navigation of Feeling*, S. 216.

341 Thomas Dixon, »The Tears of Mr Justice Willes«, *Journal of Victorian Culture* 17, Nr. 1 (2012), S. 1–23.

342 J. A. Mangan, »Social Darwinism and Upper-Class Education in Late Victorian and Edwardian England«, in: J. A. Mangan u. James Walvin (Hg.), *Manliness and Morality: Middle-Class Masculinity in Britain and America, 1800–1940* (Manchester: Manchester University Press, 1995), S. 143.

343 Andrew Combe, *The Management of Infancy, Physiological and Moral*, durchgesehen und herausgegeben von James Clark, 10. Auflage (Edinburgh: Maclachlan u. Stewart, 1870), S. 197.

344 H. Clay Trumbull, *Hints on Child-Training* (Philadelphia: J. D. Wattles, 1891), S. 95.

345 Thomas Dixon, *Weeping Britannia: Portrait of a Nation in Tears* (Oxford: Oxford University Press, 2015), S. 202.

346 Mass Observation Archive: *Directive Replies*, August 1950, Teilnehmer 105.

347 William Moulton Marston, *Emotions of Normal People* (London: Kegan Paul, Trench, Trubner & Co., 1928), S. 1–2.

348 Beide Frauen hatten Kinder mit Marston und lebten noch Jahrzehnte nach Marstons frühem Tod zusammen. Für weitere Informationen zum unkonventionellen Leben der Familie s. Jill Lepore, *The Secret History of Wonder Woman* (Melbourne: Scribe, 2015).

349 Marston, *Emotions of Normal People*, S. 394–396.

350 Lepore, *Secret History of Wonder Woman*, S. 180.

351 Karl A. Menninger, *Selbstzerstörung. Psychoanalyse des Selbstmords* (Frankfurt/Main: Suhrkamp, 1978).

352 Frieda Fromm-Reichmann, *Intensive Psychotherapie: Grundzüge und Technik*, übers. von Käte Hügel (Stuttgart: Hippokrates-Verlag, 1959).

353 *Control Your Emotions I* (Buffalo, New York: Board of Education, 1950; o.O.: AV Geeks, 2020), avgeeks.com/control-your-emotions-1950.

354 Carol Zisowitz Stearns u. Peter N. Stearns, *Anger: The Struggle for Emotional Control in America's History* (Chicago: University of Chicago Press, 1986), S. 4.

355 W. Lloyd Warner, *American Life: Dream and Reality* (Chicago: University of Chicago Press, 1962), S. 108–110.

356 Stearns u. Stearns, *Anger*, S. 211.

357 Thomas Dixon, »What Is the History of Anger a History of?«, *Emotions: History, Culture, Society* 4, Nr. 1 (14. September 2020), S. 6.

358 Briggs nannte die Gruppe »Utku«, ihr vollständiger Name lautet Ut-kuhikhalingmiut.

359 Ferdinand J. M. Lefebvre, *Louise Lateau of Bois d'Haine: Her Life, Her Ecstasies, and Her Stigmata: A Medical Study*, übers. von Charles J. Bowen u. E. MacKey, hrsg. von James Spencer Northcote (London: Burns and Oates, 1873).

360 »Louise Lateau«, *The Lancet* 97, Nr. 2486 (1871), S. 543–544.

361 Meredith Clymer, »Ecstasy and Other Dramatic Disorders of the Nervous System«, *Journal of Psychological Medicine* 4, Nr. 4 (1870), S. 658.

362 Pamela J. Walker, *Pulling the Devil's Kingdom Down: The Salvation Army in Victorian Britain* (Berkeley: University of California Press, 2001), S. 103–115.

363 Thomas F. G. Coates, *The Prophet of the Poor: The Life-Story of General Booth* (New York: E. P. Dutton and Co., 1906), S. 116.

364 »Rowdy Religion«, *Saturday Review of Politics, Literature, Science and Art* 57, Nr. 1492 (31. Mai 1884), S. 700.

365 »Lord Curzon's 15 Good Reasons Against the Grant of Female Suffrage« (Flugblatt; NLS 1937.21(82), c.1910–14), digital.nls.uk/suffragettes/sources/source-24.html

366 Edward Raymond Turner, »The Women's Suffrage Movement in England«, *American Political Science Review* 7, Nr. 4 (November 1913), S. 600.

367 Herbert Spencer, »The Comparative Psychology of Man«, *Mind* 1, Nr. 1 (1876), S. 12.

368 William Winwood Reade, *Savage Africa: The Narrative of a Tour* (New York: Harper & Brothers, 1864), S. 426–427.

369 William Winwood Reade, *The African Sketch-Book*, Bd. 2 (London: Smith, Elder & Co., 1873), S. 260.

370 J. D. Hargreaves, »Winwood Reade and the Discovery of Africa«, *African Affairs* 56, Nr. 225 (1957), S. 308.

371 William Winwood Reade, *The Martyrdom of Man*, 11. Auflage (London: Trubner & Co., 1886), S. 385.

372 British Association for the Advancement of Science, *Notes and Queries on Anthropology, for the Use of Travellers and Residents in Uncivilized Lands* (London: Edward Stanford, 1874), S. 13.

373 Spencer, »The Comparative Psychology of Man«, S. 8.

374 »Louise Lateau«, *The Lancet* 104.2669 (1874), S. 604.

375 Almroth Edward Wright, *The Unexpurgated Case Against Woman Suffrage* (New York: Paul B. Hoeber, 1913), S. 165–88.

376 Ethel Smyth, »Mrs Pankhurst's Treatment in Prison«, *The Times*, 19. April 1912.

377 Anna North, »Attacks on Greta Thunberg Expose the Stigma Autistic Girls Face«, *Vox*, 12. Dezember 2019.

378 Joseph Henrich et al., *Die seltsamsten Menschen der Welt: Wie der Westen reichlich sonderbar und besonders reich wurde*, aus dem Engl. von Frank Lachmann u. Jan-Erik Strasser (Berlin: Suhrkamp, 2022), S. 79-83.

379 Edwin Balmer u. William MacHarg, *The Achievements of Luther Trant* (Boston: Small, Maynard & Co., 1910), S. 38 (ins Deutsche übersetzt unter dem Titel: *Feine Fäden*, 1915).

380 Balmer u. MacHarg, *Achievements of Luther Trant*, Vorwort.

381 Balmer u. MacHarg, *Achievements of Luther Trant*, S. 352.

382 William Davies, *The Happiness Industry: How the Government and Big Business Sold Us Well-Being* (London: Verso, 2015), S. 58.

383 W. Stanley Jevons, *The Theory of Political Economy* (London and New York: Macmillan, 1871), S. 13 [ins Deutsche übersetzt unter dem Titel: Die Theorie der politischen Ökonomie, 1923].

384 Francis Y. Edgeworth, *Mathematical Psychics* (London: C. Kegan Paul & Co., 1881), S. 101.

385 Charles Darwin, *Der Ausdruck der Gefühle bei Mensch und Tier*, nach der Übers. von Theodor Bergfeldt (Düsseldorf: Walter Rau Verlag, ca. 1964), S. 205.

386 Cesare Lombroso, *Der Verbrecher in anthropologischer, ärztlicher und juristischer Beziehung*, aus dem Ital. von M. O. Fraenkel (Hamburg: Richter, 1887), S. 283-284.

387 Geoffrey C. Bunn, *The Truth Machine: A Social History of the Lie Detector* (Baltimore: Johns Hopkins University Press, 2012), S. 146–147.

388 »Lie Detector Test Proves Bloodhounds Are Liars«, *The New York Times*, 11. November 1935.

389 Charles F. Bond u.a., »Lie Detection Across Cultures«, *Journal of Nonverbal Behavior* 14, Nr. 3 (1. September 1990), S. 189–204.

390 Etwa der türkische Lügendetektor, der 2015 in Istanbul entwickelt wurde. Belgin Akaltan u. Ines Bensalem, »Lie Detector Machine Designed Especially for Turks Being Developed«, *Hurriyet Daily News*, 13. Juni 2015.

391 David T. Lykken, *A Tremor in the Blood: Uses and Abuses of the Lie Detector* (New York: Plenum Trade, 1998).

392 Daniel Hack Tuke, »Case of Moral Insanity or Congenital Moral Defect, with Commentary«, *Journal of Mental Science* 31, Nr. 135 (1885), S. 360–366.

393 Tuke, »Case of Moral Insanity«, S. 365.

394 Tuke, *Illustrations*, Bd. 2, S. 285.

395 Tuke, »Case of Moral Insanity«, S. 363.

396 George Savage u. Charles Arthur Mercier, »Insanity of Conduct«, *Journal of Mental Science* 42, Nr. 176 (1896), S. 1–17.

397 Albert Wilson, *Unfinished Man: A Scientific Analysis of the Psychopath or Human Degenerate* (London: Greening & Co., 1910), S. 3.

398 Wilson, *Unfinished Man*, S. 6.

399 Wilson, *Unfinished Man*, S. 3.

400 Wilson, *Unfinished Man*, S. 6.

401 Stephen Jay Gould, *Der falsch vermessene Mensch*, aus dem Amer. von Günter Seib (Basel u.a.: Birkhäuser, 1983), Kapitel 1.

402 Susanna Shapland, »Defining the Elephant: A History of Psychopathy, 1891–1959« (PhD diss., Birkbeck, University of London, 2019).

403 *Understanding Aggression* (London: Ministry of Health, 1960).

404 David Kennedy Henderson, »Psychopathic States«, *Journal of Mental Science* 88, Nr. 373 (Oktober 1942), S. 33.

405 David Kennedy Henderson, *Psychopathic States* (London: Chapman & Hall, 1939), S. 129.

406 Hervey M. Cleckley, *The Mask of Sanity*, durchgesehene Ausgabe (New York: New American Library, 1982), S. 212–213.

407 Robert D. Hare, *Gewissenlos. Die Psychopathen unter uns*, aus dem Amer. von Karsten Petersen (Wien u.a.: Springer: 2005), S. 39.

408 James Fallon, *Der Psychopath in mir: Die Entdeckungsreise eines Neurowissenschaftlers zur dunklen Seite seiner Persönlichkeit*, aus dem Amer. von Imke Brodersen (München: Herbig, 2015).

409 Jon Ronson, *Die Psychopathen sind unter uns. Eine Reise zu den Schaltstellen der Macht*, übers. von Martin Jaeggi (Stuttgart: Tropen, 2012).

410 Philip K. Dick, *Blade Runner – Träumen Androiden von elektrischen Schafen?*, aus dem Amer. von Manfred Allié (Frankfurt/Main: Fischer TOR, 2017), S. 10-11.

411 Carlos Crivelli u.a., »The Fear Gasping Face as a Threat Display in a Melanesian Society«, *Proceedings of the National Academy of Sciences* 113, Nr. 44 (1. November 2016), S. 12403–12407.

412 Tuan Le Mau u.a., »Professional Actors Demonstrate Variability, Not Stereotypical Expressions, When Portraying Emotional States in Photographs«, *Nature Communications* 12, Nr. 1 (19. August 2021), S. 5037.

413 Philip Larkin, »This Be the Verse«, in: *High Windows* (London and Boston: Faber and Faber, 1986), S. 30.

414 Nancy Shute, »To Succeed at Breast-Feeding, Most New Moms Could Use Help«, *NPR*, 23. September 2013.

415 Katharina Rowold, »Modern Mothers, Modern Babies: Breastfeeding and Mother's Milk in Interwar Britain«, *Women's History Review* 28, Nr. 7 (2019), S. 1163.

416 Anna Davin, »Imperialism and Motherhood«, *History Workshop Journal* 5 (1978), S. 10.

417 George Newman, *Infant Mortality: A Social Problem* (New York: E. P. Dutton and Co., 1907), S. vi.

418 Newman, *Infant Mortality*, S. 221.

419 Maud Pember Reeves, *Round About a Pound a Week* (London: Persephone Books, 2008), S. 90–91; Newman, *Infant Mortality*, S. 249.

420 George Rosen, *A History of Public Health*, überarbeitete Ausgabe (Baltimore: Johns Hopkins University Press, 2015), S. 205.

421 Davin, »Imperialism and Motherhood«, S. 11.

422 Greta Allen, *Practical Hints to Health Visitors* (London: The Scientific Press, 1905), S. 5–6.

423 L. Emmett Holt, *The Diseases of Infancy and Childhood, for the Use of Students and Practitioners of Medicine* (New York: D. Appleton and Company, 1902), S. 18–21.

424 Enid Eve, *Manual for Health Visitors and Infant Welfare Workers* (New York: Wood, 1921), S. 80.

425 Davin, »Imperialism and Motherhood«, S. 41.

426 Rowold, »Modern Mothers«, S. 1168.

427 Eve, *Manual for Health Visitors*, S. 35.

428 Eve, *Manual for Health Visitors*, S. 33.

429 London County Council u. W. H. Hamer, *Annual Report of the Council, 1914*, Bd. 3, *Public Health* (London: London County Council, 1915), S. 96–97.

430 Reeves, *Round About a Pound*, S. 23–24.

431 Reeves, *Round About a Pound*, S. 169.

432 Reeves, *Round About a Pound*, S. 174–178.

433 Reeves, *Round About a Pound*, S. 84–85.

434 B. C. Stevens, *Annual Report on the Health, Sanitary Conditions, etc. of the Urban District of Barnes* (London: Urban District Council of Barnes, 1918), 21; Rowold, »Modern Mothers«, S. 1163.

435 »Vitamines«, *The Times*, 25. November 1919.

436 Walthamstow Urban District Council, *Report of the Medical Officer of Health and School Medical Officer for the Year 1925* (London, 1925), S. 90.

437 Mila I. Pierce, »A Nutritional Survey of School Children in Oxfordshire, London, and Birmingham«, *Proceedings of the Royal Society of Medicine* 37, Nr. 7 (1944), S. 313–316.

438 Ronald S. Illingworth, *The Normal Child* (London: J. & A. Churchill, 1953), S. 85.

439 Britisches Gesundheitsministerium, *Standards of Normal Weight in Infancy* (London: HMSO, 1959), S. 1.

440 Roberta Bivins, »Weighing on Us All? Quantification and Cultural Responses to Obesity in NHS Britain«, *History of Science* 58, Nr. 2 (2020), S. 216–242.

441 Bivins, »Weighing on Us All?«, S. 8.

442 »Buns Banned at the Tuckshop«, *The Times*, 14. März 1961.

443 »Fallacy of the Fine Fat Baby«, *The Times*, 26. September 1962.

444 Phyllis M. Gibbons, »An Approach to the Treatment of Overweight Adolescents«, in: S. L. Wright (Hg.), *Public Health in Croydon 1965* (Croydon: Public Health Department, 1965), S. 84.

445 Bivins, »Weighing on Us All?«, S. 11.

446 Bivins, »Weighing on Us All?«, S. 9.

447 »Alarming Increase in Child Obesity«, *The Times*, 5. Januar 2001.

448 Bivins, »Weighing on Us All?«, S. 24–25.

449 Bivins, »Weighing on Us All?«, S. 26.

450 Jan van Eys (Hg.), *The Normally Sick Child* (Baltimore: University Park Press, 1979), S. 24.

451 David Wright, »›Childlike in His Innocence‹: Lay Attitudes to ›Idiots‹ and ›Imbeciles‹ in Victorian England«, in: David Wright u. Anne Digby (Hg.), *From Idiocy to Mental Deficiency: Historical Perspectives on People with Learning Disabilities* (New York: Routledge, 1996), S. 121.

452 Simon Jarrett, *Those They Called Idiots: The Idea of the Disabled Mind from 1700 to the Present Day* (London: Reaktion, 2020).

453 David Wright, *Mental Disability in Victorian England: The Earlswood Asylum, 1847–1901* (Oxford: Clarendon Press, 2001), S. 122.

454 Wright, *Mental Disability*, S. 125.

455 J. Langdon H. Down, »Observations on an Ethnic Classification of Idiots«, *Journal of Mental Science* 13, Nr. 61 (April 1867), S. 121–123.

456 Down, »Observations«.

457 Wright, *Mental Disability*, S. 125.

458 Obwohl der Schulbesuch kurioserweise bis 1891 nicht für alle kostenlos war. S. June Purvis, *Hard Lessons: The Lives and Education of Working-Class Women in Nineteenth-Century England* (Cambridge: Polity Press, 1989).

459 Joan Burstyn, *Victorian Education and the Ideal of Womanhood* (New Brunswick, NJ: Rutgers University Press, 1984), S. 40.

460 Max Roser u. Esteban Ortiz-Ospina, »Literacy« (Oxford: Our World in Data, 2016), ourworldindata.org/literacy

461 Stephen Jay Gould, *Der falsch vermessene Mensch*, S. 160-164.

462 Darwin an Francis Galton, 23. Dezember [1869] (Cambridge: Darwin Correspondence Project, 2020), abgerufen am 13. Januar 2022, www.darwinproject.ac.uk/letter/?docId=letters/DCP-LETT-7032.xml.

463 Francis Galton, *Genie und Vererbung,* übersetzt von Otto Neu-rath und Anna Schapire-Neurath (Leipzig: Klinkhardt, 1910), S. 31-35.

464 Alfred Binet u. Théodore Simon, *The Development of Intelligence in Children (the Binet–Simon Scale),* übers. von Elizabeth S. Kite (Bal-timore: Williams & Wilkins, 1916), S. 7-9.

465 Binet u. Simon, *Development of Intelligence,* S. 46.

466 Gould, Der falsch vermessene Mensch, S. 161.

467 Gould, *Der falsch vermessene Mensch,* S. 210.

468 Es handelt sich um ein Lebensmittel (ein Backfett). Haben Sie rich-tig geraten? Wenn Sie viel Zeit in den Vereinigten Staaten verbracht haben, wahrscheinlich schon. Wenn nicht, dann eher nicht.

469 James R. Flynn, »Massive IQ Gains in 14 Nations: What IQ Tests Really Measure«, *Psychological Bulletin* 101, Nr. 2 (1987), S. 171-191; James R. Flynn, »The Mean IQ of Americans: Mas-sive Gains 1932 to 1978«, *Psychological Bulletin* 95, Nr. 1 (1984), S. 29-51.

470 Richard J. Herrnstein u. Charles A. Murray, *The Bell Curve: Intel-ligence and Class Structure in American Life* (New York: Simon & Schuster, 1994), S. 298.

471 Ulric Neisser u.a., »Intelligence: Knowns and Unknowns«, *American Psychologist* 51, Nr. 2 (1996), S. 86.

472 Kathleen W. Jones, *Taming the Troublesome Child: American Fami-lies, Child Guidance, and the Limits of Psychiatric Authority* (Cam-bridge, MA: Harvard University Press, 1999), S. 1.

473 G. Fielding Blandford, »Prevention of Insanity (Prophylaxis)«, in: Daniel Hack Tuke (Hg.), *Dictionary of Psychological Medicine,* Bd. 2 (London: J. & A. Churchill, 1892), S. 997-998.

474 Frank Wedekind, *Frühlings Erwachen,* 3. Akt, 5. Szene.

475 Jones, *Taming the Troublesome Child,* S. 33.

476 Jones, *Taming the Troublesome Child,* S. 34.

477 Jane Addams, *The Spirit of Youth and the City Streets* (New York: Macmillan, 1920), S. 161.

478 Sophonisba Preston Breckinridge u. Edith Abbott, *The Delinquent Child and the Home: A Study of the Delinquent Wards of the Juvenile Court of Chicago* (New York: Survey Associates, 1916), S. 113.

479 Breckinridge u. Abbott, *Delinquent Child*, S. 87.

480 Breckinridge u. Abbott, *Delinquent Child*, S. 83.

481 Alice Smuts u. Robert W. Smuts, *Science in the Service of Children, 1893–1935* (New Haven and London: Yale University Press, 2006), S. 106.

482 William Healy, *The Individual Delinquent: A Text-Book of Diagnosis and Prognosis for all Concerned in Understanding Offenders* (Boston: Little, Brown and Company, 1915), S. 352.

483 Healy, *Individual Delinquent*, S. 353.

484 Smuts u. Smuts, *Science*, S. 3.

485 Jones, *Taming the Troublesome Child*, S. 239.

486 Katie Wright, »Inventing the ›Normal‹ Child: Psychology, Delinquency, and the Promise of Early Intervention«, *History of the Human Sciences* 30, Nr. 5 (2017), S. 54.

487 John Bowlby u. James Robertson, »A Two-Year-Old Goes to Hospital«, *Proceedings of the Royal Society of Medicine* 46 (1953), S. 425.

488 Bowlby u. Robertson, »A Two-Year-Old«, S. 426.

489 Bican Polat, »Before Attachment Theory: Separation Research at the Tavistock Clinic, 1948–1956«, *Journal of the History of the Behavioral Sciences* 53, Nr. 1 (2017), S. 59.

490 Polat, »Before Attachment Theory«, S. 61–62.

491 John Bowlby, »Some Pathological Processes Set in Train by Early Mother–Child Separation«, *Journal of Mental Science* 99, Nr. 415 (1953), S. 270.

492 Bowlby, »Some Pathological Processes«, S. 270.

493 Polat, »Before Attachment Theory«, S. 64.

494 Stephen J. Suomi, Frank C. P. van der Horst u. René van der Veer, »Rigorous Experiments on Monkey Love: An Account of Harry F. Harlow's Role in the History of Attachment Theory«, *Integrative*

Psychological and Behavioral Science 42, Nr. 4 (1. Dezember 2008), S. 362.

495 Harry F. Harlow, »The Nature of Love«, *American Psychologist* 13, Nr. 12 (Dezember 1958), S. 685.

496 Benjamin Spock, *Säuglings- und Kinderpflege: Pflege und Behandlung des Säuglings, Probleme der Kindheit und Jugend, Krankheiten und Erste Hilfe*, übers. von Cordula Bölling-Moritz (Frankfurt/Main u. Berlin: Ullstein, 1957), S. 291.

497 Illingworth, *The Normal Child*, S. 20.

498 Illingworth, *The Normal Child*, S. 216–219.

499 Matthew Smith, *Hyperactive: The Controversial History of ADHD* (London: Reaktion, 2012), S. 64.

500 Michael E. Staub, *The Mismeasure of Minds: Debating Race and Intelligence Between Brown and The Bell Curve* (Chapel Hill: University of North Carolina Press, 2018), S. 57.

501 Smith, *Hyperactive*, S. 52.

502 Smith, *Hyperactive*, S. 54–55.

503 Staub, *Mismeasure*, S. 59 u. 71.

504 Bernard Coard, *How the West Indian Child Is Made Educationally Sub-Normal in the British School System* (London: New Beacon, 1971); Bernard Coard, »Why I Wrote the ›ESN Book‹«, *Guardian*, 5. Februar 2005.

505 Staub, *Mismeasure*, S. 76.

506 Allen Frances u. Bernard J. Carroll, »Keith Conners«, *BMJ* 358 (6. Juli 2017).

507 Tyler Page, *Raised on Ritalin: A Personal Story of ADHD, Medication, and Modern Psychiatry* (Minneapolis: Dementian Comics, 2016), S. 15.

508 Caroline Davies, Pamela Duncan u. Niamh McIntyre, »UK Coronavirus Deaths Rise by 181 as Confirmed Cases near 15,000«, *Guardian*, 27. März 2020. Die auf der Webseite der britischen Regierung für diesen Zeitraum angegebene Zahl ist deutlich höher, weil sie auch die Todesfälle außerhalb der Krankenhäuser enthält.

509 Margaret Atwood, *Der Report der Magd*, aus dem Engl. von Helga Pfetsch (Frankfurt/Main: Fischer Taschenbuch, 1990), S. 51.

510 Sir Arthur Conan Doyle, *Das Zeichen der Vier*, aus dem Engl. von Leslie Giger (Frankfurt/Main: Insel 2007), S. 29.

511 Als ich mit Anfang zwanzig Holmes' Empfehlung zu beherzigen versuchte, fiel es mir schwer, mich auf *The Martyrdom of Man* zu konzentrieren. Anders als Watson fragte ich mich, was um Himmels willen dieses Buch mit dem aktuellen Fall oder überhaupt mit Holmes' detektivischer Tätigkeit zu tun haben mochte. Wahrscheinlich hatte Conan Doyle es lediglich kurz zuvor selbst gelesen und war davon beeindruckt.

512 Conan Doyle, *Das Zeichen der Vier*, S. 135.

513 Der Historiker James Moore bezeichnete ihn als den »I-Aah der viktorianischen Wissenschaft«, was Spencers Persönlichkeit ziemlich gut beschreibt. James R. Moore, »Herbert Spencer's Henchmen: The Evolution of Protestant Liberals in Late Nineteenth-Century America«, in: John R. Durand (Hg.), *Darwinism and Divinity: Essays on Evolution and Religious Belief* (Oxford: Blackwell, 1985), S. 85.

514 Herbert Spencer, *Social Statics; or the Conditions Essential to Human Happiness Specified, and the First of Them Developed* (London: Williams and Norgate, 1868), S. 493.

515 Für weitere Einzelheiten s. George W. Stocking, *Victorian Anthropology* (New York: Free Press, 1987).

516 Edward B. Tylor, »Primitive Society (Part I)«, *Contemporary Review* 21 (1872), S. 716.

517 Charles Darwin, *Die Abstammung des Menschen*, S. 106-115.

518 Tylor, »Primitive Society (Part I)«, S. 716.

519 Arvind Verma, »Consolidation of the Raj: Notes from a Police Station in British India, 1865–1928«, in: Louis A. Knafla (Hg.) *Crime, Gender, and Sexuality in Criminal Prosecutions*, Criminal Justice History 17 (Westport, CT: Greenwood Press, 2002), S. 124.

520 Laurence W. Preston, »A Right to Exist: Eunuchs and the State in Nineteenth-Century India«, *Modern Asian Studies* 21, Nr. 2 (1987), S. 372.

521 Zitiert in: Preston, »Right to Exist«, S. 385.

522 Conan Doyle, *Das Zeichen der Vier*, S. 156.

523 Conan Doyle, *Das Zeichen der Vier*, S. 186.

524 Tylor, »Primitive Society (Part I)«, S. 717.

525 Sarah E. Igo, *The Averaged American: Surveys, Citizens, and the Making of a Mass Public* (Cambridge, MA: Harvard University Press, 2008), S. 69.

526 Émile Durkheim, *Die Regeln der soziologischen Methode*, hg. und eingel. von René König, 3. Auflage (Neuwied u. Berlin: Luchterhand, 1970), S. 163.

527 Helen Merrell Lynd u. Robert S. Lynd, *Middletown: A Study in Contemporary American Culture* (New York: Harcourt, Brace and Company, 1929), S. 4.

528 Igo, *Averaged American*, S. 70.

529 Lynd u. Lynd, *Middletown*, S. 9.

530 Igo, *Averaged American*, S. 87.

531 Igo, *Averaged American*, S. 58.

532 Lynd u. Lynd, *Middletown*, S. 8; Igo, *Averaged American*, S. 56. Igo beziffert den Anteil der Weißen amerikanischer Abstammung auf etwas niedrigere – aber immer noch ungewöhnliche – 88 Prozent.

533 Igo, *Averaged American*, S. 57.

534 Lynd u. Lynd, *Middletown*, S. 482–483; Igo, *Averaged American*, S. 59.

535 Igo, *Averaged American*, S. 59.

536 Lynd u. Lynd, *Middletown*, S. 24.

537 Lynd u. Lynd, *Middletown*, S. 74–75.

538 Lynd u. Lynd, *Middletown*, S. 27.

539 Igo, *Averaged American*, S. 94.

540 S. Anna G. Creadick, *Perfectly Average: The Pursuit of Normality in Postwar America* (Amherst u. Boston: University of Massachusetts Press, 2010), S. 48.

541 Clark Wright Heath, *What People Are: A Study of Normal Young Men* (Cambridge, MA: Harvard University Press, 1946).

542 Die Grant-Studie läuft bis zum heutigen Tag, parallel zur Glueck-Studie mit 456 männlichen Probanden, die alle in der Innenstadt von Boston aufgewachsen sind. Ich beschränke mich hier auf Ver-öffentlichungen, die sich mit der Grant-Studie beschäftigen, da diese explizit »normale junge Männer« erforscht.

543 Creadick, *Perfectly Average*, S. 58.

544 Heath, *What People Are*, S. 3. Hervorhebung auch im Original.

545 Earnest Albert Hooton, »*Young Man, You Are Normal*«: *Findings from a Study of Students* (New York: Putnam, 1945), S. 186.

546 Heath, *What People Are*, S. 5.

547 Hooton, »*Young Man, You Are Normal*«, S. 209.

548 Clifford Geertz, »›From the Native's Point of View‹: On the Nature of Anthropological Understanding«, *Bulletin of the American Academy of Arts and Sciences* 28, Nr. 1 (Oktober 1974), S. 31.

549 Es ist faszinierend, wie die Dinge in unterschiedlichen Sprachen ausgedrückt werden. Im Russischen sagt man zum Beispiel nicht: »Ich habe einen Freund«, sondern: »Bei mir ist ein Freund«, was bei genauerem Nachdenken in der wörtlichen Bedeutung durchaus mehr Sinn ergibt. Der Freund ist das Subjekt des russischen Satzes, während das des deutschen »ich« ist. Das verrät eine Menge über den »Individualismuskomplex« der WEIRD-Menschen, wie Henrich es ausdrückt. Auf den meisten von Henrichs Schaubildern liegt Russland irgendwo in der Mitte der Individualismus-Skala, während Nordamerika, Europa und Australien zum ausgeprägtesten Individualismus neigen. S. Joseph Henrich, *Die seltsamsten Menschen der Welt* (Berlin: Suhrkamp, 2022), S. 48-49.

550 Stanley Milgram, *Das Milgram-Experiment. Zur Gehorsamsbereit-schaft gegenüber Autorität*, übers. von Roland Fleissner (Reinbek bei Hamburg: Rowohlt, 1974), S. 45.

551 Ihr Name ist, wie alle in der Studie verwendeten Namen, ein von Milgram gewähltes Pseudonym. Dabei drängt sich die Frage auf, ob er für die trügerische Fassade dieser perfekten, typisch amerika-nischen Hausfrau – Elinor Rosenblum – absichtlich einen Namen

ausgesucht hat, der dem von Ethel Rosenberg ähnelt, jener unauf-
fälligen, respektablen Mittelschichthausfrau, die 1951 in einem spek-
takulären Coup verhaftet und für schuldig befunden wurde, eine
sowjetische Agentin zu sein. Sie wurde 1953 zusammen mit ihrem
Mann Julian hingerichtet.

552 Milgram, *Das Milgram-Experiment*, S. 99–104.
553 Ian Nicholson, »›Shocking‹ Masculinity: Stanley Milgram, ›Obe-
dience to Authority‹, and the ›Crisis of Manhood‹ in Cold War
America«, *Isis* 102, Nr. 2 (2011), S. 262.
554 Martin Gansberg, »37 Who Saw Murder Didn't Call the Police«, *The
New York Times*, 27. März 1964, S. 1.
555 A. M. Rosenthal, *Thirty-Eight Witnesses: The Kitty Genovese Case*
(Berkeley u. London: University of California Press, 1999).
556 Marcia M. Gallo, *»No One Helped«: Kitty Genovese, New York City,
and the Myth of Urban Apathy* (Ithaca, NY: Cornell University Press,
2015), S. 34.
557 Émile Durkheim, *Der Selbstmord*, übers. von Sebastian und Hanne
Herkommer (Frankfurt/Main: Suhrkamp Taschenbuch Verlag,
1983), S. 432.
558 Kevin O'Keefe, *The Average American: The Extraordinary Search for
the Nation's Most Ordinary Citizen* (New York: Public Affairs, 2005),
S. 4.
559 Zur ganzen Geschichte dieses absichtlichen Verschweigens s. Marcia M. Gallo, *»No One Helped«*.
560 Adolphe Quetelet, *Ueber den Menschen und die Entwicklung seiner
Fähigkeiten*, S. 15.